Kursbuch 2: Trainingslehre

Kursbücher Sport

Kursbuch 1 (**Sportbiologie**) mit Beiträgen zur funktionellen Anatomie des Sports, zur Physiologie des Sports, zur Gesundheitslehre sowie zu Sportverletzungen und Erster Hilfe im Sport.

Kursbuch 2 (**Trainingslehre**) mit Beiträgen zur Trainingsgestaltung, zur Trainingsplanung und zum Training von Ausdauer, Schnelligkeit, Kraft, Beweglichkeit, Koordination und der Psyche.

Kursbuch 3 (**Bewegungslehre**) mit Beiträgen zu Merkmalen sportlicher Bewegungen, zum Bewegungslernen, zur Bewegungsentwicklung, zur Messung sportlicher Bewegungen, zur Bewegungsgestaltung.

Kursbuch 4 (**Sport und Gesellschaft**) mit Beiträgen zu gesellschaftlichen Aspekten des Sports, zur sozialen Funktion des Sports, zu Problemen der sportlichen Leistung, zur Organisation des Sports, zu Problemen des Freizeitsports und zum Komplex Sport und Wirtschaft.

Trainingslehre

Kursbuch Sport

9., durchgesehene und korrigierte Auflage

Herausgegeben von

Volker Scheid
Robert Prohl

Redaktion

Harald Lange

mit Beiträgen von

Harald Lange
Petra Sieland
Silke Bergmann/Björn Stapelfeldt
Martin Hillebrecht/Natascha Hillebrecht
Sandra Ückert
Arturo Hotz/Harald Lange
Roland Seiler

begründet von

Peter Röthig
Stefan Größing

Limpert Verlag

Herausgeber: Prof. Dr. Volker Scheid (Universität Kassel)
Prof. Dr. Robert Prohl (Universität Frankfurt/M.)

Redaktion: Prof. Dr. Harald Lange (Pädagogische Hochschule Ludwigsburg)

Autoren: Silke Bergmann (Universität Freiburg)
Dr. Martin Hillebrecht (Universität Oldenburg)
Dr. Natascha Hillebrecht (Universität Oldenburg)
Prof. Dr. Arturo Hotz (ETH Zürich)
Prof. Dr. Harald Lange (Pädagogische Hochschule Ludwigsburg)
PD Dr. Roland Seiler (Bundesamt für Sport, Magglingen)
Petra Sieland (Universität Göttingen)
Dr. Björn Stapelfeldt (Universität Freiburg)
Sandra Ückert (Universität Münster)

Bibliografische Information Der Deutschen Bibliothek
Die Deutsche Bibliothek verzeichnet diese Publikation in der Deutschen Nationalbibliografie; detaillierte bibliografische Daten sind im Internet über http://dnb.ddb.de abrufbar.

9., durchgesehene und korrigierte Auflage 2004

Umschlaggestaltung: Klaus Neumann, Wiesbaden
Umschlagfotos: Volker Minkus, Isernhagen
Druck und Verarbeitung: Media-Print Informationstechnologie, Paderborn
Printed in Germany / Imprimé en Allemagne
ISBN 3-7853-1705-0

Zur Neubearbeitung der Kursbuch-Reihe

Die Vermittlung der Theorie des Sports stellt aus zwei Gründen besondere didaktische Anforderungen an eine Lehrbuchkonzeption:

- Zum einen stellt „der Sport" einen Lebensbereich dar, der sich innerhalb und außerhalb der Schule vor allem durch Eigentätigkeit und Freude am Tun auszeichnet und über den nachzudenken eigentlich weniger bedeutsam erscheint.
- Zum anderen ist die Sportwissenschaft, die es didaktisch zu erschließen gilt, kein einheitlicher Wissenschaftsbereich, sondern sie besteht aus einer großen Vielfalt unterschiedlicher Teildisziplinen sowohl aus geistes- als auch sozial- und naturwissenschaftlichen Feldern.

Es ist deshalb besonders wichtig, den Adressatenbezug der sporttheoretischen Inhalte sicher zu stellen, d.h. von der Lebens- und Erfahrungswelt der Schülerinnen und Schüler auszugehen, um von dort aus fachwissenschaftliche Fragestellungen in propädeutischer, also einführender Absicht zu entwickeln und die Mehrperspektivität der theoretischen Klärungsbemühungen sportlicher Problemfelder zu veranschaulichen.
Ziel und Funktion des theoretischen Wissens über den Sport bestehen darin, dass Schülerinnen und Schüler

- ihr eigenes Sporttreiben innerhalb und außerhalb der Schule bewusster erfahren und besser zu gestalten lernen,
- die Kompetenz erwerben, sich mit den Erscheinungen des Freizeit-, Leistungs- und Mediensports kompetenter und auch kritischer auseinanderzusetzen und
- sich mit den Inhalten und Methoden der Fachwissenschaft im Sinne eines propädeutischen Unterrichts vertraut machen.

Die Kursbuchreihe versucht, diesen unterschiedlichen didaktischen Aufgabenstellungen gerecht zu werden, indem keine Textbücher mit festgelegten Lernschritten vorgelegt, sondern vielmehr „Fahrpläne" und „Wegweiser" angeboten werden, um sich in der vielfältigen Landschaft der Sportwissenschaft zu orientieren und sie sich durch selbstständiges Erarbeiten anzueignen.
Realisiert wird diese didaktische Absicht, indem jedes Kursbuch in verschiedene Aspekte und Themenbereiche differenziert ist. Spezielle, häufig projektorientierte Arbeitsaufträge, ein Glossar der wichtigsten Fachbegriffe sowie Literaturhinweise für eine vertiefende Weiterarbeit sollen die selbsttätige Arbeitsweise unterstützen. Durch die offene, den Lernprozess eher unterstützende als vorstrukturierende Darbietungsweise sind die Kursbücher dazu geeignet, sowohl komplett durchgearbeitet (z.B. als Halbjahresthema im Rahmen eines Leistungskurses), als auch in ausgewählten Kapiteln exemplarisch eingesetzt zu werden (z.B. im Rahmen eines Grundkurses).
Die Auswahl der Inhalte und Themen der vier Bücher in der Kursbuchreihe erfolgte zum einen in Anlehnung an die Stoffplanungen in den Lehrplänen der Bundesländer, zum anderen unter dem Aspekt der sportpraktischen Relevanz und somit auch des Adressatenbezuges. Die Begründer der Kursbuchreihe, Peter Röthig und Stefan Grössing, haben das erfolgreiche und richtungsweisende Lehrwerk in den 80er-Jahren unter diesen didaktischen Leitideen ins Leben gerufen. Wir, als deren Nachfolger in der Herausgeberschaft, werden uns bemühen, es in diesem Sinne weiterzuführen.

Volker Scheid *Robert Prohl*

Vorbemerkungen zum Kursbuch „Trainingslehre“

Training ist nicht nur eine zentrale Voraussetzung der Leistung und des Erfolgs im Sport, sondern auch unter gesundheitlichen und erzieherischen Aspekten von großer Bedeutung. Eine vertiefte Auseinandersetzung mit der Idee und den Methoden des Trainierens ist deshalb eine notwendige Grundlage, um die vielfältigen Facetten und Erscheinungsformen des Sporttreibens zu verstehen.

Entsprechend stellt sich auch die Trainingslehre des Sports als eine ausdifferenzierte Theorienlandschaft dar, die eine Fülle von Wissensbeständen vor allem über physiologische, aber auch über psychologische Aspekte des Trainierens hervorgebracht hat. Dieses Wissen so zu bündeln und didaktisch aufzubereiten, dass die eigene Trainingspraxis angeleitet, darüber hinaus aber auch ein vertieftes Verständnis der wissenschaftlichen Grundlagen von Trainingsprozessen im Sport erreicht wird, ist das Anliegen dieses Kursbuches.

Kapitel 1 mit dem Titel „Was ist Training – wie wird Training gestaltet?“ dient als eine Art „Wegweiser“ für das Kursbuch „Trainingslehre“ und sollte zu Beginn einer Unterrichtseinheit bearbeitet werden. Dabei sind thematische Überschneidungen mit den nachfolgenden Spezialkapiteln des Kursbuches unvermeidlich und durchaus auch gewollt, denn jedes einzelne Kapitel ist als eigenständige Unterrichtseinheit konzipiert.

Die Spezialkapitel des Kursbuches behandeln die wesentlichen Komponenten der sportlichen Leistung, wobei jeweils nach Grundlagen, Komponenten und Trainingsmethoden gefragt wird: Ausdauer (Kapitel 2), Kraft (Kapitel 3), Schnelligkeit (Kapitel 4), Beweglichkeit (Kapitel 5) und Koordination (Kapitel 6) sowie psychologische Aspekte des Trainings unter Berücksichtigung des Wettkampfs (Kapitel 7).

Inhalt

Harald Lange
Was ist „Training" – wie wird Training gestaltet?

„Training": Facetten eines Begriffes 12
Sportbezogene Anwendungsfelder 13
Training als Kulturphänomen 13
Ein Beispiel: Literatur und Training 14
Verschiedene Trainingsverständnisse 15
Etappen trainingstheoretischer Entwicklungslinien 16
Meisterlehren und Trainingsmethodiken 17
Übergang zur Trainingswissenschaft 17
Zum Trainingsbegriff 20
Grundlagen und Zusammenhänge sportbezogenen Leistens 22
Schlüsselbegriff „Energie" 22
Erweiterung: „Energie und Information" 24
Ziele des Trainings und langfristiger Aufbau 25
Überkompensation – ein Beispiel trainingsbezogener Modellbildung 29
Milon von Kroton 29
Interpretative Auswertung 29
Modell der Überkompensation 31
Zur Reichweite des Überkompensationsmodells 32
Trainingsprinzipien 35
Planungssicherheit durch Trainingsprinzipien 35
Regelmäßigkeit 36
Progression (Steigerung) 37
Variation der Inhalte 37
Tapering 38
Phasierung/Blockbildung 39
Dokumentation und Evaluation 40
Trainingsplanung zwischen Belastung und Beanspruchung 41
Bestimmung des Anforderungsprofils 41
Belastungsnormativa 41
Beanspruchung 44
Trainingsmethoden 46
Übergreifende Trainingsmethoden 46
Dauermethoden 46
Intervallmethoden 47
Wiederholungsmethoden 48

Methoden des Trainierens ... 49
Was muss ich wann WIE tun, um Erfolg zu haben? ... 50
Gliederung des Kursbuches ... 51
Literatur ... 51

Petra Sieland
Wie wird Ausdauer trainiert?

Einleitung ... 55
Funktionen der Ausdauer ... 56
Definitionen der Ausdauer ... 57
Bedingungen von Ausdauerleistungen ... 58
Ziele des Ausdauertrainings ... 59
Strukturierung der Ausdauerfähigkeit ... 61
Methoden des Ausdauertrainings ... 66
Dauermethoden ... 67
Intervallmethoden ... 70
Wettkampf- und Kontrollmethode ... 73
Die Bedeutung der Ausdauer in verschiedenen Bereichen des Sports ... 75
Trainingssteuerung und Kontrollmethoden ... 77
Leistungsdiagnostik ... 77
Die Herzfrequenz als Kriterium der Trainingssteuerung ... 81
Literatur ... 85

Björn Stapelfeldt / Silke Bergmann
Wie wird Kraft trainiert?

Allgemeine Grundlagen der Kraftfähigkeiten ... 87
Definition der „Kraft" ... 87
Kraft als Fähigkeit des Nerv-Muskel-Systems ... 88
Arbeitsweisen und Kontraktionsformen der Muskulatur ... 88
Strukturierung der Kraftfähigkeiten anhand morphologischer und physiologischer Bedingungen ... 91
Maximalkraft ... 91
Schnellkraft ... 92
Reaktivkraft ... 95
Kraftausdauer ... 96
Anwendungsfelder von Krafttraining ... 97

Methoden des Krafttrainings 98
Methoden zur Vergrößerung des Muskelquerschnitts (Hypertrophietraining) 99
Methoden zur Verbesserung der Aktivierungsfähigkeit (Adaptationstraining) 101
Planung eines Krafttrainings 105
Hinweise zur Vermeidung von Verletzungen beim Krafttraining 107
Literatur 108

Martin Hillebrecht / Natascha Hillebrecht
Wie wird Schnelligkeit trainiert ?

Definition und Strukturierung der Fähigkeit Schnelligkeit 111
Komponenten und Einflussfaktoren von Schnelligkeitsleistungen 114
Reaktionsfähigkeit 115
Beschleunigungsfähigkeit 116
Bewegungsschnelligkeit 119
Weitere Einflussgrößen der Schnelligkeit 121
Messung von Schnelligkeitsleistungen 122
Schnelligkeitstraining 127
Formen des Schnelligkeitstrainings im Kurzsprint 127
Formen des Schnelligkeitstrainings im Basketball 132
Literatur 134

Sandra Ückert
Wie wird Beweglichkeit trainiert?

Begriff und Erscheinungsformen der Beweglichkeit 137
Zusammenhänge der Beweglichkeit mit anderen Komponenten der sportlichen Leistungsfähigkeit 142
Beweglichkeit und Kraft 142
Beweglichkeit und Schnelligkeit 143
Beweglichkeit und Ausdauer 144
Beweglichkeit und Koordination/Technik 144
Einflussfaktoren auf die Beweglichkeit 145
Ziele und Effekte des Beweglichkeitstrainings 147
Dehnmethoden 149
Statisches Dehnen 149
Dynamisches Dehnen 151

Übungsbeispiele und Funktionstests ... 153
Literatur ... 158

Arturo Hotz / Harald Lange
Wie wird Bewegungskoordination trainiert?

Funktionen der Bewegungskoordination ... 161
Definitionen der „Koordination" ... 163
Trainingswissenschaftliche Modelle der „Koordination" ... 164
Das Modell der „Koordinativen Fähigkeiten" ... 164
Das Modell des „Koordinativen Anforderungsprofils" ... 166
Das Modell der „Koordinativen Funktionen" ... 169
Methodische Prinzipien des Koordinationstrainings ... 174
Literatur ... 176

Roland Seiler
Welche Rolle spielt die Psyche? – Psychologisches Training im Sport

Definition und Gegenstandsbestimmung ... 178
Fertigkeitstraining - Optimierung der Handlungskompetenz ... 178
Selbstkontrolltraining - Optimierung der Selbstregulationskompetenz ... 179
Methodische Zugänge ... 180
Grundtechniken des Psychologischen Trainings ... 182
Visualisieren ... 182
Selbstgespräche ... 185
Zielsetzung ... 187
Atmung ... 189
Periphere Erregungskontrolle ... 190
Psychologische Trainingsverfahren ... 192
Verfahren des Fertigkeitstrainings ... 192
Verfahren des Selbstkontrolltrainings ... 194
Anwendungsgrundsätze für Psychologisches Training ... 200
Voraussetzungen ... 200
Auswahlkriterien ... 201
Literatur ... 203

Glossar ... 205
Schlagwortregister ... 207

Was ist „Training" – wie wird Training gestaltet?

Die Trainingslehre verfügt im deutschsprachigen Raum inzwischen über eine 50-jährige Tradition, die eine Fülle kompetenter Einführungen in diese sportwissenschaftliche Disziplin hervorgebracht hat. Mittlerweile liegen mehr als ein Dutzend Lehrbücher vor, in denen relevantes Wissen vor dem Hintergrund unterschiedlicher wissenschaftlicher Orientierungen, aber auch mit Blick auf verschiedene Anwendungsbereiche (z.B. Sportarten, Bewegungsfelder) und Zielgruppen (z.B. Leistungssportler, Rehapatienten) aufgearbeitet wurde. Eine vergleichende Darstellung dieses beachtlichen, viele tausend Seiten umfassenden Fundus würde den Rahmen des vorliegenden Bandes sprengen.

Stattdessen soll dieses Kursbuch der Trainingslehre dazu herausfordern, die eigene Trainingspraxis zu hinterfragen, um Anhaltspunkte für eine zielorientierte Planung und Optimierung der bisher verfolgten Trainingsstrategien zu gewinnen. Dabei geht es jedoch nicht nur um die Verbesserung der eigenen sportlichen Leistung, sondern vor allem auch um ein vertieftes Verständnis der wissenschaftlichen Grundlagen von Trainingsprozessen im Sport. In diesem einführenden Kapitel soll es

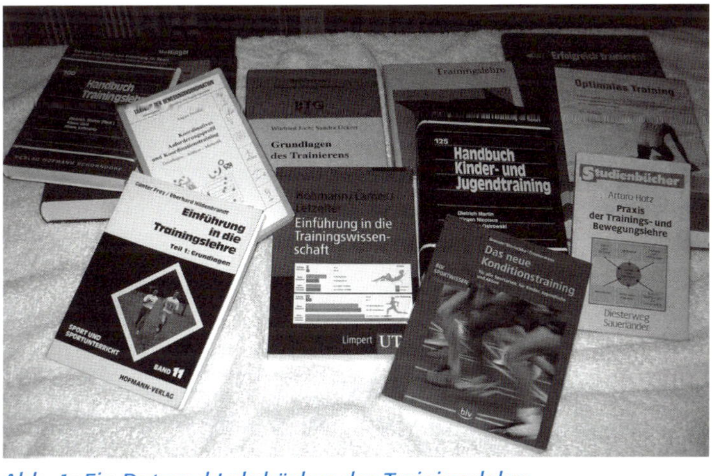

Abb. 1: Ein Dutzend Lehrbücher der Trainingslehre.

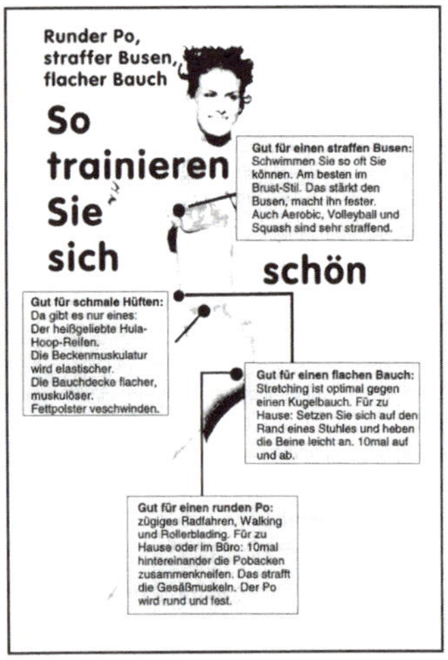

Abb. 2: Eine durch Werbung geprägte Alltagstheorie zum Training.

Aufgabe 1

Suchen Sie im Internet oder in Prospekten, Zeitschriften und anderen Medien nach Trainingsbegriffen bzw. nach Zusammenhängen, in denen der Trainingsbegriff verwendet wird.

Aufgabe 2

In welchen Zusammenhängen wird der Trainingsbegriff in den von Ihnen gemäß Aufgabe 1 recherchierten Beispielen gebraucht? Versuchen Sie zugrunde liegende Bezüge zu ermitteln, um auf das jeweilige Trainingsverständnis zu schließen.

zunächst darum gehen, Training in seiner alltäglichen und gesellschaftlichen Relevanz zu verstehen, um Trainingsprozesse im Sport einordnen und beurteilen zu können.

„Training“: Facetten eines Begriffes

Auch wenn die ersten Assoziationen auf den Sport gerichtet sind, ist der Trainingsbegriff nicht ausschließlich auf sportbezogene Zusammenhänge beschränkt, sondern in vielen Lebensbereichen verbreitet. Das Arbeitsamt vermittelt spezielle Trainingsmaßnahmen für Berufswechsler, Techniker trainieren bestimmte Abläufe aber auch einzelne Handgriffe ihrer Tätigkeit, Astronauten trainieren in der Schwerelosigkeit, Manager trainieren ihre Führungskompetenzen, Verkäufer trainieren das Gespräch mit dem Kunden und manche Lehrer und viele ihrer Schüler und Studenten trainieren Methoden der Kommunikation, des Schreibens oder Referierens. Zu allen diesen unterschiedlichen Trainingsfeldern werden spezielle Ratgeber in Form von Büchern, Zeitschriften oder Videos produziert und stets neue „innovative“ Methoden entwickelt.

Im Unterschied zu diesen Praxisfeldern verfügt die Sportwissenschaft über eine eigenständige Forschungs- und Lehrdisziplin zu Problemen des Trainierens. Im Umfeld der Trainingslehre des Sports wurden während der vergangenen Jahrzehnte umfangreiche Erfahrungen und Forschungsergebnisse von Sportlern, Trainern und Wissenschaftlern gesammelt und zu einem Theorie- und Methodengebäude ausgebaut. Trainingsempfehlungen werden ständig überprüft und häufig auch verworfen, um sie durch neue zu ersetzen. Die in diesem Wissensgebiet zur Verfügung stehenden Ordnungsverfahren, nach denen sportbezogene Praxis ausgewertet und anschließende Trainingsphasen geplant und begleitet werden, liegen in Form spezifischer Trainingsprinzipien, -methoden und -konzeptionen vor, die auch in diesem Kursbuch vorgestellt und erläutert werden.

Sportbezogene Anwendungsfelder

Der Leistungssport war für lange Zeit das traditionelle Anwendungsfeld der Trainingslehre, was sich erst in jüngerer Zeit durch rasante Entwicklungen in der Trainingspraxis verändert hat. Mittlerweile trainieren nicht nur Wettkampfsportler, sondern auch Schüler, Freizeitsportler, Senioren, Behinderte und sogar Herzpatienten nach eigens auf ihre Bedürfnisse abgestimmten Trainingskonzeptionen und -plänen. In der trainingswissenschaftlichen Forschung werden die spezifischen Voraussetzungen und Ziele der Menschen in diesen unterschiedlichen Trainingssituationen differenziert hinterfragt, um Handlungsempfehlungen für eine angemessene Vorbereitung, Betreuung und Auswertung in den verschiedenen Praxisfeldern zu gewährleisten. Die Zeit, in der trainingswissenschaftliche Theoriebildung allein auf Forschungsergebnisse aus dem Bereich des Leistungssports baute, gehört der Vergangenheit an. Die Forschungsaufgaben werden durch die Ausweitung der Anwendungsfelder zwar komplexer und zum Teil auch unübersichtlicher, sind jedoch für die Entwicklung neuer bzw. für die Überprüfung gebräuchlicher Trainingsmethoden unverzichtbar.

Aufgabe 3

Im Bereich des Hochleistungssports wurden während der zurückliegenden Jahrzehnte sehr differenzierte und überaus präzise Trainingsmethoden entwickelt. Sammeln und diskutieren Sie Gründe, weshalb dieses Wissen nicht im „1 zu 1-Verfahren" in die Praxis anderer Felder (z.B. Freizeit-, Gesundheits- oder Schulsport) übertragen werden kann.

Training als Kulturphänomen

Auch wenn sich Trainingswissenschaft erst seit wenigen Jahren verstärkt um die Interessen und Bedürfnisse nicht-leistungssportlicher Anwendungsfelder bemüht, sollte dies nicht darüber hinwegtäuschen, dass „Training" im Grunde ein Kulturphänomen ist, das in verschiedenen Variationen und Auslegungen schon immer existiert hat. Zwar nicht in der Weise wie man es heutzutage in Fitnesscentern oder in den Trainingslagern der Olympiamannschaft vorfindet, sondern nach den jeweiligen kulturellen Standards der Menschen. Ein Blick in die Geschichte und in die Literatur zeigt, dass Menschen ihre körperlichen Fähigkeiten seit jeher zielorientiert ausgebildet bzw. trainiert haben, lange bevor sich die „Trainingslehre des Sports" als eigenständige Disziplin an den Universitäten etablieren konnte.

Ein Beispiel: Literatur und Training

Aufgabe 4

Schreiben Sie aus dem literarischen Beispiel die Passagen bzw. Anhaltspunkte heraus, in denen Sie einen Bezug zum „Training" herausstellen bzw. erkennen können! Welche Fragen an das Thema Training löst dieses Beispiel bei Ihnen aus?

Dass Menschen schon immer in irgendeiner Form durch sportliche Leistungen beeindruckt haben, spiegelt sich unter anderem in den Werken von Dichtern und Literaten wider. Auch wenn andere Motive – wie vor allem Liebe und Hass – die Literaturgeschichte bestimmen, tauchen immer wieder Stellen auf, an denen der Reiz und die Bewunderung besonderer körperlicher Fähigkeiten bzw. sportlicher Kompetenzen deutlich wird. Beispielsweise auch in Gottfried Kellers (1819 – 1890) Erzählung: „Das Fähnlein der sieben Aufrechten" (1861).

Der Trainingswissenschaftler Arturo Hotz (1991) greift aus dieser Erzählung unter dem Stichwort „Literarische Trainingslehre" eine Passage heraus. Das literarische Beispiel kann man im Nachhinein u.a. dem Thema „Lernen durch Beobachtung" zuordnen, obwohl Gottfried Keller sicherlich keiner „sportwissenschaftlichen Optimierungsstrategie" gefolgt ist. Genau diese Tatsache unterstreicht allerdings die Alltags- und Lebensverbundenheit in und mit der Menschen seit jeher körper- und bewegungsbezogene Leistungen und Wettbewerbe vorbereitet haben.

Allein er (Vater Hediger) kam eben recht, als Karl sein halbes Dutzend Fehlschüsse schon hinter sich hatte und nun eine Reihe ziemlich guter Schüsse abgab. „Du machst mir nicht weis", sagte er erstaunt, „dass du noch nie geschossen habest! Du hast heimlich schon manchen Franken dafür ausgegeben, das steht fest!"
„Heimlich habe ich wohl geschossen, aber ohne Kosten! Wisst ihr wo, Vater?"
„Das hab´ ich mir gedacht."
„Ich habe schon als Junge oft dem Schießen zugesehen, aufgemerkt, was darüber gesprochen wurde, und schon seit Jahren empfand ich eine solche Lust dazu, dass ich davon träumte, und wenn ich wach im Bette lag, in Gedanken die Büchse stundenlang regierte und Hunderte von wohlgezielten Schüssen nach der Scheibe sandte."
„Das ist ja vortrefflich! Da wird man in Zukunft ganze Schützenkompanien ins Bett konsignieren und solche Gedankenübungen anordnen, das spart Pulver und Schuh´."
„Das ist nicht so lächerlich, als es aussieht", sagte der erfahrene Schütz, „es ist gewiss, dass von zwei Schützen, die an Auge und Hand gleich begabt sind, der, welcher ans Nachdenken gewöhnt ist, Meister bleiben wird. Es braucht auch einen angeborenen Takt zum Abdrücken, und es gibt gar seltsame Dinge hier, wie in allen Übungen."
Je öfter und je besser Karl traf, desto mehr schüttelte der alte Hediger das Haupt; die Welt schien ihm auf den Kopf gestellt; denn er selbst hatte, was er war und konnte, nur durch Fleiß und anstrengende Übung erreicht; selbst seine Grundsätze, welche die Leute sonst so leicht und zahlreich wie Heringe einzupacken wissen, hatte er nur durch anhaltendes Studium in seinem Hinterstübchen erworben."

Verschiedene Trainingsverständnisse

Gottfried Keller ließ seinen Karl die Vorteile des mentalen Trainings für sich entdecken. Die offensichtliche Effizienz („das spart Pulver und Schuh“) und der eindeutige Erfolg, der auf diese Methode zurückzuführen war, beeindruckten zwar den erfahrenen Vater, löste aber auch Kopfschütteln und eine gewisse Ungläubigkeit aus. Dem alten Hediger war diese Methode fremd, „(...) denn er selbst hatte, was er war und konnte, nur durch Fleiß und anstrengende Übung erreicht“. Vater und Sohn repräsentieren somit zwei unterschiedliche Trainingstrategien. Während sich die eine durch Begriffe wie Lust, Reflektieren und gedankliches Vorwegnehmen charakterisieren lässt, wird die andere durch Anstrengung, Schweiß, Fleiß oder der Abgeschiedenheit im „Hinterstübchen“ beschrieben.

Ebenso wie diese beiden Positionen zu den Erfahrungen und Lebensumständen, aber auch zu den Interessen, Bedürfnissen und Zielen des Karl bzw. des Hediger passen, existieren auf allen Sportplätzen, in sämtlichen Turnhallen und überall, wo ansonsten noch leistungsorientiert Sport betrieben wird, verschiedene Ansichten zum „richtigen“ Trainieren, die sich an manchen Stellen gleichen, an anderen aber auch unterscheiden.

Fleiß, Schweiß, Anstrengung, Planmäßigkeit, Ziele, Verzicht, Gehorsam, Pflichterfüllung, Disziplin, Unterordnung, Abstinenz, Spartanische Lebensführung, Abhärtung, Drill, Ausbildung, Schicksal, Frustration, Schmerzen, Leidenschaft, Lust, Gefühl, Wollen, Liebe, Einigung/Verständigung, Herausfinden, Erproben, Versuchen, Wagen/Riskieren, Glück, Lebensqualität, Gestalten, Variieren, Freude, Selbstbestimmung, Freiheit, Gleichheit, Mündigkeit

Abb. 3: Begriffsfeld unterschiedlicher Trainingsverständnisse.

Eine ausführliche Darstellung mentaler Trainingsformen bietet das Kapitel „Welche Rolle spielt die Psyche? - Psychologisches Training im Sport“.

Aufgabe 5

Ermitteln Sie die tragenden Begriffe Ihres aktuellen persönlichen Trainingsverständnisses. Nutzen Sie hierfür die Begriffssammlung in Abb. 3. Stellen Sie eine Reihenfolge der wichtigsten und eine weitere der nicht relevanten bzw. kontraproduktiven Begriffe auf. Die Liste darf selbstverständlich um weitere Begriffe ergänzt werden.

Aufgabe 6

Verständigen Sie sich über die ausgewählten Begriffe und diskutieren Sie Gemeinsamkeiten und Unterschiede mit den anderen Kursteilnehmern.

Aufgabe 7

Fahnden Sie in antiken oder germanischen Mythen und Sagen, oder auch in Märchen und Erzählungen nach Helden wie HERKULES oder SIEGFRIED. Diskutieren Sie anhand dieser Fälle, wie Helden und andere Gestalten ihre körperlichen Fähigkeiten entwikkelt bzw. woher sie sie bekommen haben.

Etappen trainingstheoretischer Entwicklungslinien

Dass die trainingstheoretische Auslegung einer Passage aus Gottfried Kellers „Fähnlein der sieben Aufrechten" erst 130 Jahre später vorgenommen wurde, ist kein Zufall. Denn obwohl Menschen sich schon immer bewegt, belastet und auch wieder erholt haben, waren Erzählungen, Praxisanleitungen, Dokumentationen oder Empfehlungen, die sich mit solchen Phänomenen befassten, bis zum ausgehenden 19. Jahrhundert noch weit entfernt von dem, was wir heute unter Training und Trainieren verstehen.

„Das, was wir heute unter dem Sammelbegriff Kondition subsumieren, nämlich körperliche Kraft, Schnelligkeit, Ausdauer und Beweglichkeit, galt offenbar bis in unser Jahrhundert hinein als gottgegebene oder ererbte Voraussetzung der körperlichen Leistungsfähigkeit. Entweder man hatte Stärke oder man war schwach. Diese Eigenschaft war nicht als Ziel erkannt, das man systematisch und methodisch erreichen konnte" (HILDENBRANDT 1990, 267).

Trainingsverständnisse unterliegen, ebenso wie alle anderen Alltagstheorien und Wissenschaften, einem Wandel. Im Bereich des Trainings kann zu Beginn des 20. Jahrhunderts ein Wechsel grundlegender Denkstrukturen erkannt werden. Das bis dahin gängige Modell der „heldenhaften Begabung" und der daran gebundenen „Abnutzung durch Beanspruchung" wurde parallel zum Aufkommen des modernen Leistungssports und dem Einfluss der modernen Olympischen Spiele durch das Aufbau- und Optimierungsmodell der körperlichen Leistungsfähigkeit mittels gezielter Belastung ersetzt (FREY/HILDENBRANDT 1994).

Aufgabe 8

Vergleichen Sie (z. B. mit Hilfe Ihres Biologiebuches) die Evolutionstheorien von LAMARCK und DARWIN und diskutieren Sie die zentralen Aussagen im Hinblick auf das biologische Phänomen der Anpassung durch Beanspruchung.

Derartige Modellvorstellungen wirkten nicht nur auf die Trainingspraxis aus, sondern hinterließen auch Spuren in der Theorie, die sich bereits an der Wende zwischen dem 19. und 20. Jahrhundert an Entwicklungs- und Evolutionstheorien orientierte. So stellt beispielsweise Victor SILBERER (1898) seinem „Handbuch der Athletik" eine Entwicklungstheorie voran, die er mit Bezug zur Deszendenztheorie von LAMARCK und der Selektionstheorie von DARWIN begründet. Er illustriert sie mit einer Vielzahl von Beispielen aus dem Alltagsleben und überträgt sie letztlich auf das „körper-bildende" Potenzial des Sporttreibens.

„Unter ‚Training' versteht man die systematische Vorbereitung eines lebenden Wesens für eine hervorragende körperliche Leistung, die Kunst, einen Körper organisch so vollkommen umzugestalten, daß er im Stande ist, an einem gegebenen Tage die größte physische Arbeit zu vollbringen, deren er, nach seiner natürlichen Anlage, überhaupt fähig ist" (SILBERER 1898, 405).

Meisterlehren und Trainingsmethodiken

Die Autoren dieser historischen Vorläufer der Trainingslehre stützten ihren Erkenntnisgewinn nicht auf abstrakte Experimente, sondern auf konkrete Trainingserfahrungen. Diese wurden nach dem „Versuch-Irrtum-Prinzip" zu einem biographisch geprägten System von Trainingsregeln generalisiert, dessen Abstraktionsgrad zumeist nicht weit über die Grenzen der eigenen Praxis hinausreichte. Auch wenn die Aussagen und Empfehlungen dieser „Meisterlehren" vergleichsweise präzise waren, wurden in der Regel weder die vermuteten Wirkungen noch zugrunde liegende Ziele oder mögliche Gefahren mit Hilfe wissenschaftlicher Verfahren überprüft. Von daher spielte damals – mehr als heute – der Zufall eine Rolle, ob bestimmte Athleten nun zu der jeweiligen Meisterlehre eines Trainers passten oder nicht.

Andererseits zeichneten sich diese Expertenkunden aber auch durch einschlägige Vorteile aus. Aufgrund der unmittelbaren Nähe zur Trainingspraxis konnten unter dem Dach derartiger Meisterlehren ganz spezifische Erfahrungen zu einschlägigen Wissensbeständen, Aussagen und Empfehlungen verdichtet werden. Darüber hinaus zeichneten sie sich auch durch ein hohes Maß an lebenspraktischem Gehalt aus, so dass man ihnen teilweise den Charakter von Lebensweisheiten zuschreiben kann.

Aufgabe 9

Über welche trainingsbezogenen Erfolgsrezepte verfügen Sie und Ihre Mitschüler? Ermitteln Sie den Fundus einschlägiger Erfahrungen im Kurs und verdichten Sie die hieraus generalisierbaren Meinungen und Prinzipien zu einem „System von Trainingsregeln".

Aufgabe 10

Schreiben Sie Beispiele aus Ihrer Trainingspraxis auf, in denen Sie nach dem „Versuch-Irrtum-Prinzip" vorgegangen sind! Diskutieren Sie die Bedeutung dieses Prinzips für den Erfolg im Training.

Übergang zur Trainingswissenschaft

Am Beginn der naturwissenschaftlichen Erforschung sportlichen Trainings steht die Medizin, die sich vor allem dem Zusammenhang zwischen Beanspruchung und Anpassung wid-

„Im Wort Training liegt viel mehr. Trainieren heißt für eine Idee leben" (WAITZER 1937, 5).

Aufgabe 11

Suchen Sie im Internet oder in der Sportpraxis (z.B. an einer Skater-Anlage oder im Fitness-studio) Beispiele für die Entwicklung von Trainingskonzeptionen, die nach dem Prinzip der Expertenkunden entstehen (Nachahmen und Ausprobieren). Diskutieren Sie diese Beispiele im Unterricht.

Aufgabe 12

Aus welchem Grund scheint es angebracht, das den Meisterlehren vergleichbare Vorverständnis im Umfeld von „Training" durch die Konfrontation mit wissenschaftlichem Wissen zu reflektieren?

met. Der französische Arzt Roux beschrieb bereits 1885 auf der Grundlage von Beobachtungen über Herzvolumenveränderungen bei Skilangläufern physiologische Grundsätze der funktionellen Anpassung und prägte den Satz: „Die Funktion schafft sich ihr Organ", mit dem die ersten beobachteten Trainingswirkungen zusammengefasst wurden. In der Folgezeit widmeten sich auch andere Mediziner wie Schmidt (1893), Hueppe (1895) oder Dubois-Reymond (1914) biowissenschaftlich beeinflussten turn- bzw. trainingsbezogenen Überlegungen und gingen der Frage nach, ob Training und Wettkampf gesund seien. Seit dieser Zeit beschäftigen sich die leitenden Ärzte aller internationaler Sportverbände zusammen mit den Vertretern der sportmedizinischen Kommissionen des Internationalen Olympischen Komitees (IOC) mit der medizinischen Überwachung des Hochleistungssports.

Über die medizinischen Ansätze hinausgehend, begann die systematische Erarbeitung der Allgemeinen Trainingslehre unter strengem leistungssportlichen Zuschnitt Anfang der fünfziger Jahre in der damaligen DDR. Durch die verstärkte Forschungstätigkeit standen zunehmend auch prüfbare Ergebnisse zur Verfügung. Diese kamen v.a. aus dem Moskauer Forschungsinstitut und der 1956 an der Deutschen Hochschule für Körperkultur in Leipzig gegründeten Forschungsstelle.

Die Einrichtung von Lehrstühlen für Sportwissenschaften an den Universitäten Westdeutschlands, vor allem ab Mitte der 1960er-Jahre, trug zu einer weiteren Forcierung der Entwicklung in diesem Bereich bei. Seit dieser Zeit erscheinen auch anderorts allgemeine Lehrbücher zur Trainingslehre, die den leistungsorientierten Zielen und den daran gebundenen trainingsbezogenen Systematisierungsprozessen Rechnung tragen. Vor allem in Verbindung mit sportmedizinischer Forschung verlief der Fortschritt mancherorts derart rasant, dass Trainer und Wissenschaftler, die in der Praxis Verantwortung übernommen haben, inzwischen zur Zurückhaltung mahnen.

Aufgabe 13

Traditionelle medizinische Forschung folgt im Wesentlichen dem naturwissenschaftlichen Erkenntnisgang, dessen Prinzipien und Hintergründe Sie im „Kursbuch Sport 1: Sportbiologie" oder in ihrem Biologiebuch nachlesen können. Vergleichen Sie den Beginn der trainingswissenschaftlichen Forschung mit diesem Forschungsprozess. Wo erkennen Sie Gemeinsamkeiten und/ oder Unterschiede?

Aufgabe 14

Suchen Sie im Internet und/oder in Zeitungsarchiven nach Beispielen (z.B. sportjournalistische Berichte), die zeigen, dass trainingswissenschaftlicher Fortschritt zuweilen an (ethische) Grenzen gestoßen ist.

Es ist also nach wie vor notwendig, zwischen einer humanistischen Trainingslehre und einer naturwissenschaftlichen Trainingswissenschaft zu unterscheiden. Das Mengendiagramm in Abb. 4 kann dabei helfen, die jeweiligen Erkenntnisinteressen und Wissensbestände von Trainingslehre und Trainingswissenschaft zu differenzieren.

„**Trainingswissenschaft** umfasst die Menge der wissenschaftlich überprüften hypothetischen Aussagen zu Training, Leistungsfähigkeit und Wettkampf. **Trainingslehre** stellt eine systematische Sammlung handlungsrelevanter Aussagen zum Training dar, die sich aus unterschiedlichen Quellen speisen, wie z.B. wissenschaftliche Untersuchungen oder Erfahrungswissen" (HOHMANN/LAMES/LETZELTER 2002, 25).

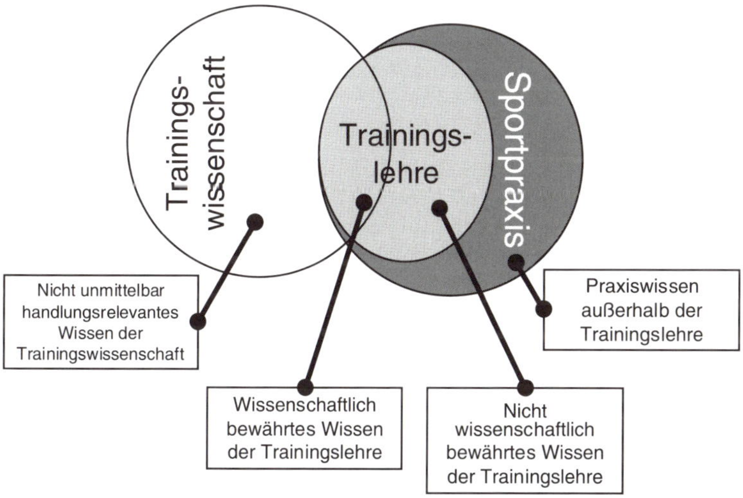

Abb. 4. Verhältnis zwischen Trainingslehre, Praxis und Trainingswissenschaft (aus HOHMANN/LAMES/LETZELTER 2002, 25).

Zum Trainingsbegriff

Im Lexikon Trainingslehre definiert JONATH (1988, 278) „Training" als einen auf Grundlage der allgemeinen Trainingsprinzipien geplanten Prozeß zur Entwicklung und Verbesserung funktioneller und morphologischer Anpassungen an spezifische Belastungen.

„Gemeinhin wird heute unter ‚Training' die Summe aller Maßnahmen verstanden, die zur planmäßigen Steigerung der körperlichen Leistungsfähigkeit führen. Darin sind nicht nur die entsprechenden muskulären Beanspruchungen enthalten, sondern auch die gesamte Lebens- und Ernährungsweise. Für einen präzisen Sprachgebrauch erscheint uns jedoch eine solche Definition als zu umfassend. (...) Wir bezeichnen daher Training als systematische Wiederholung gezielter überschwelliger Muskelanspannungen mit morphologischen und funktionellen Anpassungserscheinungen zum Zwecke der Leistungssteigerung." (HOLLMANN/HETTINGER 2000, 116f.)

„Sportliches Training ist ein komplexer Handlungsprozeß, der auf die planmäßige Entwicklung bestimmter sportlicher Leistungszustände und deren Präsentation in sportlichen Bewährungssituationen, speziell im sportlichen Wettkampf, ausgerichtet ist." (MARTIN/CARL/LEHNERTZ 1991, 16)

Aufgabe 15

Versetzen Sie sich in die folgende Situation: Sie sind ein erfolgreicher Sportjournalist und bekommen den Auftrag, eine Reportage über die Ursachen des Erfolges eines sehr bekannten Trainers zu machen. Planen Sie ein Interview mit diesem Trainer. Schreiben Sie hierfür einige Leitfragen auf, mit denen es Ihnen gelingen soll, die Bedeutung der Erfahrung für den Erfolg als Trainer zu ermitteln.

Aufgabe 16

Versuchen Sie, nachdem Sie die Leitfragen im Kurs diskutiert haben, einen Fahrplan für ein Interview mit einem Trainer zu entwerfen, den Sie kennen. Verfassen Sie auf der Basis dieses Interviews einen Bericht.

Der rein natur- bzw. biowissenschaftlichen Interpretation von Training, die in den Zitaten zum Ausdruck kommt, hat HARRE 1969 im ersten deutschsprachigen Lehrbuch der Trainingslehre ein sozialwissenschaftliches Verständnis entgegengesetzt. „Training" wird dabei nicht allein als physiologischer Anpassungsprozess, nicht einmal mehr als die Sache eines einzelnen Athleten verstanden, sondern als ein sozialer Prozess, der sich zwischen Menschen abspielt. HARRE betont dabei den pädagogischen Grundgedanken des Trainings.

> „Im umfassenden Sinne wird unter Training ... jegliche organisierte Ausbildung verstanden, die zielgerichtet auf die schnelle Steigerung der physischen, psychischen, geistigen oder technisch-motorischen Leistungsfähigkeit der Menschen ausgerichtet ist. (...) Im weitesten Sinne ist sportliches Training der gesamte planmäßige Prozeß der Vorbereitung von Sportlern auf hohe und höchste sportliche Leistungen. Es umfaßt alle pädagogischen Einwirkungen und Maßnahmen einschließlich der Selbsterziehung des Sportlers, die auf die sportliche Leistungssteigerung gerichtet sind" (HARRE 1969).

> „Training ist offen für alle, vom Anfänger über den Fortgeschrittenen bis zum Spitzensportler, vom Schüler über den Jugendlichen, den Aktiven bis zum Alterssportler, für den, der seine Leistung steigern, für den, der seine Fitness erhalten, aber auch für den, der sie wiederherstellen will" (HOHMANN/LAMES/LETZELTER 2002, 13).

Aufgabe 17

Gleichen Sie Ihr in den Aufgaben 5 und 6 herausgearbeitetes Trainingsverständnis mit den hier aufgeführten Definitionen ab. Worin liegen Gemeinsamkeiten und Unterschiede?

Erst im Zuge der Öffnung des Trainingsbegriffs, der - wie einleitend gezeigt – heute in vielen Bereichen des beruflichen Alltags ganz selbstverständlich ist, wird der soziale Aspekt des Trainings auch in der Sportwissenschaft wieder diskutiert. Wenn man der Positionierung der Trainingswissenschaft im Sinne von HOHMANN u.a. (2002) folgen möchte und einen ganzheitlichen und umfassenden Trainingsbegriff gebraucht, in dem Sichtweisen integriert werden, die von biologischen Anpassungsprozessen bis hin zu Interventionen in soziokulturellen Kontexten reichen, dann wird auch die Bedeutungsvielfalt des im neueren Alltagssprachgebrauch üblichen Trainingsbegriffes übernommen.

Grundlagen und Zusammenhänge sportbezogenen Leistens

„Training ist die planmäßige und systematische Realisation von Maßnahmen (Trainingsinhalte und Trainingsmethoden) zur nachhaltigen Erreichung von Zielen (Trainingsziele) im und durch Sport" (HOHMANN/LAMES/LETZELTER 2002, 15).

In allen genannten Definitionen ist „Leistung" das Ziel des Trainierens. In den folgenden Kapiteln dieses Kursbuches wird die Steigerung der körperlichen Leistung im Kontext systematischen Trainierens in den Mittelpunkt der Betrachtung gestellt. Dabei ist zu berücksichtigen, dass die unterschiedlichen Anforderungen in den verschiedenen Sportarten von Menschen, die individuelle Voraussetzungen mitbringen, je nach Situation und Vorerfahrung, auf jeweils eigene, besondere Weise gelöst werden.

Allerdings lassen sich trotz der gegebenen Offenheit und der Bedeutung des Einzelfalls in diesem Spektrum einschlägige Zusammenhänge nachweisen. D.h. für bestimmte sportliche Leistungen (z.B. Weltklasse im Hochsprung) sind einschlägige körperliche Voraussetzungen (z.B. Körpergröße) unabdingbar. Und zwischen typischen Anforderungen bestimmter Sportarten oder Techniken lassen sich Zusammenhänge mit den Voraussetzungen der Athleten nachweisen. Aus der Analyse dieser Konstellationen sind zentrale Komponenten sportbezogenen Leistens zu erschließen, die im Folgenden hinsichtlich ihrer kennzeichnenden Struktur im Spannungsfeld zwischen Energie und Information näher in den Blick genommen werden.

Aufgabe 18

Überlegen Sie, welche Voraussetzungen für den Erfolg in Ihrer Sportart wichtig sind. Versuchen Sie Zusammenhänge zu typischen Anforderungen herzustellen. Gebrauchen Sie dabei ihre Alltagssprache und bewahren Sie die Ergebnisse für einen später vorzunehmenden Abgleich mit trainingswissenschaftlichen Begriffen auf.

Schlüsselbegriff „Energie"

Das Interesse an der Physiologie begleitet die Trainingswissenschaft seit ihren Anfängen. Forschungsinteressen konzentrieren sich vor allem auf die Analyse morphologischer und physiologisch-funktioneller Voraussetzungen sportbezogener Leistungen. In diesem Zusammenhang kann im Stichwort „Energie“ ein Schlüsselbegriff der Trainingswissenschaft ausgemacht werden, denn motorische Leistungen haben immer eine energetische Basis. D.h. sie sind von der Bereitstellung und Regeneration von Energiequellen und -trägern abhängig. Für die Steuerung des physiologischen Gleichgewichts, zu dem unter anderem auch der Energiehaushalt gehört, ist das Nerven- und Hormonsystem zuständig. Andere Organ- und Funktionssysteme, wie z.B. das Herzkreislauf- oder das Atmungssystem unterstützen diese physiologischen Prozesse, die eine wichtige Grundlage sportbezogener Leistungen sind. Um den größtmöglichen Leistungsanforderungen entsprechen zu können, bedarf es einer optimalen Abstimmung unter den verschiedenen biologischen Funktionssystemen des Körpers, weshalb Voraussetzungen in diesem Bereich die sportbezogene Leistung ganz wesentlich beeinflussen.

Auch wenn in der Vergangenheit immer wieder Sportler in Erscheinung getreten sind, die hinsichtlich ihrer Physiologie und Konstitution vermeintlich optimale Voraussetzungen erfüllt haben, darf davon ausgegangen werden, dass die Vielfalt genetischer Voraussetzungen auch weiterhin dafür garantieren wird, dass Menschen immer wieder in neue Bereiche körper- und sportbezogenen Leistens vorstoßen können. In diesem Sinne fokussieren Hollmann/Mader (2000) im Zuge einer physiologisch orientierten Standortbestimmung zu den Grenzen der Leistungsfähigkeit des Menschen vier Grundfaktoren, die auf dem Niveau heutiger Weltrekorde leistungsbegrenzend wirken.

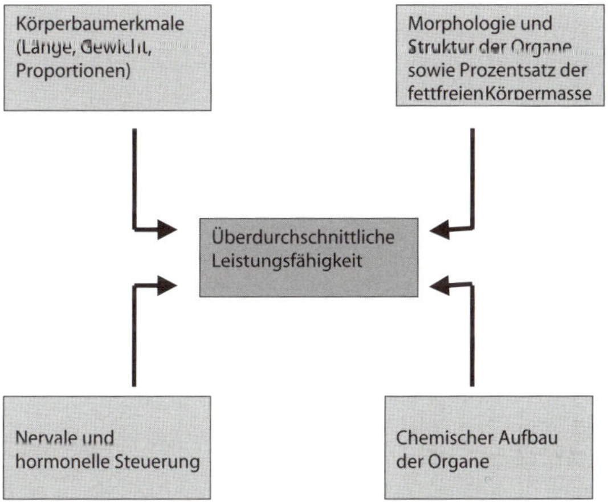

Abb. 5: Grundfaktoren einer überdurchschnittlichen Leistungsfähigkeit (nach Hollmann/Mader 2000, 11).

Erweiterung: „Energie und Information"

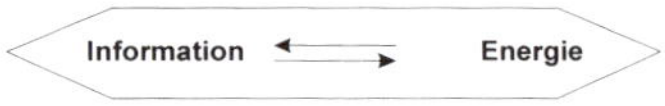

Abb. 6: Information und Energie

Die energetischen Komponenten repräsentieren in der Regel die so genannten konditionellen Fähigkeiten. Darüber hinaus wird in der Trainingswissenschaft aber auch immer wieder auf die Relevanz informationeller Aspekte, die für die koordinativen Fähigkeiten stehen, hingewiesen. In diesem Sinne sprach bereits Gundlach (1968) von zwei Systemen (Energie und Information), die die sportliche Leistung bestimmen.

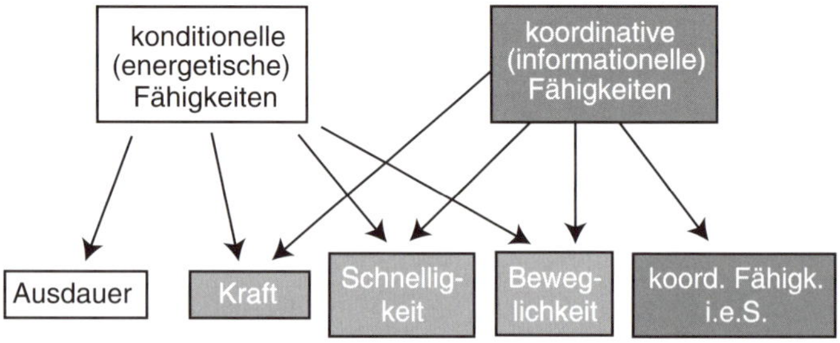

Abb. 7: Beziehung zwischen Kondition und Koordination (Energie und Information) (aus Hohmann u. a. 2002, 50).

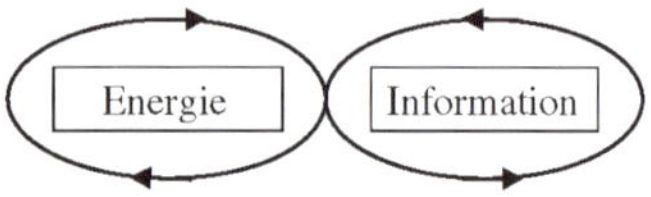

Abb. 8: Information und Energie (nach Hotz 2000)

Nach diesem Modell werden die Voraussetzungen sportbezogener Leistungen vor allem durch den Ausprägungsgrad beider Systeme bestimmt. Dabei ist es nicht die Summe aus Koordination und Kondition, sondern gerade die wechselseitige Beziehung zwischen den energetisch-konditionellen und informationell-koordinativen Fähigkeitssystemen, die als energetisch-informationelle Kompetenzen die Leistungsentwicklung bewirken. Hotz (2000) drückt diesen wechselseitigen Zusammenhang im Bild einer „8" aus. Dabei ist es in der Trainingswissenschaft üblich, die energetisch-konditionellen Leistungsanteile weiter auszudifferenzieren (s. Abb. 9).

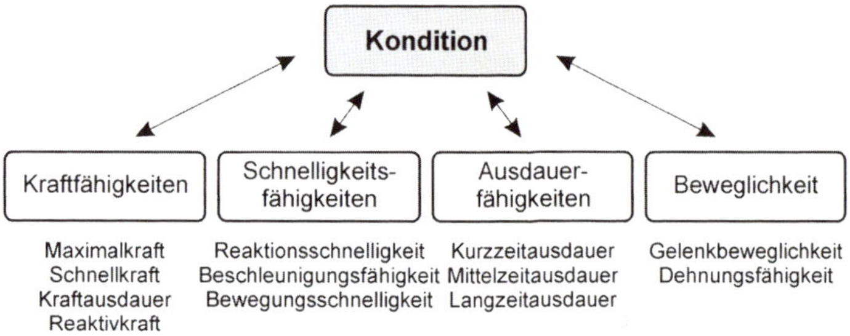

Abb. 9: Modell der Kondition und ihre möglichen Komponenten (aus Martin u. a. 1999, 67).

Ziele des Trainings und langfristiger Aufbau

Der Verlauf von Trainingsprozessen ist an bestimmte Bedingungen gebunden, von denen einige nachfolgend überblicksartig erläutert und in Beziehung zueinander gesetzt werden sollen. Dabei wird von den Trainingszielen ausgegangen, um inhaltliche Entscheidungen (u.a. Trainingsprinzipien, Belastungsnormativa) und schließlich Konsequenzen für die Methodik des Trainierens abzuleiten.

Auch im Training gilt der Grundsatz, dass man zunächst wissen muss, was man will, um überhaupt erfolgreich sein zu können. Ziele geben dem Training und den anstehenden Wettkämpfen eine Richtung vor und je klarer man diese formulieren kann, umso entschlossener kann man sie auch verfolgen. Die Ziele müssen allerdings zum Sportler und dessen Motiven passen. D.h. für den Gesundheitssport formuliert man andere Ziele als für den Wettkampfsport.

„Ziele und Motive sind also nicht dasselbe. Die Handlungs- oder Ergebnisvorwegnahmen in den Zielen führen im Sportler zu einer bestimmten Erwartungshaltung, die mit starken oder schwachen Gefühlen verbunden ist. Dieser innere Spannungszustand des Sportlers beeinflußt sehr stark seine Zielstrebigkeit beim Üben, seinen Trainingseifer und seine Einstellung bei der Überwindung dabei auftretender Schwierigkeiten" (Kunath 2001, 71).

In der Praxis spricht man in diesem Zusammenhang häufig von einer gewissen Leidenschaft und Hingabe, mit der Athleten ihr Training absolvieren. Statt anstrengenden Belastungen auszuweichen, fragen Sportler, die den Sinn ihrer Trainingseinheiten und der daran gebundenen Anstrengungen erfasst haben, vielmehr danach, wie die Dosierung und Wirksamkeit des Trainings weiter erhöht werden kann. Im Idealfall wissen sie sich auch von schlichten Maximierungsstrategien („einfach nur mehr trainieren") differenziert abzugrenzen. Wenn sie beispielsweise noch eine zusätzliche Runde laufen oder weitere Wiederholungen trainieren wollen, achten Sie auf eine realistische, d.h. verträgliche Belastungsgestaltung.

> „Deshalb können Motive auch nicht von ‚außen', von anderen Personen, gesetzt werden. Sie entstehen im Sportler selbst. Wer also einem Sportler helfen will, sich immer aufs Neue zu motivieren, erreicht dies vor allem durch klare, abgrenzbare und erreichbare Zielstellungen, durch entsprechende Nah- und Fernziele" (Kunath 2001, 71f.).

Da diese vom Athleten nachvollzogen und mit der persönlichen Situation abgeglichen werden sollen, besteht die Aufgabe des Trainers weniger in der Formulierung abstrakter Vorgaben, sondern vielmehr in der Bereitschaft, den Athleten bei der Überprüfung und ständigen Neuformulierung von realistischen Trainings-, Leistungs- und Wettkampfzielen beratend zur Seite zu stehen. Dieser Prozess lässt sich in sechs Grundsätzen zusammenfassen.

1. Ziele klar und eindeutig formulieren! „Heute laufe ich die 3000 Meter unter 14 Minuten!"
2. Die jeweilige Zielstellung soll an die aktuelle Leistungsgrenze heranreichen. Deshalb nicht zu schwierige oder zu leichte Ziele stecken!
3. Ziele müssen nachvollziehbar sein und deshalb immer begründet werden!
4. Die Zeiträume zum Erreichen des Ziels müssen festgelegt werden. Vor allem bei unerfahrenen Sportler kurze Zeiträume ansetzen!
5. Die sportbezogenen Ziele müssen zum Lebensplan und zum Tagesablauf der Sportler passen. Dabei muss die Relevanz einzelner Ziele immer neu abgewägt werden!
6. Auch auf Hindernisse gefasst und auf mögliche Umwege vorbereitet sein!

Grundsätze zur Bestimmung von Trainingszielen (nach Kunath 2001, 72)

Der langfristige Aufbau von Trainingsprozessen wurde in der Trainingswissenschaft während der zurückliegenden Jahrzehnte beinahe ausschließlich auf die Zielperspektiven des Hochleistungssports hin geplant. In diesem Sinne wurde die Trainingsspanne vom Kinder- bis zum Hochleistungstraining, die je nach Sportart und Disziplin einen Zeitraum von mehr als 20 Jahren umfasst, in fünf Etappen aufgeteilt.

Einem allgemeinen, sportartenübergreifenden Basistraining folgen demnach die beiden Etappen des Nachwuchstrainings (Grundlagen- und Aufbautraining) sowie ein Anschlusstraining, das fließend in das Hochleistungstraining übergeht. Aus dieser Struktur ergeben sich für das Training von Kindern und Jugendlichen einschlägige Ziele, Inhalte und Methoden, die unter dem Begriff des Voraussetzungstrainings zusammengefasst werden.

Aufgabe 19

Wann war Ihr letzter sportbezogener Höhepunkt (Wettkampf oder Prüfung)? Haben Sie im Vorfeld Ziele festgelegt? Rekonstruieren Sie den Prozess ihrer Zielfindung und -formulierung! An welchen Stellen ist er von den Vorschlägen KUNATHS abgewichen? Ziehen Sie Konsequenzen daraus und formulieren Sie neue Trainings- und Wettkampfziele.

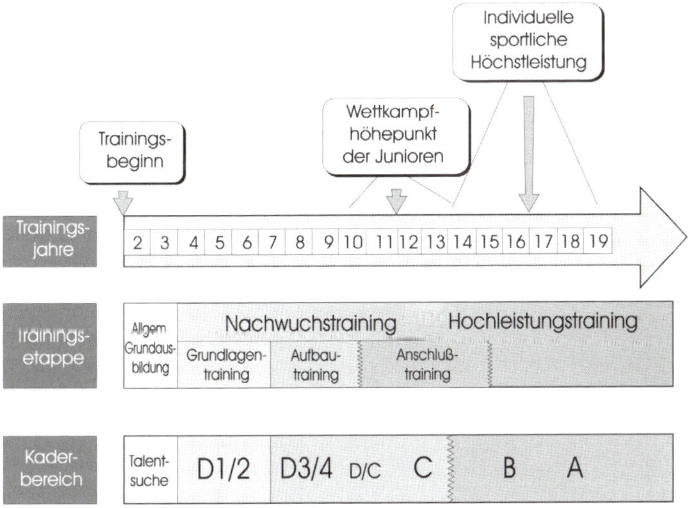

Abb. 10: Der langfristige Trainingsaufbau (aus HOHMANN u. a. 2002, 169).

„Voraussetzungstraining entwickelt die individuellen Leistungsvoraussetzungen für perspektivische Spitzenleistungen. Gezielt entwickelt werden psychische, neuromuskuläre, organisch-energetische Leistungsvoraussetzungen als Grundlage der aufgabenbezogenen sportlichen Leistungsfähigkeiten. Sie stellen die Basis für das spätere Hochleistungstraining dar" (MARTIN/NICOLAUS/OSTROWSKI/ROST 1999, 21).

Aufgabe 20

Die Ziele, Inhalte und Methoden des Voraussetzungstrainings sind zuallererst zukunftsorientiert. Lässt sich das mit Ihren gegenwärtigen Bedürfnissen vereinbaren? Was folgt aus dem Anspruch um erfüllte Gegenwart für Ihr Training? Erstellen Sie eine Liste der Interessen, die sie im Training verfolgen und diskutieren Sie vor diesem Hintergrund die Reichweite des Modells des langfristigen Trainingsaufbaus.

Aufgabe 21

Was folgt aus der Strukturierung in die fünf Etappen und den Zielen des Voraussetzungstrainings für Ihre derzeitige Trainingssituation? Welche Ihrer Ziele und Interessen Sport zu treiben und zu trainieren, werden hier berücksichtigt, welche nicht? Fertigen Sie eine Liste/Tabelle an und diskutieren Sie die Ergebnisse.

Überkompensation – ein Beispiel trainingsbezogener Modellbildung

Milon von Kroton

Der weiteren Erläuterung trainingstheoretischer Modelle soll eine Geschichte aus der Trainingspraxis eines antiken Olympioniken vorangestellt werden. Dabei handelt es sich um die mythische Geschichte des Milon von Kroton, die eine heuristische Qualität – im Sinne einer Metapher – besitzt (vgl. HILDENBRANDT 1990).

„Milon von Kroton ist zweifellos der größte Athlet der Antike gewesen; er darf ohne Übertreibung als der erfolgreichste Olympionike aller Zeiten angesehen werden. Dreißig Jahre lang hielt er unbesiegt die Spitze im olympischen Ringkampf, und siegte unter anderem fünfmal in Olympia. Hervorgegangen war Milon aus dem antiken ‚Leistungszentrum' von Kroton in Süditalien. Es wird berichtet, dass dort der berühmte Philosoph und Mathematiker Pythagoras, der selbst Olympiasieger im Ringkampf gewesen sein soll, der Lehrmeister des Milon war. Doch Milon hatte seine große Intuition bereits bevor er dem Pythagoras begegnete. Es wird nämlich erzählt, dass der kleine MILON ein recht schwächliches Kind gewesen sei, das häufig von den rohen Nachbarskindern verprügelt wurde. Eines Tages aber fasste er den eisernen Entschluss, diesem Treiben ein Ende zu machen. Er wollte unbedingt stärker werden und packte das bemerkenswert systematisch an."... An dieser Stelle wird die Geschichte schließlich auch trainingstheoretisch interessant: „Er nahm ein gerade zur Welt gebrachtes Kalb auf den Arm und trug es mehrmals um den elterlichen Hof. Obwohl ihm das anfangs sehr viel Mühe machte, hielt er durch und wiederholte diese ‚Rundläufe' täglich. Im Laufe der Zeit wuchs nicht nur das Kalb, sondern auch die Kraft des Milon und nach einem Jahr sehr natürlicher Belastungssteigerung war er stark genug, ein ausgewachsenes Rind rund um das Anwesen seiner Eltern zu tragen, um nun – darum ging es ja schließlich – die Nachbarskinder zu verprügeln" (HILDENBRANDT 1990).

Interpretative Auswertung

In der Geschichte des Milon werden einige Prinzipien der modernen Trainingslehre metaphorisch verschlusselt, denn sie zeigt, dass dem Milon die außergewöhnliche Kraft nicht ein-

Aufgabe 22

Welche trainingsbezogenen Konsequenzen können aus dieser Geschichte gezogen werden? Fertigen Sie hierzu eine Stichpunktliste an und diskutieren Sie Ihre Ideen in der Gruppe.

fach in die Wiege gelegt wurde, sondern dass sie die Folge eines langfristig angelegten Trainingsprozesses war. Es bedurfte zudem einer besonderer Motivation und eines starken Willens, um mit dem Training zu beginnen. Vielleicht auch eines gewissen Leidensdrucks, der von den prügelnden Nachbarskindern ausging.

Die Belastungsstruktur wurde von Milon so gewählt, dass die Reizsetzungen an die individuelle Leistungsfähigkeit angepasst waren. Heute würde man diese Strategie eine „Progressive Belastungsgestaltung" nennen. Milon trainierte anfangs mit einem Kalb, dass von Woche zu Woche schwerer wurde, bis es schließlich ein ausgewachsenes Rind war. Der die Geschichte kennzeichnende Moment der Progression und die daran gebundene Möglichkeit Leistungen schrittweise entwikkeln zu können, hat sich erst während der vergangenen 100 bis 150 Jahre in den Vorstellungen im Umfeld körperlichen Leistens etabliert. Zuvor war man bei Menschen, die außergewöhnliche Konditionsleistungen vollbringen können, von einer natürlichen Begabung ausgegangen. Methodische Hinweise orientierten sich in der Regel an Strategien des geschickten Ausnutzens vorhandener, in die Wiege gelegter Ressourcen. Favorisiert wurden deshalb eher spartanische Trainingsmethoden, die vor allem auf Abhärtung zielten. Demgegenüber würde man vor dem Hintergrund des aktuellen trainingstheoretischen Wissens den progressiv angelegten Trainingsprozess des Milon mit dem Modell der Überkompensation erklären (s. Abb. 11).

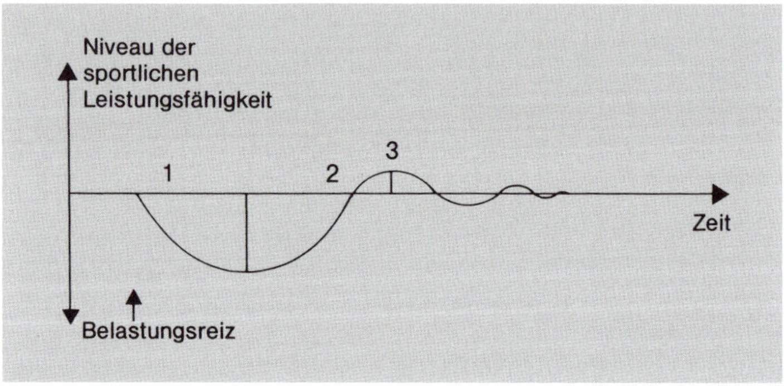

Abb. 11: Modell der Überkompensation (aus Weineck 2000, 33).

Die Interpretation des Modells für die Trainingspraxis legt nahe, Belastung und Erholung als Einheit zu betrachten. Nach einem starken Belastungsreiz wird nicht nur das Ausgangsniveau wieder hergestellt, sondern eine Überkompensation (erhöhte Wiederherstellung) der beanspruchten Energiereserven (Kreatinphosphat, Glycogen) erreicht. Dieses Niveau pendelt sich jedoch mit der Zeit wieder in der Nähe des Ausgangsniveaus ein. Die nächste Belastung muss demzufolge zu dem Erholungszeitpunkt einsetzen, an dem der Überkompensationsgipfel ein Optimum erreicht hat.

Modell der Überkompensation

Es hat etwa 2500 Jahre gedauert, bis die progressive Belastungsgestaltung als allgemeines Prinzip der Trainingslehre von JAKOVLEV (1977) in einem experimentell überprüften Modell zur Überkompensation auf den Punkt gebracht wurde. Seither dient das Modell als Vorlage für die Planung von Training. Das Modell suggeriert eine vorhersagbare und in gewisser Weise sogar lineare Leistungssteigerung, wenn es denn gelingt, den optimalen Zeitpunkt für die jeweils nächste Belastung zu treffen.

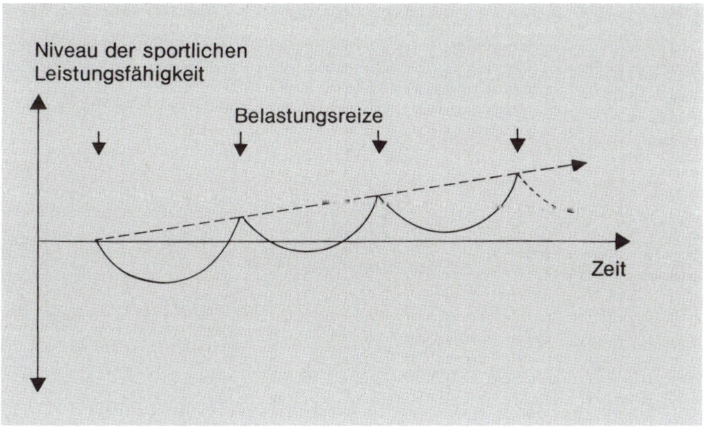

Abb. 12: Modell der Überkompensation – optimale Reizsetzung (aus WEINECK 2000, 33).

Gelingt dies nicht, dann kann unter Umständen genau das Gegenteil eintreten und man trainiert sich sprichwörtlich „in den Keller". Dabei werden nachfolgende Trainingsbelastungen bzw. -reize zu früh eingesetzt, weshalb sich die Beanspruchung summiert und keine Zeit für Erholung und die daran gebundenen Anpassungen (Leistungsfortschritte) eingeräumt wird. Solche negativen Trainingserfahrungen münden bald in den Zustand des so genannten Übertrainings, in dem sich Sportler müde und ausgelaugt fühlen, von Nervosität, manchmal sogar von Verdauungsproblemen und Schlafstörungen geplagt werden. Notwendige Erholung und positive Leistungsanpassung wird erst durch das Beachten ausreichender Pausen möglich.

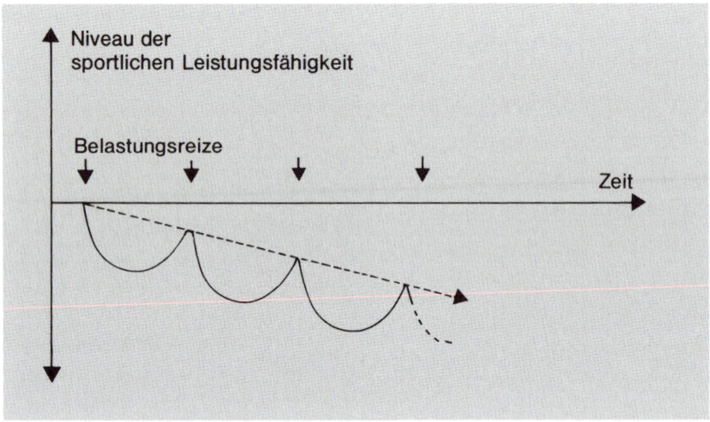

Abb. 13: Modell der Überkompensation – falsche Reizsetzung (aus Weineck 2000, 34).

Zur Reichweite des Überkompensationsmodells

Ob es nun aufwärts oder abwärts geht, das Modell wirkt vor allem aufgrund seiner Einfachheit Vertrauen erweckend. Vielleicht wurde deshalb in der Vergangenheit auch gerne übersehen, dass es sich bei den Laboruntersuchungen Jakovlevs um Rattenexperimente handelte, bei denen ausschließlich Veränderungen im Bereich des Glykogenstoffwechsels gemessen und zur Modellbildung herangezogen wurden. Jakovlev und diejenigen, die dessen Experimente zum Glykogenstoffwechsel von Ratten untersucht haben, sagen mit den aus ihrer Forschung abgeleiteten Modellen nichts über den Verbrauch und die Regeneration der übrigen physiologischen Teilsysteme aus, wie z.B. zum Wasserhaushalt – der etwa 6 Stunden – oder gar zur

Mitochondrienregeneration, die mindestens 7 Tage benötigt. Da alle beteiligten Systeme unterschiedliche Regenerationszeiten haben, wird es in der Praxis kaum jemals gelingen können, den eingangs gezeigten optimalen „Peak" im Überkompensationsmodell genau zu treffen. Im Gegenteil, aus den verschiedenen Zeitverläufen ergeben sich zwangsläufig unterschiedliche Optima.

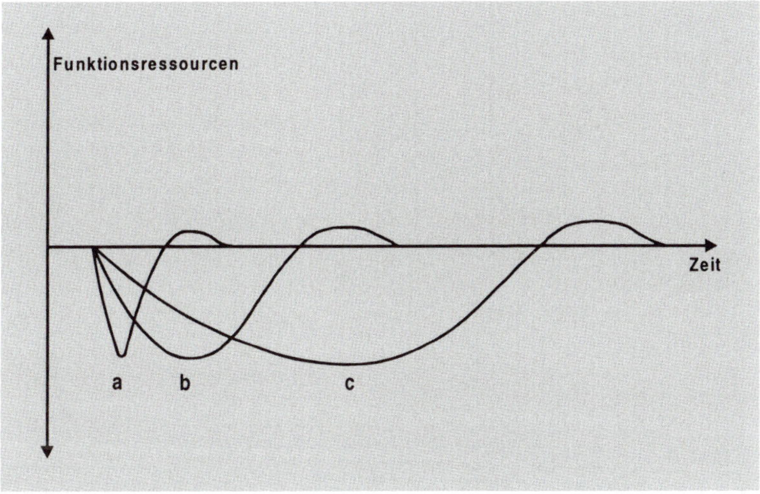

Abb. 14: Unterschiedliche Optima (aus Joch/Ückert 1999, 216).

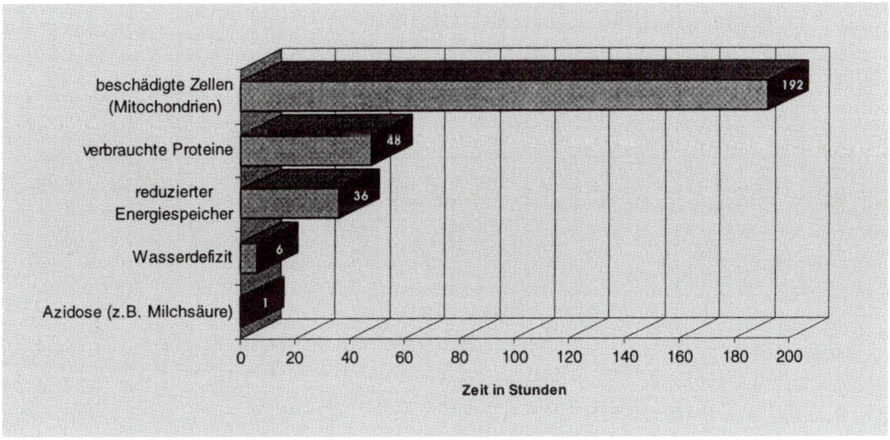

Abb. 15: Graphische Erläuterung zu den unterschiedlichen Optima (aus Joch/Ückert 1999, 217).

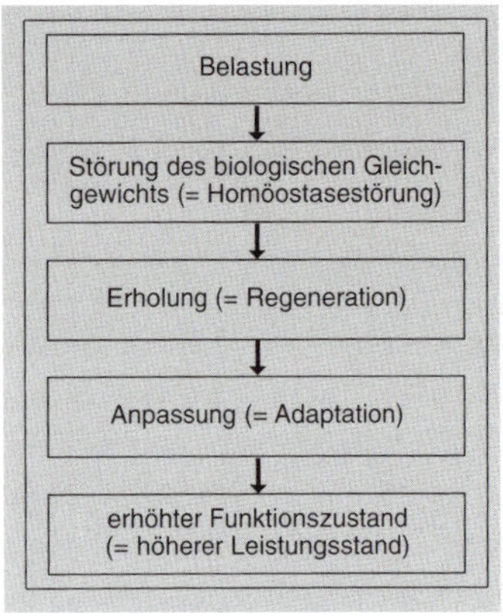

Abb. 16: Ursache-Wirkungs-Kette (aus GROSSER/STATISCHKA/ZIMMERMANN 2001, 14).

Die scheinbare Sicherheit des Modells der Überkompensation – dass man das vermeintliche Optimum mit dem nächsten Trainingsreiz tatsächlich trifft – und dessen einfache Logik – dass sich mehrere dieser Treffer zu einer Leistungsprogression addieren – können zu einem vereinfachenden und mechanistischen Denken führen.

Aus diesem Grund dient das Modell der Überkompensation zwar als geeignete Grundlage für das Verständnis und die Gestaltung von Trainingsprozessen, bietet jedoch allein genommen keine Sicherheit für eine Leistungsprognose. So hat beispielsweise LEHNERT (1994) herausgefunden, dass nur etwa 20 Prozent aller Athleten in objektiv messbaren Disziplinen (z.B. Leichtathletik) im Olympiajahr ihre persönliche Jahresbestleistung bei den Olympischen Wettkämpfen erreicht haben. Neben den individuellen Besonderheiten, die die verschiedenen Sportlerpersönlichkeiten mitbringen, gehen vor allem von den ständig wechselnden Bedingungen jeder neuen Trainings- und Wettkampfsituation Unwägbarkeiten aus, so dass auch die nachfolgenden Trainingsprinzipien situativ-variabel anzuwenden sind.

Aufgabe 23

Übertragen Sie die Modelle der optimalen und der falschen Reizsetzung in die Trainingspraxis, indem Sie damit einen (Ihren) Trainingsprozess beschreiben. Fassen Sie in Ihrer Skizze die wichtigsten Aussagen des Überkompensationsmodells zusammen.

Aufgabe 24

Recherieren Sie in Ihren Trainingsaufzeichnungen und Wettkampfprotokollen nach Situationen in denen Sie Misserfolge hinnehmen und verarbeiten mussten, obwohl Sie sich sachlogisch richtig vorbereitet hatten. Machen Sie in einem zweiten Schritt mögliche Ursachen für die Niederlage aus, die Sie auf veränderbare (instabile) persönliche oder situative Zusammenhänge zurückführen können.

Trainingsprinzipien

Planungssicherheit durch Trainingsprinzipien

Prinzipien bieten im Training, ebenso wie auch in vielen anderen Bereichen des Alltags, sichere Handlungsorientierungen. Sie tragen dabei nicht durchgängig den Charakter wissenschaftlich erprobter Maßstäbe oder gar empirischer Gesetzmäßigkeiten. Im Gegenteil, sie werden – unterschiedlich gewichtet – sowohl von technologischen als auch von praxisbezogenen Planungsgrundlagen beeinflusst, so dass beispielsweise selbst Weltklasseathleten ein nicht unerhebliches Maß an Vertrauen und Mut aus eigenen subjektiven Theorien bzw. den persönlichen Leitideen ihrer Trainer schöpfen. In manchen Fällen spricht man von regelrechten Schulen, die zumeist die Handschrift eines erfolgreichen Trainers tragen. Zentrale Eckpunkte derartiger Meisterlehren kristallisieren sich im Spektrum persönlicher Praxiserfahrungen heraus, werden vor allem durch Erfolgserlebnisse immer weiter gefestigt, weshalb sie sich teilweise zu individuellen „Trainingsphilosophien" verdichten.

Aufgabe 25

Recherchieren Sie im Sportjournalismus (Internet, Tageszeitungen, Sportsendungen) nach Erfolgsrezepten, Strategien und anderen vermeintlichen Hintergründen verschiedener Trainer. Versuchen Sie im zweiten Schritt herauszuarbeiten, welche die tragenden Kompetenzkriterien eines „guten Trainers" im Spiegel des Sportjournalismus sind.

Beispiele findet man nicht nur im Profifußball, der nach jeder Trainerentlassung Schlagzeilen zu den zugrunde liegenden Fußball-, Spiel- oder Trainingsphilosophien der entlassenen oder neu eingestellten Trainer liefert, sondern in allen Sportarten. Für den leichtathletischen Langstreckenlauf können beispielsweise das Waldnieler Lauftraining (Van Aaken 1993), das Trainingssystem des neuseeländischen Erfolgstrainers Arthur Lydiard (1995) oder das Multi-Stufen-Training von Peter Coe (1995) als populäre Meisterlehren angesehen werden, mit denen diese Trainer ausgesprochen erfolgreich waren, obwohl sie ihre Trainingskonzeptionen nicht primär aus Wissensbeständen der Trainingswissenschaft abgeleitet haben.

„Trainingsprinzipien sind verallgemeinerte Leitlinien und Orientierungen für die erzieherischen, betreuenden und trainingsmethodischen Aufgaben und Handlungen von Trainerinnen und Trainern im Prozess des Trainings und in der Führung von Wettkämpfen" (Martin u. a. 1999, 182).

Ein Grund für diesen Erfolg liegt in der außergewöhnlichen Bedeutung des Expertenwissens. Trainingspraktische Erfahrungen wurden schließlich irgendwann einmal in der Komplexität von Trainings- und Wettkampfprozessen gewonnen, so dass dieser Erfahrungsschatz den Betroffenen dabei helfen kann, sich auch während der kommenden, neuen Situationen zurechtzufinden und sich bei anstehenden Problemen zu bewähren. In fast allen Lehrbüchern der Trainingslehre wird auf die Relevanz dieser Gebrauchs- und Alltagstheorien hingewiesen, jedoch fehlen einschlägige Strategien, mit deren Hilfe sie systematisch hinterfragt, überprüft und optimiert werden könnten. Hier liegt eine wesentliche Zukunftsaufgabe trainingswissenschaftlicher Forschung.

Aufgabe 26

Welche Prinzipien liegen Ihrem Sporttreiben zugrunde? Versuchen Sie Ihre Trainingspraxis nach alltäglichen Prinzipien zu hinterfragen und diskutieren Sie die Tragweite Ihrer Prinzipien. Vergleichen Sie Ihre Prinzipien mit denen der übrigen Kursteilnehmer.

„Es lässt sich noch kein tragfähiges Konzept eines Prinzipiensystems erkennen, das den Trainingsprozess in seiner Ganzheitlichkeit erfasst und die pädagogischen, psychologischen, biotischen und sozialen Aspekte in ausreichendem Maße verarbeitet" (Schnabel 1997, 205).

Falls es Ihnen im Kursrahmen nicht gelingen sollte, sich über ein einheitliches System oder gar eine Hierarchie von Trainingsprinzipien zu verständigen, befinden Sie sich mit diesem Problem in „guter Gesellschaft". Denn auch im Spektrum der trainingswissenschaftlichen Literatur schlagen die verschiedenen Autoren nicht nur verschiedene Prinzipien, sondern auch unterschiedliche Strukturierungen und Hierarchien vor.

Im Folgenden werden aus diesem Spektrum theoretischer und praktischer Hintergründe sechs wesentliche **Trainingsprinzipien** in Hinblick auf die Planung eines langfristigen Trainingsprozesses dargestellt:

- Regelmäßigkeit
- Progression (Steigerung)
- Variation der Inhalte
- Tapering
- Phasierung/Blockbildung
- Dokumentation und Evaluation

Regelmäßigkeit

Durch regelmäßiges Trainieren wird bereits eine entscheidende Grundfunktion für das Erreichen von Trainingsfortschritten erfüllt. Wenn dieses Prinzip nicht eingehalten wird, macht es nur wenig Sinn, im Trainingsprozess weitergehende und komplizierte Steuerungsmaßnahmen vorzusehen. Auch wenn die Forderung nach ausgewogenen, regelmäßigen Trainingsbelastungen recht einfach klingt, erweist sie sich in der langfristigen Planung als sensibles Steuerungsproblem.

In der Praxis kommt es darauf an, Trainingstage und -einheiten im Verlauf eines Jahres bzw. eines enger begrenzten Zyklus so zu platzieren, dass auf der einen Seite keine überzogenen Belastungen zu entsprechend langen Unlustphasen oder regenerationsbedingten Pausen führen müssen, und auf der anderen Seite soll kein Tag, an dem man einen sinnvollen Trainingsreiz hätte setzen können, ungenutzt bleiben.

Progression (Steigerung)

Die sportliche (Höchst-)Form kann zwar hinsichtlich einzelner Komponenten (Schnelligkeit, Ausdauer, Tempogefühl, ...) analysiert und gewichtet werden, wirkt in der Praxis aber immer in komplexen Zusammenhängen. Deshalb ist es nicht möglich, alle leistungsbestimmenden Faktoren gleichzeitig auf ein höchstmögliches Niveau zu bringen. Ihre Progression (Steigerung) muss darüber hinaus auch hinsichtlich spezieller Trainingswirkungen abgestimmt werden. So führt beispielsweise die gleichzeitige Steigerung von Trainingsintensität und -umfang nicht zu dem gewünschten Leistungsfortschritt, sondern in aller Regel direkt in eine durch Übertraining ausgelöste Erschöpfung und Formkrise.

Es gilt demnach die einzelnen Komponenten der sportbezogenen Leistung zu unterschiedlichen Zeiten zu steigern, d.h. während verschiedener Trainingsphasen unterschiedlich zu gewichten. Dabei kristallisieren sich in Abhängigkeit von persönlichen Neigungen und dem Talent recht bald individuelle Prinzipien zur Gewichtung heraus, die für die Jahresplanung wichtig sind und dem Sportler dabei helfen, aus objektiven Richtwerten (Laufgeschwindigkeiten, Wiederholungszahlen, Kilometerumfänge, ...), die für alle Sportler gelten, ein persönliches Konzept zu entwickeln. Während beispielsweise manche Athleten ihre Höchstform eher über die Steuerung und Steigerung des Umfanges erreichen, ist dies bei anderen unter Umständen über den Umgang mit Intensitäten der Fall.

Variation der Inhalte

Bei der Auswahl der Inhalte für das Training wird recht bald deutlich, dass es weitaus einfacher ist, sachlogische Trainingseinheiten am Schreibtisch zu planen, als so manchen anstren-

Bezogen auf das Beispiel des am Umfang orientierten Dauerlauftrainings bieten sich u.a. folgende Ansatzpunkte an:

a) Strecken grundsätzlich abwechseln und immer wieder neue Runden ausprobieren
b) Verschiedene Zusatzaufgaben während der längeren Läufe erfüllen (z.B. im Bereich des Orientierens)
c) Laufgeschwindigkeiten ständig variieren ohne anaerobe Belastungen einzugehen
d) Umfänge durch ergänzende Einheiten im Schwimmen oder Radfahren steigern
e) Mit Trainingspartnern Basketball oder andere Sportspiele spielen Kombinationstraining (z.B. Hallentraining mit Dauerlauf, Koordinations- und Krafttraining).

genden Trainingsprozess in der Praxis durchzustehen. Beispielsweise fallen einem Marathonläufer die langen Dauerläufe während eines Zyklus, in dem hohe Umfänge realisiert werden sollen, von Tag zu Tag schwerer, obwohl es sich doch immer um den gleichen Inhalt (Dauerlauf) handelt. In der Planung eines solchen Zyklus klingt es durchaus überzeugend, eine 3-wöchige progressive Trainingsetappe mit jeweils 120, 140 und schließlich 160 zu laufenden Wochenkilometern auszustatten.

In der Praxis betrifft die summierte Belastung jedoch nicht allein die körperliche Dimension, sondern bedeutet wegen der Monotonie der Trainingsform vor allem eine wachsende psychische Beanspruchung, die leicht in Stress mündet und zu Abneigung führt. Um Überforderungen in diesem Bereich zu vermeiden und beim Athleten den Wunsch auf den Weg zu bringen, mit größtmöglicher Konzentration und Hingabe zu trainieren, müssen deshalb bereits in der Trainingsplanung Möglichkeiten zur Variation und Auflockerung der Inhalte erschlossen und überprüft werden.

Tapering

Die Steuerung der letzten Trainingsmaßnahmen vor den wichtigen Wettkämpfen wird auch als „Tapering" bezeichnet. Während dieses letzten „Formschliffs" soll der Trainingsumfang bei gleich bleibender oder gar etwas erhöhter Intensität zurückgenommen werden. Die Platzierung der intensiven Trainingsbelastungen (z.B. Wiederholungsmethoden) gestaltet sich als äußerst spezifisch, weil individuelle Erfahrungen im Bereich der Superkompensation als Steuerungsmechanismen herangezogen werden müssen. Es gibt beispielsweise Athleten, die eine Woche vor dem Wettkampf keine intensiven, harten Trainingsmaßnahmen mehr vertragen, während andere drei Tage zuvor noch einmal an ihre Grenzen gehen müssen, um am Wettkampftag tatsächlich „über sich hinauswachsen" zu können.

Neben der Planung maximaler und submaximaler Belastungen, die u.a. als Kontrollmaßnahmen für den anstehenden Wettkampf Sicherheit geben können, kommt regenerativen Maßnahmen während des Taperings eine große Bedeutung zu. Eingebettet in das Konzept der Blockbildung macht es durchaus Sinn, das Tapering auf bis zu vier Wochen auszudehnen, in denen mehrere intensive und umfangreiche Belastungen eingegangen und mit aktiver Regeneration kombiniert werden. In vielen Sportarten und Disziplinen (z.B. Sportspiele, Langsprint in der Leichtathletik) bewegen sich Sportler wegen der außerordentlich hohen anaeroben Belastung hierbei äußerst eng an der Grenze zum Übertraining, weshalb bei fehlenden Erfahrungen oder pauschalem Vorgehen genau das Gegenteil vom Formhöhepunkt erreicht wird. Für Athleten, die aufgrund längerer Trainingsausfälle (z.B. Verletzungspause) im Plan zurückliegen, ist Tapering unter Umständen die letzte, risikobehaftete Möglichkeit doch noch schnell in Form zu kommen, um sich z.B. bei Meisterschaften zufrieden stellend zu platzieren. Die Chancen für diesen „Rettungsanker" sind vor allem dann gegeben, wenn die Trainingsausfälle nicht allzu groß und in vorangegangenen Trainingsblöcken umfangreich und qualitativ hochwertig trainiert werden konnte.

Phasierung/Blockbildung

Trotz der notwendigen Variation von Methoden und Inhalten sollen während der einzelnen Trainingszyklen inhaltliche und methodische Schwerpunkte realisiert werden. Der amerikanische Leichtathletiktrainer Frank Horwill (1995) hebt die hypothetische Trennung zwischen Trainings- und Wettkampfphasen durch die These auf, dass der Formhöhepunkt in einer Saison über die Wettkampftätigkeit angesteuert werden kann. Bezüglich alternativer Steuerungsmöglichkeiten zur Gegenläufigkeit von Umfang und Intensität schlägt Verchoshanskij (1988) vor, Blöcke zu bilden, in denen unterschiedliche inhaltliche Schwerpunkte gesetzt und bei hohem Trainingseinsatz realisiert werden. Die Idee der Blockbildung scheint sich zumindest in der Trainingsmethodik des Leistungssports erneut durchzusetzen. Dabei wechseln Phasen akzentuierter Belastungsgestaltung in verschiedenen Fähigkeitsbereichen (z.B. Kraft- oder Ausdauertraining) einander ab. Die einzelnen Zyklen dieses Blocktrainings sollten etwa vier bis sieben Wochen dauern und mit etwa einwöchigen Regenerationsphasen abwechseln.

Auch wenn diese exakten Planungsvorgaben nicht ohne weiteres für die Trainingsplanung im Breiten- und Freizeitsport übernommen werden können, hat sich das Prinzip der Blockbildung auch auf diesem Leistungsniveau bewährt. Es gilt demnach im Rahmen der Trainingsplanung festzulegen, in wel-

Aufgabe 27

Welche Prinzipien liegen Ihrem Trainieren zugrunde? Stellen Sie Zusammenhänge zwischen den hier erörterten Prinzipien her, tauschen Sie sich mit Ihren Mitschülern aus und bilden Sie eine Hierarchie, nach der Sie Ihr Training planen und betreiben (würden).

chen Trainingsetappen Akzente im Training der verschiedenen Konditionsfaktoren gelegt werden sollen (z.B. im Bereich der allgemeinen Ausdauer, Schnelligkeitsausdauer, Kraft, Sprintfähigkeiten, Koordination, usw.). Auf diese Weise treten bestimmte Leistungskomponenten nur kurzfristig in den Hintergrund. Durch die planmäßig verteilte Blockbildung im Jahresverlauf werden schließlich partielle Defizite langfristig kompensiert und ein ausgeglichenes Training auf den Weg gebracht.

Dokumentation und Evaluation

Die vorgeschlagenen Prinzipien laufen auf ein individualisiertes Trainingskonzept hinaus, dessen Ergebnisse regelmäßig aufgeschrieben und ausgewertet werden sollen. Auf dieser Grundlage können schließlich auch die Planungsgrundlagen für die folgenden Trainingsetappen und -jahre immer wieder neu entworfen werden. Erfahrungen aus zurückliegenden Trainingsjahren liefern – vor allem für die Feinabstimmung (z.B. während des Taperings) – wertvolle Informationen. Neben Hinweisen zum Verlauf der Erholung und der Wirksamkeit bestimmter Trainingsmaßnahmen müssen aus den Trainingsprotokollen auch Informationen zu Vorlieben, Abneigungen und vor allem Leidenschaften des Athleten heraus gefiltert werden. Wenn Trainer beispielsweise wissen, in welchen Trainingseinheiten bzw. unter welchen Bedingungen ihre Athleten regelrecht aufblühen können, sollten die zugrunde liegenden Inhalte und Methoden zur attraktiven Inszenierung künftiger Einheiten und Trainingsblöcke genutzt werden.

Trainingsplanung zwischen Belastung und Beanspruchung

Bestimmung des Anforderungsprofils

Jede Tätigkeit bzw. Sportart stellt einschlägige Anforderungen, weshalb die Planung des Trainings zumeist mit einer sorgfältigen Sachanalyse beginnt. In diesem Sinne sind beispielsweise zentrale Anforderungsmerkmale, die das Laufen langer Strecken mit sich bringen, schnell abgesteckt: Laufen erfordert vor allem Ausdauereigenschaften, die neben psychischen Qualitäten (z.B. Willen, Geduld, Beharrlichkeit, ...) auch auf typische biologische Voraussetzungen bauen (z.B. Energiestoffwechsel, Herz-Kreislaufsystem, Atmung, ...). Bei näherer Betrachtung kann das Anforderungsprofil eines guten Läufers, Schwimmers oder Radfahrers zum Teil sehr detailliert beschrieben werden, wobei selbstverständlich individuelle Abweichungen von einem vermeintlichen Idealbild benannt werden können.

Im Zuge dieser Analyse können einerseits besondere Vorteile und Ressourcen, andererseits aber auch mögliche Defizite bestimmt werden. Weiterhin ist es möglich, die Bedeutung einzelner Vor- oder Nachteile abzuschätzen, woraus Strategien für die anstehenden Trainingsmaßnahmen abgeleitet werden. Schließlich kann es im Zuge eines überlegten Trainingsprozesses gelingen, nicht ausgleichbare Nachteile abzubauen.

Aufgabe 28

Entwerfen Sie ein modellhaftes Anforderungsprofil Ihrer Sportart/Disziplin. Berücksichtigen Sie dabei die Ausführungen zu den Grundlagen und Zusammenhängen der sportbezogenen Leistung und der Kondition.

Belastungsnormativa

Mit Hilfe der Belastungsnormativa lässt sich die Belastung eines langen kontinuierlichen Dauerschwimmens ebenso präzise ausdrücken, wie die eines Tempolaufprogrammes oder eines Sprungtrainings im Basketball. Trainingsprozesse können somit in eine formale „Sprache" übersetzt werden, was die Dokumentation, Auswertung und Planung erheblich vereinfacht. Im Zuge dieses Verfahrens müssen lediglich Streckenlängen, Geschwindigkeiten und Pausen angegeben bzw. gemessen und kontrolliert werden. Auch wenn solche Angaben die tatsächliche Beanspruchung, die auf den Sportler wirkt bzw. von ihm subjektiv wahrgenommen wird, noch nicht widerspiegeln, eignet sich diese Formalisierung als systematische Basis für die Planung und Steuerung des Trainings.

Trainingshäufigkeit: Bezieht sich auf die Anzahl der Trainingseinheiten pro Trainingszyklus.

Belastungsumfang: Bezieht sich auf die Summe der zurückgelegten (Kilo-)Meter pro Trainingssequenz, -einheit oder -zyklus. Im Krafttraining wird darunter die bewältigte Gesamtlast äußerer Widerstände, aber auch die Anzahl von Wiederholungen (Intervalltraining) verstanden.

Belastungsintensität: Bezieht sich auf die Geschwindigkeit in der gelaufen wird und wird durch den Grad der Anstrengung bestimmt. Man misst sie z.B. als Herzfrequenz, Laktatkonzentration, Watt und drückt sie in Prozent zur Bestleistung oder in Qualitäten wie z.B. maximale, submaximale, mittlere, leichte oder geringe Intensität aus. Sie verhält sich in der Regel gegenläufig zum Trainingsumfang.

Belastungsdauer: Bezieht sich auf die Zeit (Sekunden, Minuten, Stunden) der Einwirkung einer Belastung. In Verbindung mit der Angabe von Streckenlängen können aber auch Intensitäten beschrieben werden.

Belastungsdichte: Bezieht sich auf die Folge bzw. das Intervall, in dem Belastungen aneinander gereiht werden.

Beispiel eines an den Belastungsnormativa orientierten Tempolaufprogrammes

Ein Mittelstreckenläufer trainiert momentan mit einer **Trainingshäufigkeit** von sechs Einheiten pro Woche. Heute steht ein Tempolaufprogramm auf dem Plan, in dem er 12 mal 500 Meter in jeweils 1:35 Min laufen soll und zwischendurch jeweils 2 Minuten Pause hat.

Zum **Belastungsumfang** dieser Einheit zählen neben den 6 km, die im Bereich der Wettkampfspezifischen Ausdauer (WSA) zurückgelegt werden (12 x 500 m), gegebenenfalls auch noch die während der aktiven Pausen und des Ein- bzw. Auslaufens zurückgelegten Strecken.

Die **Belastungsintensität** ergibt sich aus der Anstrengung, die während der 95 Sekunden auf den 500m-Strecken wahrgenommen wird. Die Höhe der Intensität bemißt sich nach der Bestleistung des Athleten auf der entsprechenden Strecke.

Jene 95 Sekunden bedeuten zugleich auch die **Belastungsdauer** für jeden der 12 Intervalläufe.

Die **Belastungsdichte** wird durch die Länge der Pausen zwischen den Intervallen bestimmt: Im vorliegenden Beispiel sind dies die 2 Min. Pause, die nach jedem 500m-Lauf genommen werden.

Die sachanalytische Differenzierung einschlägiger Anforderungen der jeweiligen Disziplin wird auf der methodischen Ebene durch die Entwicklung entsprechender Trainingsprogramme fortgesetzt. Schließlich lassen sich auch Trainingsmaßnahmen und -inhalte hinsichtlich spezieller Anforderungen modellieren und in konkreten Umfängen, Intensitäten oder Pausengestaltungen beschreiben. Die Summe dieser Beschreibungsgrößen macht letztlich die jeweilige Trainingsbelastung aus, die wiederum – in ein individuelles Trainingskonzept eingebettet – zu den charakteristischen Anforderungen der Sportart passen muss.

Während für die formalisierte Beschreibung der Trainingshäufigkeit ebenso wie für die des Umfangs, der Dauer und der Dichte lediglich die Anzahl, Meter, Serien, Intervalle, Stunden, Minuten oder Sekunden aus der Unübersichtlichkeit des konkreten Praxisgeschehens herausgenommen und notiert werden müssen, bedarf es für die Ermittlung der Belastungsintensität eines weiteren „Übersetzungsschrittes". GROSSER u. a. (2001, 15) schlagen eine Rangskala für die Bestimmung der verschiedenen Qualitäten vor. Mit dieser Hilfe kann der Anstrengungsgrad in den zentralen Konditionskomponenten ausgedrückt werden:

Aufgabe 29

Übersetzen Sie Ihre letzten Trainingseinheiten in die formale Sprache der Trainingslehre. Beziehen Sie sich dabei auf das Schema der Trainingsbelastung (in Abb. 18).

	Kraft Prozent der Maximalkraft	**Schnellkraft Prozent des maximalen Impulses**	**Schnelligkeit Prozent der maximalen Bewegungs-schnelligkeit**	**Ausdauer Prozent der maximalen Sauerstoff-aufnahme**	
maximal	100–90	100–90	100–95	100–85	> 180 Hf[1]
submaximal	90–80	unter 90	95–85	85–75	180–165 Hf
mittel	80–70	–	–	75–60	165–150 Hf
leicht	70–50	–	–	60–50	150–140 Hf
gering	50–30	–	–	50–30	140–130 Hf

[1] Geltungsbereich: 20–30-jährige Erwachsene

Abb. 17: Rangskala für die Belastungsintensitäten (nach GROSSER u. a. 2001, 15).

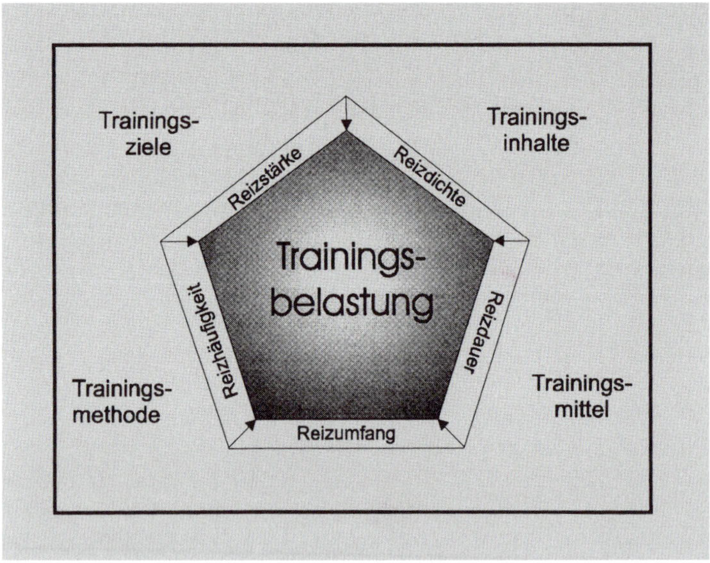

Abb. 18: Schema der Trainingsbelastung (aus Joch/Ückert 1999, 231).

Beanspruchung

Die Stimmigkeit des persönlichen Konzepts zeigt sich im Trainingsfortschritt, der aufgrund individueller Voraussetzungen und Neigungen nur unscharf berechnet werden kann. Allgemeine Hinweise zur Trainingssteuerung und Jahresplanung bieten einen sicheren Rahmen für die Trainingssteuerung, der jedoch in der Praxis des Einzelnen durch sensibles Spüren und Verarbeiten der mehr oder weniger anstrengenden Belastungen immer wieder neu justiert werden muss.

Neben der Verwertung von Rückmeldungen aus leistungsdiagnostischen Maßnahmen, Tests und Wettkampfergebnissen gelingt es vor allem erfahrenen Sportlern und Trainern immer treffender, auch Befindlichkeiten in die Trainingsauswertung zu integrieren. Bei dieser subjektiven Dimension handelt es sich letztlich um das Wahrnehmen und Erfassen tatsächlicher (innerer) Beanspruchungen, die durch die jeweiligen (äußeren) Belastungen hervorgerufen werden (s. Abb. 19). Neben der Individualität des wahrnehmenden und verarbeitenden Athleten wird die hier wirksam werdende Komplexität noch durch die Besonderheiten der jeweiligen Situation vergrößert.

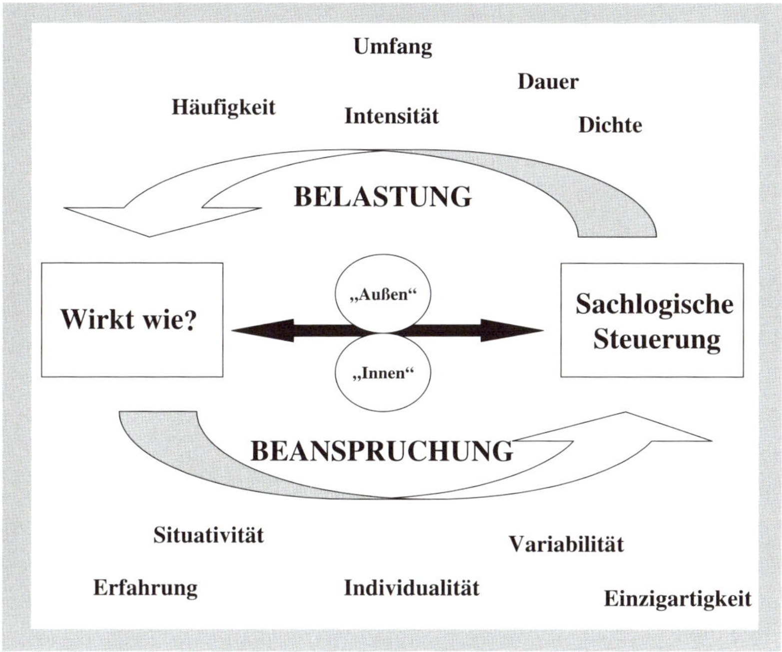

Abb. 19: Zusammenhang von Belastung und Beanspruchung.

Athleten und Trainern kann es auf der Grundlage differenzierter Trainings- bzw. Beanschpruchungserfahrungen gelingen, die durch Intensitäts- oder Umfangangaben objektivierbaren Belastungen (z.B. 6 x 1000 m in 3:30 Min mit jeweils 2:30 Min Pause) um eine subjektive Qualität zu ergänzen. Erfahrene Sportler (be-)achten die Umstände, unter denen ihr Training abläuft (Vorbelastungen, Stress, Witterung, usw.), und sie können die Wirkung dieser Bedingungen abschätzen lernen. Wer abzuschätzen weiß, wie eine Trainingsbelastung auf ihn wirkt, kann diese treffender in seinen Trainingsplan einbauen.

Trainingsmethoden

Übergreifende Trainingsmethoden

„**Trainingsmethoden** sind planmäßige Verfahren zur Vermittlung, Gestaltung und Auswertung von Inhalten in einem zielgerichteten Trainingsvollzug" (MARTIN u. a. 1999, 280).

Wenn die Öffnung des Trainingsverständnisses Gefahr läuft, zu einer unüberschaubaren Vielzahl von Trainingsmethoden zu führen, erweisen sich ordnende und strukturierende Orientierungen als hilfreich. In der Trainingslehre werden die hierfür erforderlichen Kriterien in der Regel aus objektiven Parametern erschlossen und mit Hilfe der Belastungsnormativa präzise formalisiert und ausgedrückt.

Wenn in den folgenden Kapiteln methodische Zusammenhänge zum Training der verschiedenen Komponenten der Kondition erläutert werden, handelt es sich zumeist um spezifische Formen oder Varianten von drei Grundmethoden, die sich im Konditionstraining herauskristallisiert haben und nachfolgend hinsichtlich ihrer Durchführungsmodalitäten und Wirkungen skizziert werden.

Dauermethoden

Dauermethoden sind die zentralen Bausteine im Trainingsplan von Ausdauersportlern. So belasten sich beispielsweise Langstreckenläufer oder Radrennfahrer mit hohen Umfängen und vergleichsweise geringen Intensitäten, was vor allem zu Anpassungen im Bereich des Herzkreislauf-Systems sowie zu einer Ökonomisierung des Stoffwechsels führt.

Die entsprechenden Trainingseinheiten sind zumeist durch kontinuierliche Belastungsgestaltung gekennzeichnet, indem weder Pausen noch deutliche Intensitätswechsel eingeplant werden (s. Abb. 20). Die Energiebereitstellung erfolgt aerob, d.h. während der Belastung wird nur soviel Sauerstoff verbraucht, wie zugleich auch aufgenommen wird. Aus diesem Grund gehen Sportler, die nach der Dauermethode trainieren, keine Sauerstoffschuld ein. Sie regenerieren sich auch verhältnismäßig schnell, weshalb bald wieder die nächste Einheit nach den Belastungsvorgaben dieser Methode trainiert werden kann.

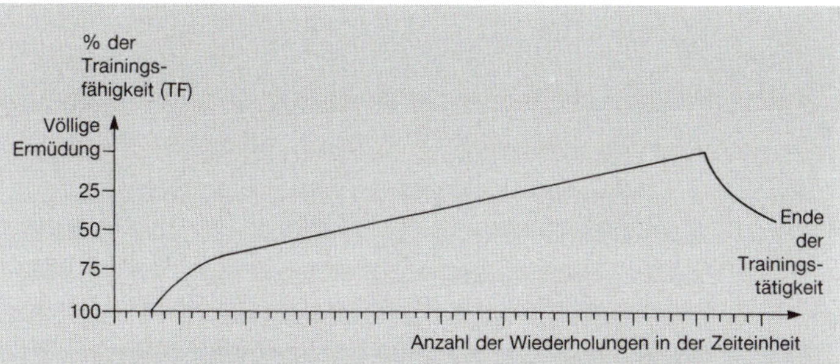

	Geschwindigkeit (Intensität)	Belastungs-dichte	Belastungs-umfang	Belastungs-dauer
Lauf	70– 95% der Bestleistung über 3 bis 50 km	Üben ohne Pause	Sehr groß	Sehr lang

Abb. 20: Dauermethoden (vgl. WEINECK 2000, 167).

Intervallmethoden

Das bei Dauermethoden weitgehend konstant zu haltende Verhältnis zwischen Belastungsumfang und Belastungsintensität wird bei den Intervallmethoden gezielt variiert. Dabei unterscheidet man zwischen intensiven und extensiven Varianten dieser Trainingsmethode, die nicht nur im Ausdauer-, sondern vor allem auch im Schnelligkeits- und Krafttraining zur Anwendung kommt.

Bei der extensiven Intervallmethode werden Intensitäten im Bereich zwischen 60 – 80 % der Leistungsfähigkeit bei vergleichsweise hohem Umfang (bis zu 60 Wiederholungen) realisiert. Die Belastungsdichte wird einerseits durch kurze Intervallpausen bestimmt, die jeder einzelnen Belastung (z.B. einem Tempolauf oder einer Wiederholung im Bankdrücken) folgt, andererseits durch etwas länger dauernde Serienpausen (SP), die sich einer Serie (S) von aus vier bis acht einzelnen Intervallen und deren Pausen anschließen. Diese Pausengestaltung wird auch als „lohnend" bezeichnet, denn sie reicht keineswegs zu einer vollständigen Erholung aus, sondern führt im Verlauf der Trainingseinheit zu einer sich summierenden Erschöpfung (s. Abb. 21).

Im intensiven Intervalltraining fallen die Intensitäten höher (80 bis 90 %) und die Umfänge dafür geringer aus (z.B. 12 Wiederholungen, die auf 3 bis 4 Serien aufgeteilt werden). Die Pausen sind aufgrund der hohen Intensitäten länger. Die

Energiebereitstellung erfolgt vorwiegend anaerob, d.h. die Sportler gehen eine hohe Sauerstoffschuld ein, was unter Umständen nicht nur als überaus anstrengend erlebt wird, sondern durchaus auch schmerzhaft sein kann. Nicht zuletzt aus diesem Grund erwartet man vom Training in diesen Intensitätsbereichen auch Trainingsergebnisse, die in der Praxis treffend als „Stehvermögen" oder „Willensstoßkraft" bezeichnet werden.

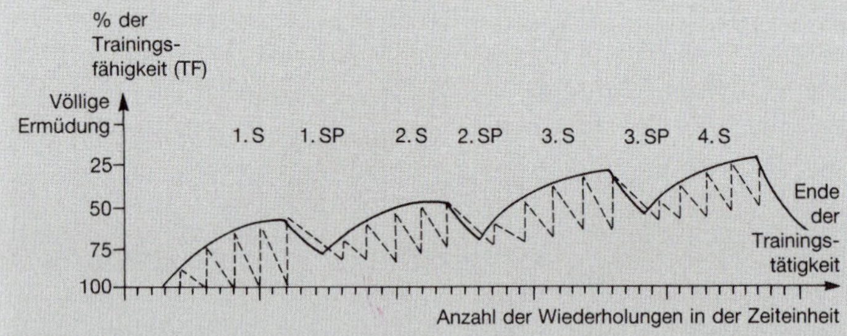

	Belastungsintensität	Belastungsdichte	Belastungsumfang	Belastungsdauer
Lauf	60 – 80%	„Lohnende Pause", Serienpause 3–10 min	Hoch (12–40 Wiederholungen)	Mittel

Abb. 21: Intervallmethoden (vgl. Weineck 2000, 172).

Wiederholungsmethoden

Der Akzent bei der Gestaltung des Verhältnisses zwischen Umfang und Intensität wird bei den Wiederholungsmethoden noch weiter in Richtung Intensität verlagert. Sportler gehen hierbei Belastungen (B) von bis zu 100 % ihrer Leistungsfähigkeit ein, weshalb sie im Anschluss entsprechend lange Erholungspausen (EP) für die Regeneration benötigen (bis zu 30 Min.) und nur geringe Umfänge (2 bis 6 Wiederholungen) eingehen können (s. Abb. 22).

Aufgrund der enormen Intensitäten und der erforderlichen sensiblen Erholungspausengestaltung werden solche Methoden zumeist von erfahrenen Sportlern – vor allem im ambitionierten Leistungssport – angewandt. Bei unerfahrenen Sportlern führen diese Trainingsformen leicht zu Fehl- und Überbeanspruchungen. Außerdem würden die Regenerationszeiten, die für die Superkompensation und damit für Trainingseffekte

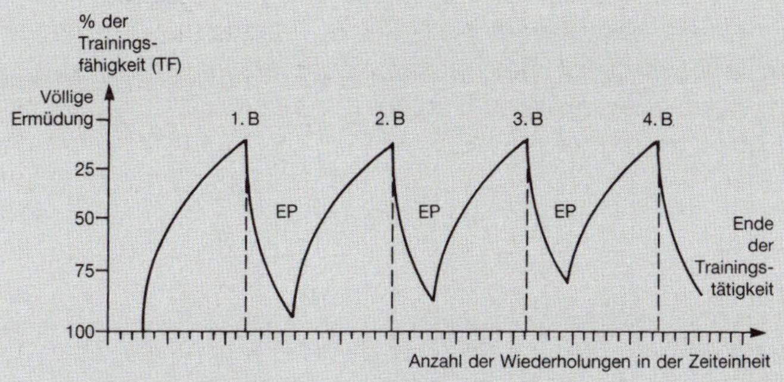

	Belastungs-intensität	Belastungs-dichte	Belastungs-umfang	Belastungs-dauer
Lauf	90– 100%	4 – 30 min	1– 6 Läufe	Je nach Streckenlänge (s. Text)

Abb. 22: Wiederholungsmethoden (vgl. Weineck 2000, 177).

Aufgabe 30

Vergleichen Sie die drei Grundmethoden kriteriengeleitet (Stichwort: „Belastungsnormativa") und überlegen Sie, welche methodische Grundform das Training in Ihrer Sportart/Disziplin prägt. Diskutieren Sie unterschiedliche methodische Konstellationen verschiedener Sportler.

notwendig sind, bei wenig trainierten Sportlern viel zu lange dauern.

Methoden des Trainierens

Die auf exakte Wiederholungszahlen, Pausenlängen oder Umfang- und Intensitätsangaben reduzierten schematischen Methodenvorschläge findet man in fast jedem Lehrbuch der Trainingslehre. Diese objektiven Parameter stoßen in der Praxis jedoch an Grenzen, wenn beispielsweise während eines Pyramidentrainings, gleichsam „am eigenen Leibe", versucht wird, den Unterschied zwischen den vorgegebenen 90 %, 95 % bzw. 97,5 % Belastungsintensität für die vierte, fünfte und sechste Serie bzw. Doppelserie zu erspüren und die adäquate Beanspruchung herauszufinden. Mit dem Versuch, solche Pensen exakt zu erfüllen, wären selbst erfahrene Leistungssportler überfordert. Deshalb erlauben solche schematischen Methodenmodelle zwar eine Sachorientierung, die einen geeigneten Trainingsrahmen absteckt, dieser Rahmen ist jedoch von den Trainierenden situativ-variabel auszufüllen und zu gestalten.

Athleten sollten auch im Training gelegentlich „über sich hinauswachsen" können bzw. an anderen Tagen zurückstecken oder Trainingsprogramme spontan umgestalten. Dabei gilt es, die präzisen Vorgaben der objektiven Trainingsmethoden (WAS und WANN) durch Fragen nach dem WIE zu öffnen und zu erweitern. Dies entspricht einer offenen methodischen Konzeption des Trainierens.

Was muss ich wann WIE tun, um Erfolg zu haben?

Aufgabe 31

Was verstehen Sie unter dem Begriff „Mündigkeit"? Klären Sie den Begriff und legen Sie dessen Bedeutung für den Sport und das Training aus (Literaturhinweis: KURZ, 1988).

Die Idee des „mündigen Athleten" kennzeichnet eine Praxis, in der es Trainern und Athleten gelingt, das Trainieren, Leisten und Wettkämpfen in einem bestimmten Feld des Sports zu **ihrem** Thema zu machen. Das heißt, wenn sie dort eigene, ihnen attraktiv erscheinende Ziele verfolgen, diese auch eigenverantwortlich verändern und weiterentwickeln können, dabei auf ein kompetentes und für sie nachvollziehbares trainingstechnisches und trainingsmethodisches Wissen zurückgreifen können, und wenn sie in diesem Prozess von Trainern begleitet werden, die sie auf diesem Weg beraten und betreuen.

Diese Öffnung verleiht dem Trainingsprozess eine qualitative Dimension. Die folgenden Fragen können helfen, dem „WIE" einer individuell passenden Trainingsgestaltung in der Praxis auf die Spur zu kommen:

- Welche (Beanspruchungs-)Erfahrungen will ich als Trainer auf den Weg bringen?
- Welche Adaptationen sollen ermöglicht werden?
- Welche Methoden sind dafür geeignet und welche nicht?
- Was erwarten die Athleten von ihrem Trainieren?
- Was suchen sie in der angebotenen Auseinandersetzung mit den Aufgaben, Programmen, Trainingsplänen oder Wettkämpfen?
- Wie kann ich als Trainer ermöglichen, dass das geplante Training dabei hilft, bisherige Leistungsentwicklungen, Lernprozesse und Erfahrungen weiterzuentwickeln?
- Wie schaffe ich ein mit Sinn erfülltes Tun?

Aufgabe 32

Welche Gefahren oder Nachteile bringt die Öffnung des Methodenverständnisses mit sich? Diskutieren Sie Möglichkeiten, wie denen begegnet bzw. vorgebeugt werden kann.

Gliederung des Kursbuches

Die hier einführend angesprochenen Aspekte der Trainingslehre, die dabei helfen können das Projekt eines mündigen Trainings umzusetzen, werden in den weiteren Kapiteln dieses Buches thematisch aufgegriffen und bezogen auf spezifische Komponenten der sportlichen Leistung dargestellt:

- Kapitel 2: Wie wird Ausdauer trainiert?
- Kapitel 3: Wie wird Kraft trainiert?
- Kapitel 4: Wie wird Schnelligkeit trainiert?
- Kapitel 5: Wie wird Beweglichkeit trainiert?
- Kapitel 6: Wie wird Bewegungskoordination trainiert?
- Kapitel 7: Welche Rolle spielt die Psyche? – Psychologisches Training im Sport

Aufgabe 33

Welche Gründe sprechen dafür, welche dagegen, Training – im Sinne eines offenen Methodenverständnisses – zu **seinem** Thema zu machen? Gibt es in Ihrer Praxis Felder, in denen Sie Training zu Ihrem Projekt gemacht haben?

Zur vertiefenden Weiterarbeit empfohlen:

GROSSER, M./STARISCHKA, S./ZIMMERMANN, E.: Das neue Konditionstraining für alle Sportarten, für Kinder, Jugendliche und Aktive. München 2001[8].

HOHMANN, A./LAMES, M./LETZELTER, M.: Einführung in die Trainingswissenschaft. Wiebelsheim 2002[2].

JOCH, W./ÜCKERT, S.: Grundlagen des Trainierens. Münster 1999.

MARTIN, D./NICOLAUS, J./OSTROWSKI, C./ROST, K.: Handbuch Kinder- und Jugendtraining. Schorndorf 1999.

SCHNABEL, G./HARRE, D./BORDE, A. (Hrsg.): Trainingswissenschaft. Leistung – Training – Wettkampf. Berlin 1994.

WEINECK, J.: Optimales Training. Leistungsphysiologische Trainingslehre unter besonderer Berücksichtigung des Kinder- und Jugendtrainings. Balingen 2000[11].

Literaturverzeichnis:

AAKEN, E. v.: Das van Aaken Lauflehrbuch. Aachen 1993.

DUBOIS, R.: Ist Wettkampf und Training gesund? In: Athletik-Jahrbuch, 1914, 64-65.

FREY, G./HILDENBRANDT, E.: Einführung in die Trainingslehre. Teil 1: Grundlagen. Schorndorf 1994.

FREY, G./HILDENBRANDT, E.: Einführung in die Trainingslehre. Teil 2: Anwendungsfelder. Schorndorf 1995.

GUNDLACH, H.: Systembeziehungen körperlicher Fähigkeiten und Fertigkeiten. In: Theorie und Praxis der Körperkultur (1968) 2, 198-205.

HARRE, D. (Ltg.): Trainingslehre. Einführung in die Theorie und Methodik des sportlichen Trainings. Berlin 1969, 1986[10].

HARRE, D./DELTOW, B./RITTER, I.: Einführung in die allgemeine Trainings- und Wettkampflehre. Leipzig 1957.

HARRE, D./SCHNABEL, G.: Zur Entstehung, zum Stand und zur weiteren Entwicklung der Trainingswissenschaft. In: MARTIN, D./WEIGELT, S. (Hrsg.): Trainingswissenschaft. Selbstverständnis und Forschungsansätze. St. Augustin 1993, 23-36.

HEGNER, J./HOTZ, A./KUNZ, H.R.: Erfolgreich trainieren. Zürich 2000.

HETTINGER, T.: Isometrisches Muskeltraining. Stuttgart 1968.

HILDENBRANDT, E.: Milon, Marx und Muskelpille – Anmerkungen zur Kulturgeschichte des sportlichen Trainings. In: GABLER, H./GÖHNER, U. (Hrsg.): Für einen besseren Sport ... Themen, Entwicklungen und Perspektiven aus Sport und Sportwissenschaft. Schorndorf 1990, 264-280.

HOLLMANN; W./HETTINGER, T.: Sportmedizin. Grundlagen für Arbeit, Training und Präventivmedizin. Stuttgart 2000.

HOLLMANN, W./MADER, A.: Grenzen der Leistungsfähigkeit des Menschen aus physiologischer Sicht. In: Leistungssport (2000) 1, 11-17.

HORWILL, F.: Periodization – does it apply to middle distance training? In: Zs. Track Technique (1991), 3770-3780.

HOTZ, A.: Praxis der Trainings- und Bewegungslehre. Aarau/Frankfurt/M./Salzburg 1991.

HOTZ, A.: Qualitatives Bewegungslernen. Bewegungsspielräume erleben, erkennen und gestalten. Bern 1997.

HUEPPE, F.: Über die Körperübungen in Schule und Volk und ihren Werth für die militärischen Übungen. Berlin 1895.

JAKOWLEV, N.N.: Sportbiochemie. Leipzig 1977.

JONATH, U.: Lexikon Trainingslehre. Reinbek 1986.

KELLER, G.: Das Fähnlein der sieben Aufrechten. In: Auerbachs Deutscher Volkskalender. Leipzig 1861 (als Taschenbuch: Ditzingen 2000).

KRÜMMEL, K. (Hrsg.): Athletik. Ein Handbuch der lebenswichtigen Leibesübungen. München 1930.

KUNATH, P.: Sportpsychologie für alle. Aachen 2001.

KURZ, D.: Pädagogische Grundlagen des Trainings. Studienbrief 4 der Trainerakademie des Deutschen Sportbundes. Schorndorf 1988.

LAMES, M.: Aussagen der allgemeinen Wissenschaftstheorie für die Sport- und Trainingswissenschaft. In: THORHAUER, H.A./CARL, K./TÜRCK-NOAK, U. (Hrsg.): Trainingswissenschaft – Theoretische und methodische Fragen in der Diskussion. Köln 1996, 46-50.

LANGE, H.: Die etwas andere Planung für den Lauf. In: Leichtathletiktraining (Themenheft Jahresplanung) (2000) 9/10, 18-23.

LANGE, H.: Jahresplanung. Ein Vorschlag für den Weg zu einem persönlichen Trainingskonzept! Titelthema. In: Condition. Ratgebermagazin für Lauf- und Ausdauersport (2001) 11, 6-13.
LANGE, H.: Zum Zusammenhang von Anforderung und Belastung – im Sinne einer achtsamen Beanspruchungsgestaltung. In: Condition. Ratgebermagazin für Lauf- und Ausdauersport (2002) 3, 32-33.
LANGE, H: Geräte in der Leichtathletik. Der „rechte" Gebrauch ist eine Frage didaktischer Kompetenz. (Basisaufsatz zum Themenheft „Geräte"). In: Leichtathletiktraining (2002) 1/2, 4-11.
LEHNERT, A.: La preparazione alle gare importanti. In: Scuollo dello Sport (1994) 30, 26-33.
LYDIARD, A.: Running to the Top. Aachen 1995.
MARTIN, D./CARL, K./LEHNERTZ, K.: Handbuch Trainingslehre. Schorndorf 1993².
MARTIN, D./COE, P.: Mittel- und Langstreckentraining. Aachen 1995.
MATWEJEV, L.: Die Periodisierung des sportlichen Trainings. Berlin/München/Frankfurt/M. 1972.
MATWEJEV, L.: Grundlagen des sportlichen Trainings. Berlin 1981.
PIKHALA, L.: Allgemeine Richtlinien für das athletische Training. In: KRÜMMEL, K. (Hrsg.): Athletik. Ein Handbuch der lebenswichtigen Leibesübungen. München 1930, 185-198.
ROTH, K. (Hrsg.): Techniktraining im Spitzensport. Rekonstruktion, Zusammenfassung und Validierung der Alltagstheorien erfahrener und erfolgreicher Trainer. Köln 1996.
SCHMIDT, F.A.: Die Leibesübungen nach ihrem körperlichen Übungswert dargestellt. Leipzig 1893.
SCHULTZ, J./NIKLAS, A. (Red.): Verzeichnis deutscher Übersetzungen für Körperkultur und Sport. Bücher und Aufsätze 1950-1960. Leipzig 1962.
SILBERER, V.: Handbuch der Athletik. Nebst einer Anleitung zum Boxen. Wien 1898.
UMMINGER, W.: Helden, Götter, Übermenschen. Eine Kulturgeschichte menschlicher Höchstleistungen. Der größte der Olympioniken. Düsseldorf/Wien 1962.
VERCHOSHANSKIJ, J.: Ein neues Trainingssystem für azyklische Sportarten. Münster 1995.
VERCHOSHANSKIJ, J.: Das Ende der Periodisierung des sportlichen Trainings im Spitzensport. In: Leistungssport (1998) 5, 14-19.
WAITZER, J.: Trainingskunde. Berlin 1937.

Wie wird Ausdauer trainiert?

Einleitung

Als Tim und Kai im Oktober dieses Jahres nach drei Stunden und siebenundfünfzig Minuten gemeinsam die Ziellinie des Stadtmarathons überquerten, da hatten sie etwas geleistet, woran sie selbst kaum geglaubt hatten – sie waren Marathon-Finisher geworden und hatten dabei die Vier-Stunden-Marke unterboten.

Entstanden war die Idee zur Beteiligung an diesem Lauf genau ein Jahr zuvor, als sie entschieden, ihre Rolle als begeisterte Marathon-Zuschauer im nächsten Jahr mit der aktiver Teilnehmer zu vertauschen. Ihre körperliche und theoretische Ausgangsbasis im Moment dieses Entschlusses war allerdings recht bescheiden. Zwar waren beide aktive Vereinssportler, aber mit systematischem Ausdauertraining hatte sich bis zu diesem Zeitpunkt keiner von ihnen auseinandergesetzt. Ihr erstes Treffen offenbarte sehr schnell, dass ein weiter Weg vor ihnen lag, denn keiner von beiden hatte eine konkrete Vorstellung von einer sinnvollen Marathonvorbereitung.

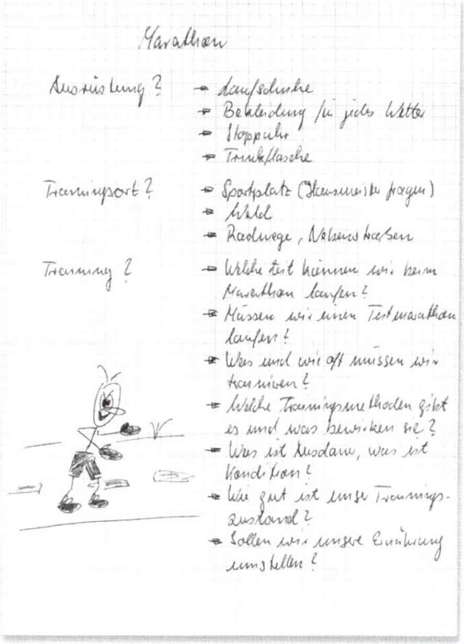

Tims und Kais Liste vor Aufnahme des Marathontrainings.

Die Lage, in der Tim und Kai sich beim Eintritt in ihr Ausdauertraining befanden, kann als stellvertretend für die Situation vieler Sportbegeisterter angesehen werden, die nicht auf die fachkundige Hilfe von Trainer/Innen zurückgreifen können oder wollen. Vom ersten Entschluss eine Ausdauerleistung zu erbringen, bis zum großen Wettkampftag, tauchen immer wieder Fragen auf, sind Entscheidungen zu treffen und muss neben einer Menge körperlicher auch einiges an geistiger Arbeit geleistet werden, um das gesetzte Ziel zu erreichen.

Das folgende Kapitel nähert sich dieser Problematik, indem Fragen zur konditionellen Fähigkeit Ausdauer geklärt, grundlegende wissenschaftliche Erkenntnisse des Themengebiets erläutert, Fachbegriffe eingeführt sowie die gängigen Methoden eines systematischen Ausdauertrainings aufgezeigt und durch Trainingsbeispiele aus unterschiedlichen Sportarten veranschaulicht werden.

Aufgabe 34

> Überlegen Sie sich ein mögliches Trainingsziel im Bereich des Ausdauersports und formulieren Sie Ihre ungeklärten Fragen.

„In deinem körperlichen Zustand sehe ich eine echte Anforderung auf uns zukommen. Wie ein wirkliches Ausdauerwunder siehst du nicht gerade aus", spöttelte Tim.
„Ach komm, und du? Wen von uns beiden musste man denn letzte Woche nach dem Wettschwimmen fast wieder beleben?", konterte Kai.
„Gut, ich hab's kapiert. Was wir beide für diesen Marathon brauchen, ist also in erster Linie Ausdauer. Mal angenommen, wir hätten sie jetzt, die Bomben-Ausdauer. Was verändert sich denn dann? Können wir dann bloß länger laufen oder verbessern sich auch andere Dinge?", wollte Tim wissen.

Funktionen der Ausdauer

Die konditionelle Fähigkeit Ausdauer ist bei der Ausübung nahezu aller Sportarten von Bedeutung. Die Art dieser Bedeutung ist allerdings sehr unterschiedlich, denn Ausdauer erfüllt verschiedene Funktionen:

- **Langes Aufrechterhalten einer optimalen Belastungsintensität** bzw. **Geringhalten unumgänglicher Intensitätsverluste** bei länger dauernden Belastungen (z.B. in den Ausdauerdisziplinen Mittel- und Langstreckenlauf, Rudern, Rad fahren)
- **Erhöhung der Belastungsverträglichkeit** bei umfangreichem Belastungspensum in Training und Wettkampf (z.B. im Krafttraining, in Mehrkämpfen und bei Spielturnieren)
- **Stabilisierung von sportlicher Technik** und zugehöriger **Konzentrationsfähigkeit** in bewegungstechnisch anspruchsvollen Sportarten (z.B. Eiskunstlauf, Sportgymnastik)
- **Beschleunigung der Wiederherstellung** nach Trainings- und Wettkampfleistungen

Aufgabe 35

Beschreiben Sie, welche Funktionen die konditionelle Fähigkeit Ausdauer in den von Ihnen ausgeübten Sportarten hat.

Die konditionelle Fähigkeit Ausdauer ist also der Faktor, der wesentlich dafür ausschlaggebend ist, dass der Radfahrer auf den letzten Kilometern einer 200-km-Etappe noch ein Tempo von 40 km/h fährt, der Mehrkämpfer im 1500-m-Lauf noch eine persönliche Bestleistung aufstellt, der Eiskunstläufer den dreifachen Rittberger am Ende seiner Kür noch sicher steht und der Marathonläufer am Tag nach seinem Sieg bereits wieder einen Trainingslauf durchführen kann.

„Wenn ich das jetzt richtig verstanden habe, dann werden wir im Idealfall die Anstrengungen des Trainings locker wegstecken, im Wettkampf über die gesamte Strecke – natürlich in technisch einwandfreiem Laufstil – unser Tempo halten und am nächsten Tag topfit und ohne Muskelkater unseren Triumph feiern können. Hört sich nicht übel an, oder?“, sagte Tim erfreut.
„Ich will dir ja nicht die Hoffnung nehmen, aber wir beide sind vom Idealfall noch ein paar Trainingseinheiten entfernt. Allerdings hätte ich auch nicht gedacht, dass von einer konditionellen Fähigkeit so viel abhängt“, erwiderte Kai.
„Könntest du Ausdauer eigentlich beschreiben?“
„Was meinst du denn damit? So etwas wie eine Definition?“

Definitionen der Ausdauer

Die Vielschichtigkeit der Aufgaben, die der Ausdauer zukommen, und die unterschiedlichen Zielsetzungen, unter denen Ausdauertraining betrieben werden kann (z.B. Leistung, Gesundheit, Fitness), führen dazu, dass sich die Festlegung einer eindeutigen Definition schwierig gestaltet.

Die im Folgenden ausgewählten Ausdauerdefinitionen verdeutlichen Übereinstimmungen, aber auch differierende Schwerpunktsetzungen in den Auffassungen verschiedener Autoren.

Aufgabe 36

Welche Merkmale der Ausdauer sind diesen Definitionen gemeinsam, worin unterscheiden sie sich?

„**Ausdauer** ist die Fähigkeit, eine bestimmte Leistung über einen möglichst langen Zeitraum aufrechterhalten zu können“ (MARTIN/CARL/LEHNERTZ 1993, 173).

„Ganz allgemein versteht man unter **Ausdauer** die Fähigkeit, einem Reiz, der zum Abbruch oder zur Minderung einer Belastung auffordert, möglichst lange widerstehen zu können“ (FREY/HILDENBRANDT 1994, 111).

„Unter **Ausdauer** wird allgemein die psycho-physische Ermüdungswiderstandsfähigkeit des Sportlers verstanden“ (WEINECK 1997, 141).

„**Ausdauer** ist die Fähigkeit,
- physisch und psychisch lange einer letztlich ermüdenden Belastung zu widerstehen und/oder
- sich nach physischen und psychischen Belastungen rasch zu erholen.

Kurz ausgedrückt:
Ausdauer = Ermüdungswiderstandsfähigkeit plus rasche Erholungsfähigkeit" (Grosser/Zintl 1994,15).

„Ist dir mal aufgefallen, dass die richtig guten Marathonläufer alle ähnliche Figuren und ganz ähnliche Lauftechniken haben? Ich meine, sie sind alle leicht und hager, und man hat beim Zusehen immer das Gefühl, dass sie das Laufen überhaupt nicht anstrengt. Woran das wohl liegt?", wunderte sich Kai.
„Na ja, der gute Laufstil hat bestimmt etwas mit der Stabilisierung der Technik zu tun, das haben wir doch schon gelesen, und wenn du all die Pommes, Burger und Chips des letzten Schuljahres durch Möhrchen ersetzt hättest, dann wärst du auch hager", antwortete Tim.
„Okay, mal angenommen ich ernähre mich ab sofort nur noch vollwertig und vitaminreich, gehe spätestens um 21.30 Uhr ins Bett und bin bereit, mein restliches Leben dem Training zu widmen; habe ich dann eine echte Chance zum Weltklasseläufer aufzusteigen?"

Bedingungen von Ausdauerleistungen

Ausdauer existiert niemals als Selbstzweck. Sie ist immer nur Bestandteil einer sportlichen Zielsetzung, die neben anderen Faktoren auch eine bestimmte Ausprägung der Ausdauer voraussetzt. Ausdauerleistungen sind somit immer abhängig von:
1. Technikökonomie
2. Energiestoffwechsel
3. Sauerstoffaufnahmefähigkeit
4. Optimalem Körpergewicht
5. Wille zum Durchhalten
6. Anlagebedingter Ausdauerfähigkeit.

Die Abhängigkeit der Ausdauerleistung von genetischen Faktoren galt lange Zeit als gering. Überspitzt wurde formuliert:

Der Sprinter wird geboren, der Ausdauerläufer wird gemacht! Systematisches Training und großer Trainingsfleiß wurden für ausdauerdominierte Sportarten als wesentlicher angesehen als die anlagebedingte Ausdauerleistungsfähigkeit.

Diese Auffassung musste jedoch durch neuere wissenschaftliche Erkenntnisse revidiert werden. Heute weiß man, dass sich die in der Weltspitze der Langzeitausdauerdisziplinen üblichen Sauerstoffaufnahmen von 80 ml/kg Körpergewicht nur aus einer Kombination von systematischem Hochleistungstraining und anlagebedingt hoher Sauerstoffaufnahmefähigkeit ergeben können, da die Trainierbarkeit der VO_2max begrenzt ist. Das Niveau der Ausdauerfähigkeit ist also anlage- und trainingsbedingt.

Nur durch die günstige Kombination beider Faktoren können dann körperliche Voraussetzungen entstehen, wie sie beispielsweise Tour de France-Sieger Jan Ullrich besitzt. Bei ihm wurden im Jahr 1997 ein Lungenvolumen von 6,4 Liter und eine maximale Sauerstoffaufnahme von 85 ml/kg Körpergewicht gemessen.

Aufgabe 37

Informieren Sie sich im Kursbuch Sport 1: Sportbiologie über die Begriffe „Sauerstoffaufnahme" und „VO_2 max".

„Die Sache mit dem Olympiasieg kannst du damit vergessen. Wobei ich persönlich die Wahrscheinlichkeit, dass du ein genetischer Glücksfall bist, höher einschätze als die, dass du ab sofort deinen Lebenswandel umstellst. Aber sei nicht zu enttäuscht, wenn ich mich richtig erinnere, dann wollten wir den Marathon doch auch nur mitmachen und nicht unbedingt gewinnen, oder?", gab Tim zu bedenken.

„Du hast Recht. Mir wäre der ganze Rummel, die Interviews, die Autogrammstunden usw. sowieso nur lästig. Unsere Ziele liegen doch in ganz anderen Bereichen", antwortete Kai.

Ziele des Ausdauertrainings

Die Aufnahme eines Ausdauertrainings kann aus sehr unterschiedlichen Gründen geschehen. Nicht jeder der eine Ausdauersportart betreibt, möchte an Olympischen Spielen teilnehmen. Systematisches Ausdauertraining ist keine Frage des Niveaus, auf dem es stattfindet, sondern richtet sich auf die Regel- und Planmäßigkeit, mit der es durchgeführt wird. Man findet es im Leistungssport genauso wie im Breiten- und

Rehabilitationssport. Unterschiedlich sind allerdings die Zielsetzungen. Grob lassen sich drei Zielbereiche unterscheiden:

- Leistung
- Gesundheit (physisch und psychisch)
- Spaß und Fitness.

Die typische (nicht ausschließliche) Gewichtung dieser Zielsetzungen in den Bereichen Leistungs-, Breiten- und Rehabilitationssport wird in Abb. 23 verdeutlicht:

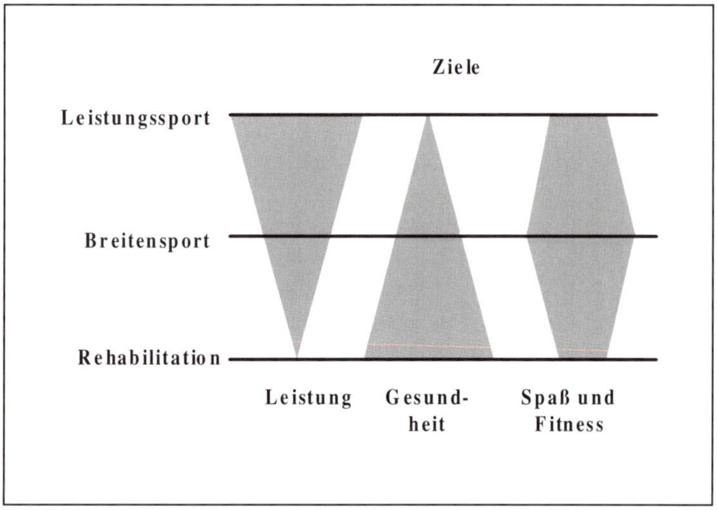

Abb. 23: Ziele von Ausdauersport (modifiziert nach Villinger u.a. 1991).

Die große Bedeutung von Ausdauertraining im Bereich des Breiten- und Rehabilitationssports lässt sich vor allem durch die positiven Auswirkungen eines regelmäßigen Ausdauertrainings auf den Organismus erklären. Herz-Kreislauf-System, Muskulatur, Stoffwechsel, Blut, Lunge, Atmung und Nervensystem profitieren auf vielfältige Weise. Besonders die typischen Risikofaktoren einer Zivilisationsgesellschaft wie Übergewicht, Bluthochdruck oder Stress lassen sich durch Ausdauersport wirksam reduzieren.

Aufgabe 38

Führen Sie selbst eine Befragung der (Ausdauer-) Sportler in Ihrem Umfeld (an Ihrer Schule, in Ihrer Wohngegend, ...) durch, und erfragen Sie die unterschiedlichen Gründe für die Aufnahme und Durchführung eines Ausdauertrainings.

Versuchen Sie, die Ergebnisse den Bereichen Leistung, Gesundheit, Spaß und Fitness zuzuordnen und gegebenenfalls Untergruppen zu bilden. Ist eine eindeutige Zuordnung der Zielsetzungen möglich?

„Was machst du denn für ein Gesicht?“, fragte Kai erstaunt.
„Wessen Idee war es eigentlich, sich dieses Buch zu kaufen? Ausdauer scheint ja überall gebraucht zu werden. Welche Art von Ausdauerleistung ist unser Marathon denn nun?“, wollte Tim wissen.

Strukturierung der Ausdauerfähigkeit

Bei einer Beschäftigung mit dem Thema Ausdauer ist man sehr schnell mit einer Terminologie konfrontiert, die das komplexe Gebilde „Ausdauer“ auf unterschiedliche Weise strukturiert und deren Begrifflichkeiten klar unterschieden werden müssen, um Missverständnisse und Unklarheiten zu vermeiden.

Ausdauer wird im Wesentlichen durch sechs **Einteilungskriterien** strukturiert. Diese sind (nach GROSSER/STARISCHKA 1998):

1. Der Umfang der beanspruchten Muskulatur; man spricht von **lokaler** und **allgemeiner Ausdauer**.
2. Der Art der vorrangigen Energiebereitstellung; man spricht von **aerober** und **anaerober Ausdauer**.
3. Der Arbeitsweise der Skelettmuskulatur; man spricht von **dynamischer** und **statischer Ausdauer**.
4. Der Zeitdauer der Beanspruchung bei höchstmöglicher Belastungsintensität; man spricht von **Kurz-, Mittel-** und **Langzeitausdauer**.
5. Dem Zusammenhang mit anderen konditionellen Fähigkeiten bzw. Belastungssituationen; man spricht von **Kraft-, Schnellkraft-, Sprint-, Spiel-/Kampf-** und **Mehrkampfausdauer**.
6. Der Bedeutung für das sportartspezifische Leistungsvermögen; man spricht von **Grundlagen-** und **spezieller Ausdauer**.

Aufgabe 39

Suchen Sie Beispiele aus verschiedenen Sportarten/Disziplinen zu den genannten Einteilungskriterien der Ausdauer.

Aufgabe 40

Begründen Sie unter Bezugnahme auf Vorgänge im Bereich der Energiebereitstellung, weshalb Sportler nach manchen Läufen in Atemnot geraten („hecheln“).
Welche Voraussetzungen müssen gegeben sein, um auch am Schluss eines Laufes nicht „hecheln“ zu müssen?

Aerobe und anaerobe Ausdauer

Die Leistung einer im Bereich der Ausdauer belasteten Person kann u.a. über die Art der Energiebereitstellung gemessen werden. Gemessen wird dabei die Konzentration des Abfallprodukts des anaerob-laktaziden Stoffwechsels, des sog. Laktats (Milchsäure). Mit Hilfe dieser Blutlaktatwerte kann man Ausdauerleistungen in dominant **aerobe** und dominant **anareobe** Ausdauerleistungen unterteilen. Von dominant aeroben Ausdauerleistungen spricht man, wenn die Laktatkonzentration im Blut im Durchschnitt **weniger als 4 mmol/l** beträgt, von dominant anaeroben Ausdauerleistungen, wenn im Durchschnitt mehr als **4 mmol/l Blut** gemessen werden.

Dominant aerobe Ausdauerleistungen können über lange Zeit erbracht werden, weil es dem Körper möglich ist, das anfallende Laktat abzupuffern. Bei dominant anaeroben Ausdauerleistungen dagegen gelingt es dem Körper nicht mehr, das anfallende Laktat vollständig abzubauen. Bei gleichbleibender Leistung steigt die Laktatkonzentration deshalb so stark an, dass eine Fortsetzung der Leistung unmöglich wird. Man spricht von laktazider Übersäuerung.

Jede im Bereich der Ausdauer erzielte Leistung lässt sich mit Hilfe dieser Kriterien genau beschreiben. Die einzelnen Kriterien schließen einander dabei nicht aus, sondern ergänzen sich gegenseitig, so dass ein detailliertes Bild der erbrachten Leistung entsteht.

Während sich die Sportmedizin vorwiegend an den Kriterien „lokal/allgemein", „aerob/anaerob" und „statisch/dynamisch" orientiert, interessiert die Trainingslehre mehr die Einteilung in „Kurz-, Mittel- und Langzeitausdauer" und „Grundlagen und spezielle Ausdauer" (vgl. GROSSER/ZINTL 1994, 116). Die Gründe für diese Interessenverteilung liegen in den unterschiedlichen Erkenntnisinteressen von Trainingslehre und Sportbiologie:

- Die Trainingslehre muss sich an den Kriterien orientieren, die bei der praktischen Trainingsplanung und -umsetzung Bedeutung erlangen. Die Erkenntnisse der Sportbiologie dagegen ergänzen und erklären Erfolge oder Misserfolge des Handelns im Training.
- Die Sportbiologie liefert eine Zustandsbeschreibung, die Trainingslehre strebt eine Veränderung des Zustandes an.

Besonderes Interesse zeigt die Trainingslehre an der Einteilung in **Grundlagen- und spezielle Ausdauer**. Die Grundlagenausdauer wird untergliedert in
- Grundlagenausdauer I (GA I)
- Grundlagenausdauer II (GA II)
- azyklische Grundlagenausdauer

Grundlagenausdauer I =
- **Allgemeine aerobe Ausdauer in mittelintensivem** Beanspruchungsniveau
- bei **mittlerer aerober Kapazität** (rel. VO_2max. von ca. 45-55 ml/kg/min)
- **ökonomische Nutzung** dieser Kapazität (Höhe der anaeroben Schwelle bei ca. 70-75% der VO_2max.)
- **stabile aerobe Stoffwechsellage** (Laktatwerte unter 3 mmol/l)
- tätigkeitsübergreifend (= **sportartunabhängig**)

Die **GA I** sorgt dafür, die Gesundheit und die allgemeine körperliche Leistungsfähigkeit zu erhalten oder wieder herzustellen. In Nichtausdauersportarten soll eine gute Basis für das Training anderer konditioneller und koordinativer Fähigkeiten gebildet werden, um die Belastungsverträglichkeit in Training und Wettkampf zu erhöhen, die Regeneration zu beschleunigen und psychische Belastungen verträglicher zu machen.

Grundlagenausdauer II =
- **allgemeine aerobe Ausdauer** in **submaximalem** Beanspruchungsniveau
- bei **hoher aerober Kapazität** (rel. VO_2max. etwa 55-65 ml/kg/min) und ihrer ökonomischen Nutzung
- mit kontinuierlich **gemischt aerob-anaerober Stoffwechsellage** (4-8 mmol/l Laktat)
- tätigkeitsspezifisch (= **disziplingebunden**)

Die Funktionen der **GA II** bestehen darin, eine hohe Ausgangsbasis für ein spezielles Ausdauertraining zu liefern, eine muskuläre Anpassung zu erreichen, neue Reserven für weitere Leistungssteigerungen zu erschließen, die sportliche Technik zu ökonomisieren und das Durchhaltevermögen und die psychische Belastungstoleranz zu erhöhen.

Aufgabe 41

Blicken Sie auf Ihr Training der vergangenen Monate zurück und suchen Sie Trainingseinheiten (TE), in denen Sie sich entsprechend der Vorgaben für das GA I- oder GA II-Training belastet haben.

Azyklische Grundlagenausdauer (Spiel-/Kampfausdauer) =

- Wechsel von allgemeiner **aerober Ausdauer mit mittelintensivem bis submaximalem Beanspruchungsniveau** und **hochintensiven anaeroben Belastungsphasen**
- bei **überdurchschnittlich hoher aerober Kapazität** (rel. VO_2max. etwa 55-60ml/kg/min)
- bei **laufender Änderung** der gemischt aerob-anaeroben Stoffwechsellage (6-8 mmol/l Blutlaktat im Mittel)
- mit **Intervallcharakter des Tätigkeitsablaufs** und Wechsel der Bewegungsformen

Aufgabe 42

Sammeln Sie Beispiele aus verschiedenen Sportarten/Disziplinen, in denen die azyklische Grundlagenausdauer beansprucht wird.

Die **azyklische Grundlagenausdauer** soll die Basis für ein umfangreiches Technik- und Taktiktraining schaffen, die Erholungsfähigkeit während des Wettkampf erhöhen und die psychische Belastungstoleranz steigern.

Nur wenn Klarheit darüber herrscht, welche Art von Ausdauerleistung erbracht werden soll, können sinnvolle Entscheidungen hinsichtlich notwendiger Trainingsmaßnahmen getroffen werden.

Die **spezielle Ausdauer** wird differenziert in **Kurz-, Mittel-** und **Langzeitausdauer**. Das Kriterium ist die Wettkampfdauer. Hinter dieser Ordnung nach zeitlichen Aspekten stehen jedoch Gesichtspunkte der Energiebereitstellung und der Belastungsintensität, weil lange extensive Belastungen energetisch anders versorgt werden müssen als kurze intensive.

Grundlage dieser Unterscheidung ist das aus der Trainingstheorie der ehemaligen DDR stammende Modell (Harre 1979).

1. Kurzzeitausdauer (KZA; Wettkampfdauer = 35 s – 2 min)
2. Mittelzeitausdauer (MZA; Wettkampfdauer = > 2 min – 10 min)
3. Langzeitausdauer (LZA; Wettkampfdauer = > 10 min)

Die große zeitliche Spannbreite der Langzeitausdauerleistungen macht eine weitere Unterteilung notwendig. Langzeitausdauer wird deshalb nochmals untergliedert in

1. Langzeitausdauer I (LZA I; Wettkampfdauer > 10 min – 35 min)
2. Langzeitausdauer II (LZA II; Wettkampfdauer > 35 min – 90 min)
3. Langzeitausdauer III (LZA III; Wettkampfdauer > 90 min – 6 Std.)
4. Langzeitausdauer IV (LZA IV; Wettkampfdauer > 6 Std.)

Die Zahlenangaben in Tab. 1 sind Durchschnittswerte aus mehreren Sportarten. Es treten deshalb die aus manchen Ausdauerdisziplinen bekannten individuellen Extremwerte nicht in Erscheinung. Da zwischen den Ausdauertypen fließende Übergänge bestehen, sind die Zahlenangaben mehr als grundsätzliche Orientierungswerte und nicht als exakte Auskünfte zu verstehen.

Informieren Sie sich in Kursbuch 1: Sportbiologie über die Ihnen unbekannte Begriffe in Tab. 7.

Tab. 1: Abgrenzung der spezifischen Ausdauertypen nach der zeitlichen (dynamischen) Beanspruchung, Belastungsintensität und Energiewandlung (nach den Angaben von Neumann 1984 und Badtke u.a. 1987, 358) (Zintl 1988, 83).

	KZA	MZA	LZA			
			I	II	III	IV
Belastungsdauer	35 sec – 2 min	2 min – 10 min	10 min – 35 min	35 min – 90 min	90 min – 6 Std.	> 6 Std.
Belastungsintensität	Maximal	Maximal	Maximal	Submaximal	Mittel	Leicht
Hf/min	185–195	190–200	180	170	160	140 (120–160)
% VO_2max	100	100–95	95–90	90–80	80–60	60–50
Lac mmol/l	10–18	12–20	10–14	6–8	4–5	< 3
Energieverbrauch Kcal (kj)/min	60 (250)	45 (190)	28 (120)	25 (105)	20 (80)	18 (75)
Energiewandlung	Dominant anaerob	Aerob/ Anaerob	Dominant aerob bis rein aerob			
Anaerob:aerob	80:20 65:35	60:40 40:60	30:70 20:80	10:90	5:95	1:99
Alaktazid (%)	15–30	0-5	–	–	–	–
Laktazid (%)	50	40–55	20–30	5–10	< 5	< 1
Aerob (KH) (%)	20–35	40–60	60–70	70–75	60–50	< 40
Aerob (Fette) (%)	–	–	10	20	40–50	> 60 (-75%)
Energieliefferndes Hauptsubstrat	Glykogen Phosphate	Glykogen (Muskel-)	Glykogen (Muskel + Leber)	Glykogen (Muskel + Leber) Fette	Fette + Glykogen	Fette Eiweiße

Tab. 2: Ausdauerarten und Disziplinbeispiele aus dem Laufbereich.

Ausdauerart		**Disziplinbeispiel aus dem Laufbereich**
Kurzzeitausdauer		400-m-Lauf
Mittelzeitausdauer		3000-m-Lauf
Langzeitausdauer		
	Langzeitausdauer I	10000-m-Lauf
	Langzeitausdauer II	Halbmarathon
	Langzeitausdauer III	Marathon
	Langzeitausdauer IV	100-km-Lauf

„So, das habe ich verstanden. Aber wie man trainiert, ich meine, was man wirklich machen muss, um die Ausdauer zu verbessern, das weiß ich immer noch nicht", sagte Tim.
„Dann lass uns doch mal unter Trainingsmethoden nachschlagen, da wird es bestimmt etwas konkreter", schlug Kai vor.

Methoden des Ausdauertrainings

Grundsätzlich unterscheidet man beim Ausdauertraining drei verschiedene Trainingsmethoden. Man kennt Dauermethoden, Intervallmethoden sowie Wettkampf- und Kontrollmethode.
Bei den **Dauermethoden** differenziert man in

- Kontinuierliche Dauermethode,
- Dauermethode mit Intensitätswechsel.

Bei den **Intervallmethoden** in

- Extensive Intervallmethode
- Intensive Intervallmethode
- Wiederholungsmethode.

Jede dieser Methoden zeigt unterschiedliche Trainingseffekte und nur vor dem Hintergrund des gesetzten Trainingsziels kann entschieden werden, welche Methode oder welche Methodenkombination für eine bestimmte Athletin bzw. einen bestimmten Athleten geeignet ist.

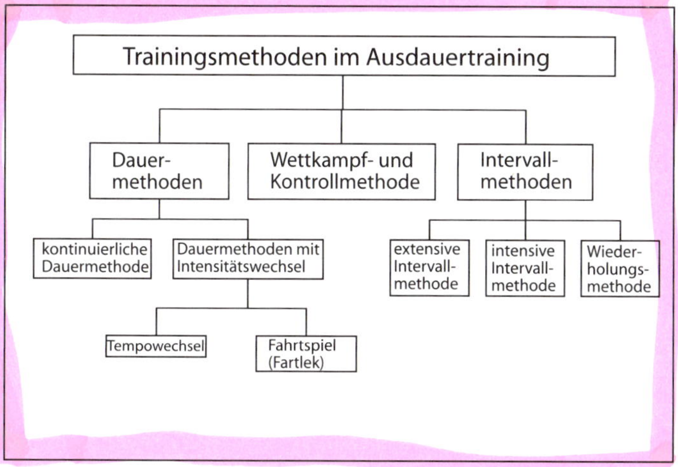

Abb. 24: Trainingsmethoden im Ausdauertraining.

Dauermethoden

Die Hauptmethode zur Verbesserung der aeroben Ausdauer ist die Dauermethode. Je nach Ausgestaltung der Dauermethode wird auch die anaerobe Ausdauer mittrainiert, dies setzt aber eine hohe Intensität oder einen Intensitätswechsel voraus. In allen Ausdauersportarten ist die Dauermethode im Training führend. Ihr typisches Kennzeichen sind große Trainingsumfänge. Weltklasseschwimmer legen beim Training nach dieser Methode beispielsweise bis zu 100 km/Woche im Wasser, Radfahrer bis zu 1000 km/Woche auf dem Fahrrad zurück.

Training nach der Dauermethode ist recht einfach planbar, da lediglich die beiden Belastungsnormativa Reizdauer und Reizintensität bestimmt werden müssen. Je nach Ziel der Trainingseinheit kann die Reizintensität bei der Dauermethode stark variieren.

Die Dauermethode tritt in zwei leicht zu unterscheidenden Varianten auf: Die kontinuierliche Dauermethode und die Dauermethode mit Intensitätswechsel.

Die **kontinuierliche Dauermethode** zeichnet sich dadurch aus, dass über längere Zeit mit unveränderter Intensität (Tempo) trainiert wird. Das Tempo ist dabei abhängig von der gewählten Reizdauer und dem Trainingszustand des Trainierenden. Je länger die Reizdauer und je schlechter der Trainingszustand, desto niedriger muss das Tempo gewählt werden.

Die richtige Intensität festzulegen, ist das Hauptproblem der Trainingsplanung. Man muss sich jederzeit darüber im Klaren sein, dass die Höhe der Reizintensität immer nur im Bezug auf den trainierenden Menschen bestimmt werden kann. In der Regel wird die Intensität über die Pulsfrequenz reguliert. Um Anpassungserscheinungen des Herzvolumens hervorzurufen, muss die Pulsfrequenz auf mindestens 70 % der maximal erreichbaren Schlagzahl ansteigen. Belastungsintensitäten mit Pulsfrequenzen unter 130 Schlägen/min führen zu keiner Vergrößerung des Herzvolumens.

Trainingsbeispiel für die kontinuierliche Dauermethode im Schwimmen:
Der Schwimmer soll 30 min in gleichbleibendem Tempo mit einer Herzfrequenz von 140-150 Hf/min im Kraulstil schwimmen. Da die ständige Kontrolle der Pulsfrequenz während der Belastung im Wasser kaum möglich ist, bietet es sich an, auf der Basis des individuellen Leistungsstands des Schwimmers eine Streckenvorgabe zu machen, die eine Belastung voraussetzt, in der die angestrebte Herzfrequenz erreicht wird.
Im Trainingsprotokoll: 30 min Kraul (Hf/min 150)

Während bei der kontinuierlichen Dauermethode die Intensität konstant gehalten wird, zeichnet sich die **Dauermethode mit Intensitätswechsel** durch einen Wechsel des Tempos aus. Dieser Tempowechsel kann geplant und systematisch oder aber durch eine willkürliche, oft dem Gelände angepasste Veränderung des Tempos durch den Sportler erfolgen. Im ersten Fall spricht man von Tempowechseln, im zweiten Fall vom sog. Fahrtspiel (auch Fartlek genannt). Die Möglichkeit starker Tempo- und Belastungsvariationen im Fahrtspiel führt dazu, dass die Trennlinie zur Intervallmethode nicht immer klar gezogen werden kann und fließende Übergänge vorkommen.

Ein Mountainbiker hat die Aufgabe, ein ca. einstündiges Fahrtspiel zu absolvieren. Das Fahrtspiel soll auf einem Rundkurs stattfinden und beinhaltet verschiedene Aufgaben. Die Auswahl des Kurses und die Zeitangabe beziehen sich dabei auf einen bestimmten Mountainbiker in einem bestimmten Trainingszustand. Es ist deshalb durchaus möglich, dass ein anderer Fahrer zum Erzielen einer vergleichbaren Belastungsintensität mehr oder auch weniger Zeit für dieses Fahrtspiel benötigt.

Insgesamt besteht das Ziel der Dauermethode in ihren beiden Ausprägungen in der Verbesserung der aeroben Kapazität und somit die Ausbildung der Grundlagenausdauer. Eine gut ausgebildete Grundlagenausdauer ist die wesentliche Voraussetzung für die Erholungsfähigkeit nach hartem Training oder schweren Wettkämpfen. Aus diesem Grund wird die Dauermethode auch in den Vorbereitungsphasen von nicht ausdauerspezifischen Sportarten (Fußball, Handball, Hockey, alpiner Skilauf, ...) eingesetzt.

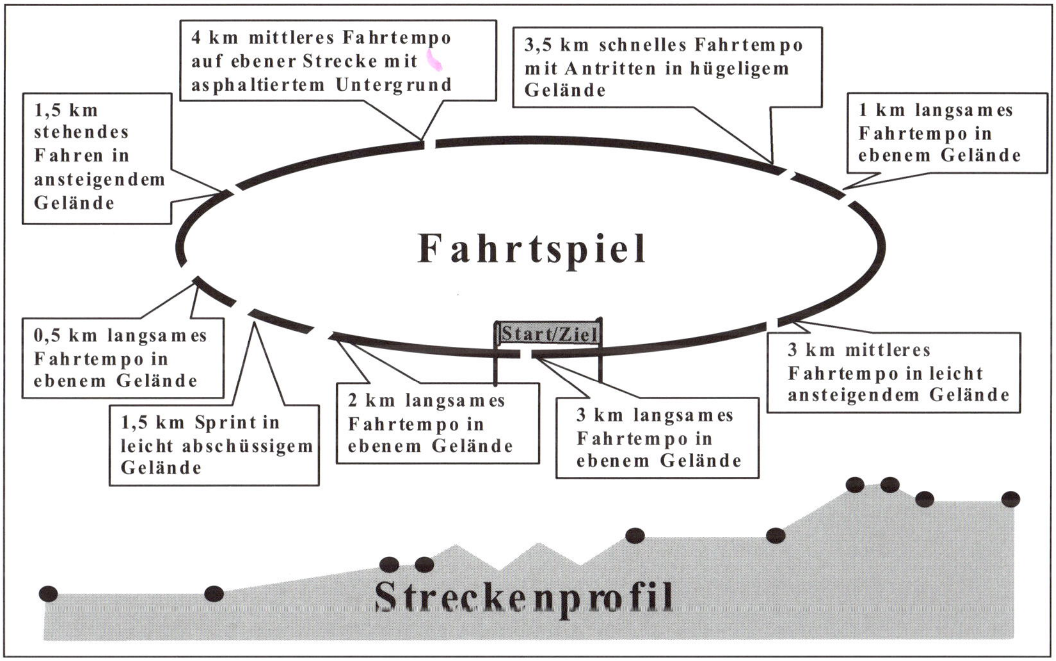

Abb. 25: Fahrtspiel.

Trainingsbeispiel für die Dauermethode mit Intensitätswechsel im Mountainbiking:
Der Mountainbiker legt insgesamt 30 km auf einer möglichst ebenen Strecke zurück. Dabei vollzieht er einen systematischen Wechsel der Belastungsintensität, d.h. er fährt im ständigen Wechsel drei Kilometer locker mit einer Pulsfrequenz von 140 Schlägen/Min, danach 2 km in deutlich erhöhtem Tempo mit einem Puls von 170 Schlägen/Min.
Im Trainingsprotokoll: 6 x (3 km locker und 2 km schnell) auf ebener Strecke

Intervallmethoden

lohnende Pause:
120-130 Herzschläge/ Minute
vollständige Pause:
unter 80 Herzschläge/ Minute

Als der wohl bekannteste Anhänger des Intervalltrainings gilt der tschechische Langstreckenläufer Emil Zatopek. Die „tschechische Lokomotive" errang 18 Weltrekorde und gilt neben dem Finnen Paavo Nurmi heute als einer der größten Läufer des 20. Jahrhunderts. Seine Trainingsmethoden sind legendär. Er soll bis zu 60-mal am Tag 400 Meter gespurtet sein.

Bei jeder Form des Intervalltrainings wechseln sich Perioden mit höherer Belastung und solche mit niedrigerer Belastung bzw. mit Pausen ab. Der Unterschied zwischen den verschiedenen Formen des Intervalltrainings liegt dabei in der Art die Phasen der niedrigen Belastung bzw. der Pausen zu gestalten. Man unterscheidet aktive und passive, lohnende und vollständige Pausen. Die Bezeichnungen aktiv und passiv beziehen sich dabei auf die Art der Pausengestaltung (liegend, stehend, gehend, trabend), die Bezeichnungen lohnend und vollständig auf den Erholungszustand des Organismus am Ende der Pause.

Maßgebliches Kriterium für die Einteilung in lohnend oder vollständig ist in der Praxis des Ausdauertrainings die Herzfrequenz. Bei der lohnenden Pause, wie sie bei extensivem und intensivem Intervalltraining zur Anwendung kommt, wird der neue Trainingsreiz bereits dann gesetzt, wenn die Hf/min auf 120-130 Schläge abgesunken ist, die beanspruchten Funktionssysteme ihre Ausgangslage also noch nicht wieder erreicht haben. Bei der vollständigen Pause dagegen ist die Ausgangslage der Funktionssysteme des kardio-pulmonalen Systems (Atmung/Puls) nahezu wieder hergestellt. Die Hf/min erreicht Werte unter 80 und die Pausenlänge kann je nach Dauer der vorangegangenen Belastung zwischen 4 und 30 min liegen.

Es ist allerdings nicht möglich, einen universell gültigen Herzfrequenzwert festzulegen, mit dem das Ende der lohnenden Pause bestimmt werden kann, denn das Herzfrequenzverhalten ist stark von individuellen Faktoren wie Alter, Veranlagung und Trainingszustand abhängig. Aus diesem Grund sollte ein Sportler seine eigenen Erfahrungen und Empfindungen bei der Festlegung der Pausenlänge berücksichtigen. Der Moment, in dem subjektiv das Gefühl entsteht, die anstehende Belastung gerade wieder durchstehen zu können, sollte das Ende der lohnenden Pause markieren.

Um ein Intervalltraining durchführen zu können, müssen neben Belastungsdauer und Belastungsintensität, auch der

Belastungsumfang, die Belastungsdichte und die Trainingshäufigkeit festgelegt werden. Insgesamt sind also fünf Belastungsnormativa zu bestimmen.

Beim **extensiven Intervalltraining** wird mit mittlerer Intensität (60-80 % der individuellen Leistungsfähigkeit) trainiert. Es gibt keine vollständige Erholung, sondern nur lohnende Pausen. Dadurch kommt es zu einer Aufstockung der Ermüdung, die im Laufe der Trainingseinheit immer stärker zunimmt. Die Pausen sind relativ kurz und an der Pulsfrequenz orientiert. Bei einer Pulsfrequenz von 120-130 Schlägen/min kann ein neuer Reiz gesetzt werden. Im Ausdauertraining wird mit der extensiven Intervallmethode vor allem die aerobe Ausdauer trainiert.

Trainingsbeispiel für die extensive Intervallmethode in der Leichtathletik:
Der 800m-Läufer soll in diesem Training vier Serien mit je drei Läufen über 600 m absolvieren. Seine 800m-Bestleistung aus der vorangegangenen Saison liegt bei 2:05 min. Um eine Belastungsintensität von 70 % zu erreichen, müssen die 600 m in 2:02 min gelaufen werden. Da auch eine etwas geringere oder eine etwas höhere Intensität den Anforderungen eines extensiven Intervalltrainings gerecht würden, bietet es sich an, als Zielbereich ein Zeitintervall anzugeben, z.B. 2:00 (72 %) – 2:05 (67 %) min. Diese Angabe räumt dem Athleten einen kleinen Spielraum in der Gestaltung der Läufe ein, so dass er z.B. die äußeren Bedingungen (Kälte, Regen, ...) oder seine Tagesform darüber entscheiden lassen kann, ob er sich am oberen oder unteren Ende des angegebenen Intervalls bewegt.
Die Pausen zwischen den Läufen betragen zwei, die zwischen den Serien sechs Minuten. Sinnvoll ist es, wenn der Athlet gelegentliche Pulskontrollen während der Pausen durchführt, um so sein Gefühl für die richtige Pausenlänge zu schulen.
Im Trainingsprotokoll: 4 Serien mit 3 x 600 m in 2:00 – 2:05 min/ 2 min // 6 min

Bei der **intensiven Intervallmethode** wird mit einer Intensität von 80-90 % trainiert. Aufgrund der sehr hohen Intensität geht die Anzahl der Wiederholungen nicht über 10-12 hinaus. Auch beim intensiven Intervalltraining gibt es lohnende Pausen, die zur Aufstockung der Ermüdung führen. Die Ermüdung ist allerdings stärker als beim extensiven Intervalltraining.

Mit der intensiven Intervallmethode wird immer dann trainiert, wenn komplexe Trainingswirkungen erzielt werden sollen und in der entsprechenden Sportart keine hohen Anforderungen an die aerobe Ausdauer gestellt werden. Typischerweise kommt sie deshalb z.B. im Training der 100m- bis 400m-Läufer vor. In allen anderen Sportarten ist sie nur ergänzende Methode. Mit der intensiven Intervallmethode wird in erster Linie die anaerobe und erst in zweiter Linie die aerobe Ausdauer trainiert.

Aufgabe 43

Bilden Sie in Ihrem Kurs zwei Gruppen. Die eine Gruppe führt eine Trainingseinheit nach der intensiven, die andere nach der extensiven Intervallmethode durch. Stellen Sie im Anschluss Ihre Erfahrungen und Ergebnisse der jeweils anderen Gruppe vor und diskutieren Sie im Plenum die Besonderheiten und Probleme der jeweiligen Trainingsform.

Trainingsbeispiel für die intensive Intervallmethode in der Leichtathletik:
Der 400-m-Läufer mit einer Bestzeit von 50,4 sec aus der letzten Wettkampfsaison soll in einer Trainingseinheit nach der intensiven Intervallmethode drei Serien mit je drei Läufen über 300 m absolvieren. Er soll dabei Zeiten zwischen 42 sec und 45 sec erreichen, was einer Belastungsintensität zwischen 82 % und 89 % entspricht. Die Pausen zwischen den Läufen sind drei Minuten, die Pausen zwischen den Serien sechs Minuten lang.
Im Trainingsprotokoll: 3 Serien mit 3 x 300 m in 42 – 45 sec/ 3 min // 6 min

Intervalltrainingsmethoden und anaerobe Schwelle
Statistisch gesehen liegt der Grenzwert von aerober und anaerober Belastung bei 4 mmol/l Blut, man nennt diesen Punkt deshalb auch **anaerobe Schwelle**. Jeder Mensch besitzt allerdings in Abhängigkeit von Veranlagung und Trainingszustand einen eigenen Schwellenwert. Man spricht von der **individuellen anaeroben Schwelle**.
Extensive und **intensive Intervallmethode** unterscheiden sich u.a. dadurch, dass bei der extensiven Intervallmethode **unterhalb** und bei der intensiven Intervallmethode **oberhalb** der anaeroben Schwelle trainiert wird.

Die **Wiederholungsmethode** ist durch submaximale bis maximale Intensitäten (90-100 %) gekennzeichnet. Wegen der hohen Reizintensität ist die Anzahl der Wiederholungen und damit der Trainingsumfang gering. Maximal werden 5-6 Wiederholungen mit vollständigen Pausen durchgeführt. Die Pausen müssen so lang sein, dass alle Belastungen mit der gleichen Intensität durchgeführt werden können. Trotz dieser Pausengestaltung kommt es in der Regel zu einer unvollständigen muskulären Regeneration und damit zu einer Aufstockung der Ermüdung, das führt zu umfangreichen Anpassungserscheinungen. Mit der Wiederholungsmethode wird ausschließlich die anaerobe Ausdauer verbessert.

Das deutliche Herausfallen der Wiederholungsmethode aus den drei als Intervallmethoden bezeichneten Trainingsmethoden führt dazu, dass diese von manchen Autoren nicht als Untergruppe der Intervallmethode, sondern als separate Trainingsmethode eingeordnet wird.

Trainingsbeispiel für die Wiederholungsmethode im Speed-Skating:
Der Skater tritt bei offiziellen Wettkämpfen über die Wettkampfdistanz von 1000-m an. In diesem Training soll er 4 Läufe über eine Strecke von je 500 m durchführen. Die Intensität liegt bei 95 %, bezogen auf die Bestleistung der vorangegangenen Saison. Die Pausen zwischen den Läufen betragen je zehn Minuten.
Um zu gewährleisten, dass die sehr hohe Intensität beibehalten werden kann, bietet sich eine Kontrolle der Pulsfrequenz in der letzten Minute der vorgesehen Pause an. Sollte die Pulsfrequenz über 100 Schlägen/min liegen, muss die Pause verlängert werden.
Im Trainingsprotokoll: 4 x 500m (95 %) // 10 min

Wettkampf- und Kontrollmethode

Dabei wird das einmalige Erbringen der aktuellen, maximalen Wettkampfleistung gefordert. Die Funktionszustände der Organsysteme sind deshalb mit denen im Wettkampf vergleichbar. Die Belastungsintensität muss bei dieser Trainingsmethode maximal sein, die Belastungsdauer allerdings wird, orientiert an der Wettkampfdauer, oft als Über- oder Unterdistanz (Spielraum 5 -15 %) gewählt. Ist die Belastungsdauer kürzer als im Wettkampf, muss die Intensität höher, ist die Belastungsdauer länger, so muss die Intensität niedriger sein. Mit dieser Methode wird neben der Entwicklung der wettkampfspezifischen Ausdauer, die Kontrolle des aktuellen Leistungsstandes möglich. Außerdem ist die psychische Belastung des Trainierenden bei dieser Methode am ehesten mit der des Wettkampfs zu vergleichen.

Trainingsbeispiel für die Wettkampf- und Kontrollmethode im Speed-Skating:
In der späteren Wettkampfsaison wird die 10-km-Distanz die bevorzugte Wettkampfstrecke sein. Als Wettkampf- und Kontrollmethode ist deshalb ein intensiver Speedlauf über 9 km geplant. Da es sich um einen Unterdistanzlauf handelt, muss die Intensität über der des Wettkampfs liegen.
Im Trainingsprotokoll: 9 km (> 100 %)

Die Wettkampf- und Kontrollmethode sollte unter möglichst wettkampfähnlichen Bedingungen ausgeführt werden:

- Das Verhalten (Ernährung, Ruhe, ...) vor dem Training sollte dem vor einem Wettkampf weitgehend entsprechen,
- die Aufwärmphase ist mit der eines Wettkampfs identisch,
- der Skater trägt wettkampfgeeignete Kleidung und die Skates, die auch im späteren Wettkampf gefahren werden sollen,
- der Start erfolgt nach dem offiziellen Kommando,
- Zwischenzeiten werden angesagt,
- falls mehrere Athleten die Wettkampf- und Kontrollmethode durchführen, treten sie in diesem Lauf gegeneinander an,
- das Verhalten nach dem Lauf (Ausfahren, Dehnen, ...) entspricht dem eines Wettkampfs.

Tab. 3 zeigt eine tabellarische Zusammenstellung der Methoden des Ausdauertrainings.

Aufgabe 44

Suchen Sie Trainingsbeispiele zu den unterschiedlichen Trainingsmethoden in einer von Ihnen betriebenen Sportart.

Tab. 3: Trainingsmethoden im Ausdauertraining, Belastungsnormative und Trainingsziele.

	Reiz-Intensität	Anzahl der Wiederholungen	Pausen	Trainingsziel
Kontinuierliche Dauermethode	Gleichbleibend sehr niedrig bis sehr hoch	––	––	**Aerob (anaerob)**
Dauermethode mit Intensitätswechsel	Niedrig und hoch im Wechsel	––	––	**Aerob (anaerob)**
Extensive Intervallmethode	Mittel 60–80 %	Sehr viele / viele	Lohnend (kurz)	**Aerob** + anaerob
Intensive Intervallmethode	Hoch 80-90 %	Mittel	Lohnend (mittel)	**Anaerob** + aerob
Wiederholungs-methode	Sehr hoch 90–100 %	Wenige	Vollständig (lang)	**Anaerob**
Wettkampf- und Kontrollmethode	Sehr hoch 100 %	––	––	**Wettkampf-spezifische Ausdauer**

„Hört sich alles ziemlich anstrengend an. Vielleicht hätten wir uns doch eine andere Sportart aussuchen sollen, so etwas wie Eislaufen oder Rudern", wandte Kai mit leicht verunsicherter Miene ein.
„Ja, oder Hallen-Halma, du Memme. Glaubst du etwa Ruderer oder Eisläufer brauchen keine Ausdauer?", fragte Tim.
„Keine Ahnung, aber bestimmt nicht so viel, oder?"

Die Bedeutung der Ausdauer in verschiedenen Bereichen des Sports

Nicht ohne Grund stammen fast alle in der Literatur auffindbaren Trainingsbeispiele zu den Ausdauertrainingsmethoden aus dem Bereich der sog. Ausdauersportarten. Hier ist es nicht nur möglich, die jeweilige Methode in ihrer Reinform zu planen und zu trainieren, sondern es liegt auch auf der Hand, wie die angestrebte Wettkampfleistung strukturiert ist und ob ein Sportler im Wettkampf vorwiegend aerobe oder anaerobe Kapazität benötigt.

Bei allen stark ausdauerdominierten Sportarten kann das Training mit Hilfe der Dauer- und Intervallmethoden relativ problemlos geplant werden. Schwieriger gestaltet sich die Trainingsplanung jedoch, wenn Sportarten trainiert werden, deren Anforderungsprofil hinsichtlich der benötigten Ausdauer komplex ist. Zweifellos benötigt auch ein Basketballer Ausdauer, aber eben nicht nur allgemeine, sondern vor allem basketballspezifische. Es ist für einen Basketballer wenig hilfreich, wenn er zwar 30 Minuten in gleich bleibendem Tempo joggen, nach dem fünften „fast break" seinem Gegenspieler aber nicht mehr folgen kann. Zusätzlich ist das ausdauerstärkste Basketballteam einer Liga nicht automatisch das spielstärkste. Bei der Entscheidung über Sieg oder Niederlage spielen in den Nicht-Ausdauersportarten neben der Ausdauer auch andere Faktoren, wie Schnelligkeit, Technik, Taktik, Teamgeist usw. eine bedeutende Rolle. Trainingseinheiten, die ausschließlich der Verbesserung der allgemeinen, nicht sportartspezifischen Ausdauer dienen, findet man im Training dieser Sportarten deshalb in der Regel nur in den Phasen der Saisonvorbereitung oder in Phasen der Regeneration.

Aufgabe 45

Suchen Sie Beispiele für Intervallbelastungen im Training der Spielsportarten.

Allerdings finden sich auch im speziellen Training von nicht ausdauerdominierten Sportarten Trainingsinhalte, die bestimmten Trainingsmethoden zugeordnet und mit denen spezifische Trainingsreize gesetzt werden können. So existieren beispielsweise viele Spielformen, mit denen die Trainierenden intervallartig belastet werden können.

Bei der Gestaltung von Ausdauertraining muss klar unterschieden werden zwischen Sportarten, die als deutlich ausdauerdominiert angesehen werden können, und solchen, bei denen die konditionelle Grundeigenschaft Ausdauer einer von vielen leistungsbestimmenden Faktoren ist. Die Dominanz des Faktors Ausdauer im Gesamtanforderungsprofil der Sportart muss ihre Entsprechung in der Dominanz des Faktors Ausdauer im Training finden.

Voraussetzung für trainingsrelevante Entscheidungen ist die Analyse der entsprechenden Sportart im Hinblick auf ihr konditionelles Gesamtanforderungsprofil. Nur so kann auf die Bedeutung der konditionellen Grundeigenschaft Ausdauer geschlossen werden.

Tab. 4: Die Bedeutung der Ausdauerarten in verschiedenen Anwendungsbereichen (modifiziert nach Zintl 1988).

			Leistungssport							
	Präventiver Gesundheitssport	**Fitnesssport**	**Ausdauer- + Kraftausdauer-Sportarten**	**Kraftsportarten**	**Schnellkraft-Sportarten**	**Technisch-kompositorische Sportarten**	**Spielsportarten**	**Zweikampf-Sportarten**	**Jugendalter**	**Kindesalter**
Grundlagen-Ausdauer I	••	••		•	•	•	•	•	••	••
Grundlagen-Ausdauer II		•	••						•	
Azyklische Grundlagenausdauer		•		•	•		••	••	•	•
Spezielle Ausdauertypen			••							

•• = sehr hohe Bedeutung • = mittlere Bedeutung

„Wie gut ist deine Ausdauer denn zur Zeit?", wollte Kai wissen.
„Sieh mich an, das muss ein Top-Trainingszustand sein!", entgegnete Tim. „Wenn ich allerdings ehrlich bin, muss ich zugeben, dass ich das ganz schlecht einschätzen kann. Ist es denn ohne Wettkampf überhaupt möglich festzustellen, ob man gut in Form ist?"

Trainingssteuerung und Kontrollmethoden

Leistungsdiagnostik

Um einen Trainingsprozess planen, steuern und kontrollieren zu können, ist es nicht nur notwendig, Kenntnis über geeignete Trainingsmethoden und -mittel zu haben, sondern es müssen Indikatoren bekannt sein, anhand derer der Leistungsstand eines Sportlers bestimmbar ist, die Belastungsnormative festgelegt und die Erfolge der Trainingsmaßnahmen kontrolliert werden können.

Vor Beginn eines jeden Trainingsprozesses ist es unumgänglich, neben dem Gesundheitszustand auch den individuellen Leistungsstand eines Sportlers zu bestimmen. Zur Bestimmung der Ausdauerleistungsfähigkeit unterscheidet man zwischen der

- Leistungsdiagnostik im Labor und der
- Leistungsdiagnostik im Feld.

Leistungsdiagnostik im Feld und im Labor werden dabei nicht alternativ eingesetzt, sondern sollten sich im Idealfall ergänzen.

Die **Leistungsdiagnostik im Labor** wird in der Regel auf dem Laufband bzw. dem Fahrradergometer oder anderen Ergometertypen in Form von Stufentests, d.h. mit systematischer Steigerung der Belastungsintensität (der Widerstand des Ergometers wird immer weiter erhöht) durchgeführt. Dabei werden meist die Sauerstoffaufnahmefähigkeit, die Laktatwerte und die Herzschlagfrequenz erfasst. Mit Hilfe der gemessenen Werte lassen sich genaue Aussagen über die maximale und relative Sauerstoffaufnahme, die individuelle aerob-anaerobe Schwelle und das Herzschlagverhalten treffen, die als wichtige Indikatoren zur Bestimmung der aeroben Ausdauerleistungsfähigkeit angesehen werden können.

Im Ausdauersport konzentrieren sich nahezu alle leistungsdiagnostischen Testmethoden auf die Feststellung des **aeroben Ausdauerleistungsvermögens**. An Messmethoden mit zunehmender Wertigkeit bieten sich an:

- Pulsmessung
- Bestimmung des Sauerstoffaufnahmevermögens
- Milchsäure (Laktat-)Messung

Idealerweise werden diese Labortests im Abstand von 6-8 Wochen wiederholt und durch zusätzliche Feldtests ergänzt. Soweit es möglich ist, sollte die Leistungsdiagnostik im Labor Affinität zur Sportart aufweisen, d.h. Radfahrer sollten auf dem Fahrradergometer, Ruderer auf dem Ruderergometer getestet werden. Der große Vorteil einer Leistungsdiagnostik im Labor liegt darin, die Umgebungsbedingungen jederzeit reproduzieren zu können, denn nur wenn immer das gleiche Verfahren unter standardisierten Bedingungen angewendet wird, können die Untersuchungsergebnisse auch längsschnittlich verglichen werden. Trotz der Genauigkeit der Untersuchungsergebnisse ist bei der konkreten Umsetzung für die Trainingssteuerung Vorsicht geboten. Unter Laborbedingungen erbrachte Leistungen müssen nicht unbedingt auf identische Weise auch im Feld erzielt werden können.

Bei den unbestreitbaren Vorteilen, die eine Leistungsdiagnostik im Labor zu bieten hat, müssen auch die Nachteile eines solchen Vorgehens bedacht werden. Diese Art von Leistungsdiagnostik bleibt, durch den mit ihr verbundenen Aufwand an Material, Fachpersonal und Kosten, dem Hochleistungssport und damit einem minimalen Prozentsatz der Sporttreibenden vorbehalten.

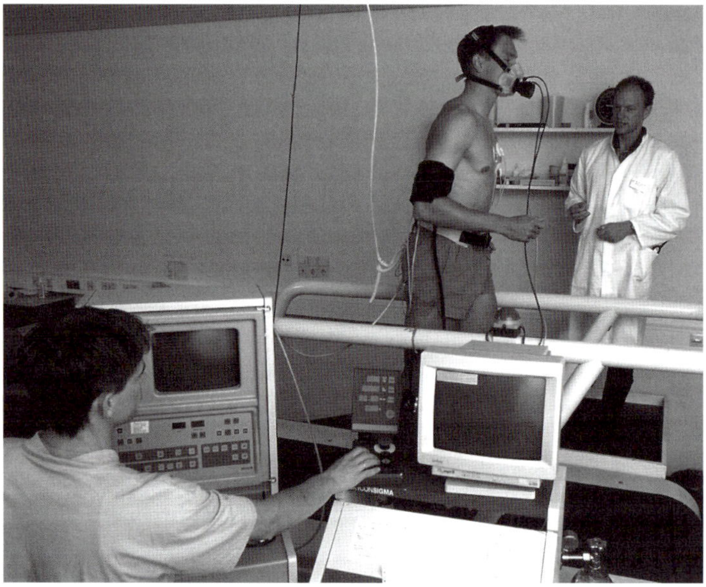

Abb. 26: Labortest.

Der Rest der Sporttreibenden kommt eher selten in den Genuss einer unter Laborbedingungen vorgenommenen Leistungsdiagnostik. Allerdings gibt es auch für den Nicht-Leistungssportler Möglichkeiten, deren Nutzung durchaus interessant sein kann. Da es sich vor Aufnahme jedes systematischen Ausdauertrainings anbietet, einen Gesundheitscheck durchführen zu lassen, um gesundheitliche Gefährdungen (z.B. durch bisher nicht erkannte Herzfehler) ausschließen zu können, kann dieser Check mit einer sportmedizinischen Leistungsuntersuchung verbunden werden. Für Jugendliche werden die Kosten einer solchen Untersuchung in der Regel von den Sportvereinen übernommen. Selbst mit Hilfe einer relativ unaufwendigen Fahrradergometrie (ohne Spirometrie und Laktatmessung) können interessante Erkenntnisse über das Herzfrequenzverhalten und somit den Trainingszustand gewonnen werden, die dann für die Trainingsplanung zu nutzen sind.

Für alle anderen Fälle bietet sich eher die **Leistungsdiagnostik im Feld** an. „Im Feld" bedeutet dabei, dass der Test nicht im Labor, sondern auf der jeweiligen Sportanlage, dem Fußballplatz, der Straße, im Schwimmbad usw. durchgeführt wird.

Die Vorteile des Feldtests liegen vor allem in zwei Bereichen. Erstens lässt sich mit ihnen eine größere Nähe zur Sportart herstellen und zweitens stellen sie gleichzeitig ein Training dar. Inline-Skater müssen also nicht, wie dies im Labor der Fall ist, Rad fahren oder laufen, sondern können den Test auf Inline-Skates absolvieren. Damit erhöht sich verständlicherweise die Aussagekraft der Ergebnisse für die sportartspezifische Leistungsfähigkeit.

Allerdings ist auch die Durchführung vieler Feldtests recht aufwändig. Auch sie sehen Blutentnahmen und/oder die Erfassung der Herzfrequenz durch Pulsmesser vor. Einer der bekanntesten Feldtests ist der sog. Conconi-Test. Ein Lauftest, bei dem die Testperson auf einer 400-m-Rundbahn 200-m-Abschnitte in einer bestimmten Geschwindigkeit durchlaufen muss. Jeweils beim Ertönen eines akustischen Signals, in der Regel eines Pfeiftons, muss die Person die 200-m-Markierung passieren. Das Tempo wird alle 200 m erhöht. Der Test endet, wenn die Testperson die vorgegebene Geschwindigkeit nicht mehr halten kann. Die Herzfrequenz wird immer am Ende einer Belastungsstufe erhoben.

Selbst wenn Pulsmesser zur Verfügung stehen und der Test durchgeführt werden kann, ist die Auswertung und Interpretation der Ergebnisse für den „Nicht-Sportwissenschaftler" schwierig.

Genauere Ausführungen zum Conconi-Test finden sich bei Bös/Tittlbach (2001, 147) im Kursbuch Sport 3: Bewegungslehre.

Der Cooper-Test lässt nur dann eine brauchbare Einschätzung der aeroben Ausdauerleistungsfähigkeit zu, wenn der Sportler bei stets gleicher (höchster) Motivation und bei stets gleichen Rahmenbedingungen (Wetter, Ernährung, Vorbelastungszustand etc.) getestet wird. Beachte bei der Durchführung: gleichmäßiges Tempo und kein Endspurt! Letzte Minute nicht anpfeifen!

Der Coopertest

Der einzige Feldtest, der auch für den Laien problemlos durchführbar ist, weil weder besondere Geräte noch besondere sportwissenschaftliche oder medizinische Kenntnisse benötigt werden, ist der sog. **Cooper-Test**. Es ist der am häufigsten durchgeführte Test zur Ermittlung der aeroben Ausdauerleistungsfähigkeit. Bei diesem Lauftest legt die Testperson auf einer 400-m-Rundbahn in der Zeit von 12 Minuten aus dem Hochstart eine maximale Strecke zurück. Die Laufleistung wird dann mit Hilfe der Tab. 5 nach Geschlecht und Alter klassifiziert, so dass die Einordnung der Grundlagenausdauer kriteriengeleitet erfolgen kann. Es wird davon ausgegangen, dass zwischen Laufleistung und dem maximalen Sauerstoffaufnahmevermögen ein enger Zusammenhang besteht.

Alle durchgeführten Tests müssen regelmäßig (ca. alle 6-8 Wochen) wiederholt werden, um die Wirkung des Trainings überprüfen und neue Ausgangswerte festlegen zu können.

Tab. 5: Wertungstabellen zur Einordnung der Laufleistungen des Cooper-Tests (modifiziert nach Bös/Tittlbach 2001, 146).

Leistungsbeurteilung (Jungen/Männer) in Metern					
Alter (Jahre)	weit überdurchschnittlich	überdurchschnittlich	durchschnittlich	unterdurchschnittlich	weit unterdurchschnittlich
6–18	zur Zeit keine Normdaten verfügbar				
19–25	>3100	2801–3100	2526–2800	2226–2525	<2226
26–30	>3200	2876–3200	2526–2875	2201–2525	<2201
31–35	>2975	2651–2975	2301–2650	1976–2300	<1976
36–40	>2950	2575–2950	2201–2575	1851–2200	<1851

Leistungsbeurteilung (Mädchen/Frauen) in Metern					
Alter (Jahre)	weit überdurchschnittlich	überdurchschnittlich	durchschnittlich	unterdurchschnittlich	weit unterdurchschnittlich
6–18	zur Zeit keine Normdaten verfügbar				
19–25	>2200	1951–2200	1651–1950	1351–1650	<1351
26–30	>2150	1876–2150	1601–1875	1301–1600	<1301
31–35	>2075	1851–2075	1551–1850	1276–1550	<1276
36–40	>2025	1801–2025	1501–1800	1226–1500	<1226

„Gut, diesen Cooper-Test sollten wir wirklich ausprobieren. Dann haben wir wenigstens eine grobe Orientierung", sagte Kai.
„Was wir dadurch aber auch noch nicht wissen, das sind unsere Herzfrequenzen, denn die Herzfrequenz wird beim Cooper-Test nicht gemessen", gab Tim zu bedenken.
„Ich hab nicht die geringste Ahnung wovon du sprichst. Wozu brauchst du denn unsere Herzfrequenzen?", fragte Kai ziemlich verwirrt.
„Na, erinnere dich doch mal. Im Absatz über Trainingsmethoden, da hieß es zum Beispiel beim Training nach der Dauermethode müsse man mindestens mit 70-prozentiger Intensität bezogen auf die Herzfrequenz trainieren, um Anpassungserscheinungen des Herzvolumens zu erreichen. Wie sollen wir das denn ausrechnen, wenn wir unsere maximalen Herzfrequenzen nicht kennen?", erläuterte Tim.

Die Herzfrequenz als Kriterium der Trainingssteuerung

Um die Belastungen eines Ausdauertrainings steuern zu können, stehen verschiedene Möglichkeiten zur Verfügung. Zu den bekanntesten gehören die Steuerung über die Laktatwerte und die Steuerung über die Herzfrequenz. Obwohl heute technische Möglichkeiten zur Verfügung stehen, Blutlaktatwerte innerhalb weniger Sekunden zu bestimmen (z.B. mit Messgeräten zur Eigenbestimmung des Blutlaktats) ist die gebräuchlichste Methode in der täglichen Trainingspraxis noch immer die Steuerung über die Herzfrequenz, die sich aufgrund ihrer einfachen und präzisen Erfassbarkeit als besonders geeignet

Herzfrequenz und körperliche Belastung
Dass in der Trainingspraxis oft die Herzfrequenz als Maßstab für Belastung angenommen wird, liegt darin begründet, dass eine lineare Beziehung zwischen Herzfrequenz und Arbeitsintensität besteht. Bis zu einem bestimmten Punkt gilt: Je höher die Intensität desto höher die Herzfrequenz.
An diesem Punkt jedoch kann die Intensität zwar noch gesteigert werden, die Herzfrequenz aber stagniert. Der Herzfrequenz-Umschlagpunkt ist erreicht; er gibt an, bei welcher Herzfrequenz oder Arbeitsintensität von der aeroben zur überwiegend anaeroben Energiebereitstellung übergegangen wird. Mit anderen Worten, ab wann die Energieversorgung nicht mehr vollständig aerob abgesichert werden kann. Der Herzfrequenz-Umschlagpunkt kann durch Ausdauertraining in den Bereich höherer Herzfrequenzen verschoben werden, d.h. durch Ausdauertraining kann der Bereich in dem die aerobe Energiebereitstellung stattfindet vergrößert werden (Janssen 1999, 19 ff).

erweist. Der inzwischen übliche Einsatz von Herzfrequenzmessern hat dazu geführt, dass sich Messgenauigkeit und Aussagekraft dieser Methode deutlich erhöht haben. Entscheidender Vorteil ist vor allem die Registrierungsmöglichkeit der Herzfrequenz während der Belastung.

Aufgabe 46

Stellen Sie den Zusammenhang zwischen dem Verhalten der Herzfrequenz bei Belastung und den Anforderungen an den Energiestoffwechsel während der verschiedenen Methoden des Ausdauertrainings her.

Die Herzfrequenz wird in Schlägen pro Minute (Schläge/min) angegeben. In der Regel wird der Puls an der Halsschlagader oder am Handgelenk gefühlt. Die Schläge werden über 6-10 Sekunden gezählt und daraus der Minutenwert errechnet. Der Nachteil dieser sog. palpatorischen Messmethode besteht darin, dass die Belastung während des Messvorgangs unterbrochen werden muss. Da aber die Herzfrequenz in den ersten 10-20 Ruhesekunden rapide sinkt und der Messfehler zur realen Herzfrequenz deshalb bis zu 20 Schlägen/min betragen kann, ist die Aussagekraft der palpatorischen Messmethode begrenzt. Aktuelle Belastungs-Herzfrequenzen lassen sich nur mit Hilfe tragbarer Herzfrequenz-Messgeräte genau bestimmen.

Um die Ergebnisse der Messungen zur Trainingssteuerung nutzen zu können, sind verschiedene Kenntnisse erforderlich:

Die **Ruhe-Herzfrequenz** wird morgens vor dem Aufstehen palpatorisch bestimmt. Ausdauertraining führt zu einem Absinken der Herzfrequenz in Ruhe. Bei hochausdauertrainierten Sportlern wurden Ruhe-Herzfrequenzen unter 35 Schlägen/min gemessen. Besondere Bedeutung hat die Ruhe-Herzfrequenz zur Kontrolle des Gesundheitszustands. Gesundheitliche Störungen kündigen sich mit einer Erhöhung der Ruhe-Herzfrequenz um bis zu 10 Schläge/min an.

Der Radrennfahrer Jan Ullrich erreichte 1997, im Jahr seines Tour de France Sieges, einen Ruhepuls von 38 Schlägen/min.

Pulskurven
Wer die Wirksamkeit seines Ausdauertrainings kontrollieren möchte, kann dies über die regelmäßige Erfassung des Ruhepulses tun. Eine Verbesserung des Trainingszustandes ist dabei durch ein allmähliches Absinken des Ruhepulses gekennzeichnet. Wichtig ist, den Puls jeden Morgen unter ähnlichen Bedingungen, z.B. vor dem Aufstehen zu messen, damit eine Vergleichbarkeit der Werte möglich wird. Der gemessene Wert kann dann in eine Graphik übertragen werden, die das allmähliche Absinken des Ruhepulses dokumentiert (Janssen 1999, 27).

Die **maximale Herzfrequenz** ist abhängig von Lebensalter, Geschlecht, Leistungsbereitschaft, muskulärer Mobilisationsfähigkeit und sportartspezifischer Leistungsfähigkeit. Bei der „Faustregel" handelt es sich nur um ein sehr grobes Mittel zur Feststellung der maximalen Herzfrequenz. Deutlich genauere Ergebnisse liefert ein sportartspezifischer Maximaltest. Voraussetzung zur Durchführung eines solchen Maximaltests ist ein einwandfreier Gesundheitszustand und die Tatsache, dass aus ärztlicher Sicht keine Einwände gegen eine Ausbelastung bestehen. Erst aus der im Test ermittelten individuellen maximalen Herzfrequenz können dann die idealen Trainingsherzfrequenzen errechnet werden. Zur Kontrolle sollte ein Maximaltest alle 4-6 Wochen wiederholt werden.

Weil die individuellen maximalen Herzfrequenzen sich durch verändertes technisches Können in verschiedenen Sportarten unterscheiden können, sollte der Maximaltest immer in der Sportart durchgeführt werden, in der auch trainiert werden soll.

„Faustregel": Maximale Herzfrequenz = 220 minus Lebensalter in Jahren

Ein Maximaltest im Inline-Skaten könnte z.B. wie folgt durchgeführt werden:
Nach ca. 20-minütigem intensiven Aufwärmen, 1000-2000 m Skaten mit max. Geschwindigkeit auf einer flachen bis leicht ansteigenden Strecke, die Strecke im Spurt beenden.
Die höchste vom Pulsmesser registrierte Herzfrequenz entspricht der individuellen maximalen Herzfrequenz.

Über die **Erholungs-Herzfrequenz** können vor allem Rückschlüsse auf die Regenerationsfähigkeit des Organismus gezogen werden. Je besser die Leistungsfähigkeit, desto schneller erholt sich das Herz-Kreislauf-System und kehrt zur Ausgangs-Herzfrequenz zurück. Je schneller der Puls nach einer längeren Ausdauerbelastung (z.B. 20-30 min mit einem Puls von 180 minus Lebensalter) wieder 100 Schläge/min unterschreitet, desto besser ist das Grundlagenausdauerniveau. Von sehr guter Erholungsfähigkeit spricht man, wenn dies **nach 3 Minuten** geschehen ist. Aussagen über die Qualität des Pulsabfalls nach Maximalpulsbelastungen orientieren sich dagegen an der **5-MInuten-Grenze**.

Aufgabe 47

Realisieren Sie ein Ausdauertraining (Planung, Durchführung, Auswertung) in einer ausgewählten Sportart. Aus welchem Grund ist es erforderlich, zunächst einen Maximaltest durchzuführen?

Tab. 6: Richtzahlen für die Qualität des Nachbelastungspulses (nach Böhmer u.a. 1975).

Pulsfrequenz 5 Minuten nach Belastungsende	
Über 130/min	Schlecht
130-120/min	Ausreichend
120-115/min	Befriedigend
115-105/min	Gut
105-100/min	Sehr gut
Unter 100/min	Hochleistungstrainingszustand

Im Ausdauertraining kommt ein optimaler Trainingsreiz dann zustande, wenn zwar das ganze Sauerstofftransportsystem maximal aktiviert wird, aber gerade noch keine Milchsäureanhäufung in den Muskeln stattfindet. Dieser Idealbereich wird auch als aerob-anaerober Übergang bezeichnet. Bezogen auf diesen Idealbereich belasten sich viele Ausdauersportler mit zu hohen Intensitäten, denn viele Trainingseinheiten werden mit Herzfrequenzen von ca. 180 Schlägen pro Minute durchgeführt. Da von Person zu Person individuelle Unterschiede existieren, kann davon ausgegangen werden, dass der aerob-anaerobe Übergang in einem Hf-Bereich von 140-180 Schlägen pro Minute liegt. Nur wenige Sportler brauchen also die hohen Intensitäten, um einen optimalen Trainingsreiz zu setzen.

„Okay, das reicht. Ich finde, dass wir jetzt mal in die Praxis gehen sollten. Ich glaube nämlich, dass wir einige der Theorieteile besser verstehen, wenn wir wirklich trainieren", sagte Tim.
„Wir können ja auch noch mal nachlesen, wenn wir etwas genauer wissen wollen", schlug Kai vor.
„Na komm, dann zeig mal was du so drauf hast!", rief Tim.
„Ruhig Blut", entgegnete Kai. „Du hast doch gelesen, dass die Intensität gar nicht so hoch sein muss."

Zur vertiefenden Weiterarbeit empfohlen:

GEIGER, L.: Ausdauertraining: Der sportmedizinische Ratgeber. München 2001[3].

JANSSEN, P.: Ausdauertraining: Trainingssteuerung über die Herzfrequenz- und Milchsäurebestimmung. Balingen 1999[2].

VILLINGER, B. u.a.: Ausdauer. Stuttgart 1991.

ZINTL, F.: Ausdauertraining – Grundlagen, Methoden, Trainingssteuerung. München 1988.

Literaturverzeichnis:

BADKE, G. u.a. (Autorenkollektiv): Sportmedizinische Grundlagen der Körpererziehung und des sportlichen Trainings. Leipzig 1987.

BÖHMER, D. u.a.: Das sportmedizinische Untersuchungssystem. Beiheft zum Leistungssport, 1975.

BÖS, K./TITTLBACH, S.: Wie werden sportliche Bewegungen gemessen? In: Scheid, V./Prohl, R. (Hrsg.): Kursbuch Sport 3. Bewegungslehre. Wiebelsheim 2001[6], 121-154.

FREY, G./HILDENBRANDT, E.: Einführung in die Trainingslehre. Teil 1: Grundlagen. Schorndorf 1994.

FREY, G./HILDENBRANDT, E.: Einführung in die Trainingslehre. Teil 2: Anwendungsfelder. Schorndorf 1995.

GROSSER, M./STARISCHKA, S./ZIMMERMANN, E.: Das neue Konditionstraining für alle Sportarten, für Kinder, Jugendliche und Aktive. München 2001[8].

GROSSER, M./ZINTL, F.: Training der konditionellen Fähigkeiten. Schorndorf 1994[2].

HARRE, D. (Ltg.): Trainingslehre. Einführung in die Theorie und Methodik des sportlichen Trainings. Berlin 1986[10].

HOTTENROTT, K./ZÜLCH, M.: Ausdauertrainer Inline-Skating. Hamburg 1998.

MARTIN, D./CARL, K./LEHNERTZ, K.: Handbuch Trainingslehre. Schorndorf 1993[2].

NEUMANN, G.: Sportmedizin. Grundlagen der Ausdauerentwicklung. In: Medizin und Sport (1984) 6, 174-178.

WEINECK, J.: Optimales Training. Leistungsphysiologische Trainingslehre unter besonderer Berücksichtigung des Kinder- und Jugendtrainings. Balingen 2000[11].

Wie wird Kraft trainiert?

Allgemeine Grundlagen der Kraftfähigkeiten

Definition der „Kraft"

Kraft (F) ist eine physikalische Größe, die immer dann wirkt, wenn eine Masse (m) beschleunigt (a) wird. Dies ist zum Beispiel der Fall, wenn ein Gegenstand wie der Bleistift oder die 7,25 kg-Kugel aus der Eingangsaufgabe gegen die Erdanziehungskraft angehoben wird. Die Wirkung der physikalischen Kraft ist daran erkennbar, dass der Gegenstand bewegt wird.

Wenn eine Person Kraft auf einen Gegenstand ausübt, benötigt sie hierzu selbst „Kraft". Es handelt sich hierbei um eine Eigenschaft des menschlichen Körpers oder der Motorik. Man spricht von Kraft als einer **konditionellen Grundeigenschaft,** zu der auch die Ausdauer, die Schnelligkeit und die Beweglichkeit zählen. Da es verschiedene Formen der konditionellen Grundeigenschaft Kraft gibt, unterscheidet man weiter in Kraftfähigkeiten. Auf die Unterschiede der verschiedenen **Kraftfähigkeiten** wird im Folgenden eingegangen.

Bei welchen Bewegungen oder sportlichen Leistungen benötigt man nun Kraft? Spricht man bereits von Kraft, wenn man einen sehr leichten Gegenstand anhebt – eine Bewegung, die ohne weiteres häufiger wiederholt werden könnte? Welche Höhe und welche Dauer muss eine Bewegungsleistung haben, damit man sie als Kraftleistung bezeichnen kann? Welche körperlichen Voraussetzungen oder Bedingungen sind notwendig, um eine Kraft zu erzeugen?

Um diese Fragen zu beantworten, ist es notwendig, den Kraftbegriff und die körperlichen Voraussetzungen der Kraftfähigkeiten genauer zu fassen.

$$F = m * a$$

Aufgabe 48

Heben Sie verschiedene Gegenstände mit unterschiedlichem Gewicht mit ausgestecktem Arm an (Vorschläge: Bleistift, Basketball, 4 kg-Kugel, 7,25 kg-Kugel, Hantel). Für welche Gegenstände benötigen Sie dabei Kraft? Schätzen Sie, wie viel kg Sie gerade noch (maximal) anheben könnten. Wie viel Prozent des „Maximalgewichtes" beträgt das Gewicht der Gegenstände, die Sie angehoben haben? Vergleichen Sie die Werte mit Ihren Mitschülern. Warum sind die Gegenstände nicht für alle Mitschüler gleich „schwer"?

„Kraft" ist „[...] die Fähigkeit des Nerv-Muskelsystems, durch Muskeltätigkeit Widerstände zu überwinden (konzentrische Kontraktion), ihnen entgegenzuwirken (exzentrische Kontraktion) bzw. sie zu halten (isometrische Kontraktion)" (EHLENZ/GROSSER/ZIMMERMANN 1998, 10).

Kraft als Fähigkeit des Nerv-Muskel-Systems

Um eine Kraftleistung zu erbringen, sind biologische Voraussetzungen notwendig.

Die Nerven übertragen den Reiz, der eine Muskeltätigkeit auslöst. Bei diesem Reiz handelt es sich um ein elektro-chemisches Signal, das bei einer willkürlichen Bewegung vom Gehirn über das Rückenmark bis in die Muskulatur übertragen wird. Der Muskel antwortet auf ein solches Signal mit einer Kontraktion.

Neben den biologischen Voraussetzungen sind verschiedene Arbeitsweisen zu unterscheiden, durch welche die Ausübung von Kraft sichtbar wird.

Arbeitsweisen und Kontraktionsformen der Muskulatur

Die Einzelheiten dieses Vorganges werden im „Kursbuch Sport 1: Sportbiologie" behandelt.

Der Begriff **muskuläre Arbeitsweisen** bezieht sich auf Bewegungen, die zwischen Ansatz und Ursprung der Muskulatur stattfinden und von „außen" sichtbar sind. Ansatz und Ursprung bezeichnen die Punkte, an denen die einzelnen Muskeln über die Sehnen am Knochen befestigt sind. Als Ursprung wird das Ende definiert, welches näher an der Körpermitte liegt. Als Ansatz wird folglich das gegenüberliegende Ende bezeichnet. Der zweiköpfige Armmuskel (M. biceps brachii) beispielsweise hat seinen Ursprung an zwei verschiedenen Punkten am Schulterblatt und seinen Ansatz am Unterarmknochen (siehe Abb. 27).

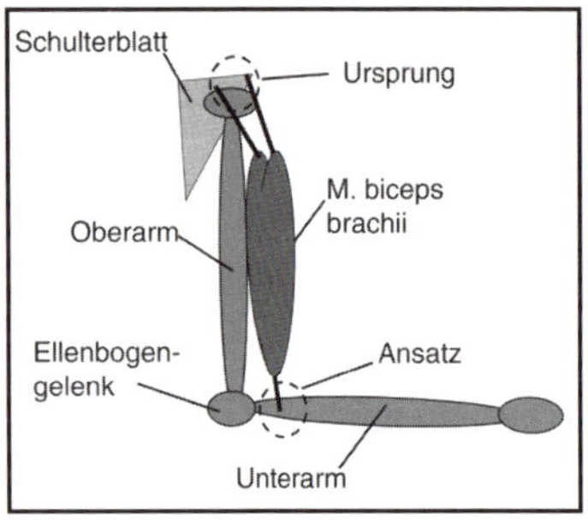

Abb. 27: Anatomischer Verlauf (schematisch) des zweiköpfigen Armmuskels (M. biceps brachii).

Bewegen sich Ansatz und Ursprung aufeinander zu, spricht man von einer **dynamischen** Arbeitsweise. Bleiben sie im gleichen Abstand zueinander, obwohl der dazwischen liegende Muskel angespannt (kontrahiert) wird, ist die Arbeitsweise **statisch**. In beiden Fällen „arbeitet" die Muskulatur – sie kontrahiert. Der statischen Arbeitsweise liegt eine isometrische Kontraktion zugrunde, der dynamischen Arbeitsweise liegt eine konzentrische oder exzentrische Kontraktionsform zugrunde (siehe Abb. 28). Der Begriff **Kontraktionsformen** kennzeichnet Spannungs- und Längenänderungen des Muskels.

Bei einer **konzentrischen** Kontraktion findet sowohl eine Spannungsänderung als auch eine Längenänderung statt –

bezogen auf die Ausgangsposition eine Verkürzung. Dies ist der Fall für den M. biceps brachii, wenn der nach unten gestreckte Arm mit einem Gewicht wie z.B. der 4 kg-Kugel aus der Eingangsaufgabe im Ellenbogengelenk gebeugt wird. Der Ansatz am Unterarm nähert sich dabei dem Ursprung an der Schulter, so dass der Muskel sich verkürzt. Er erzeugt eine Spannung, die in der Beugebewegung resultiert.

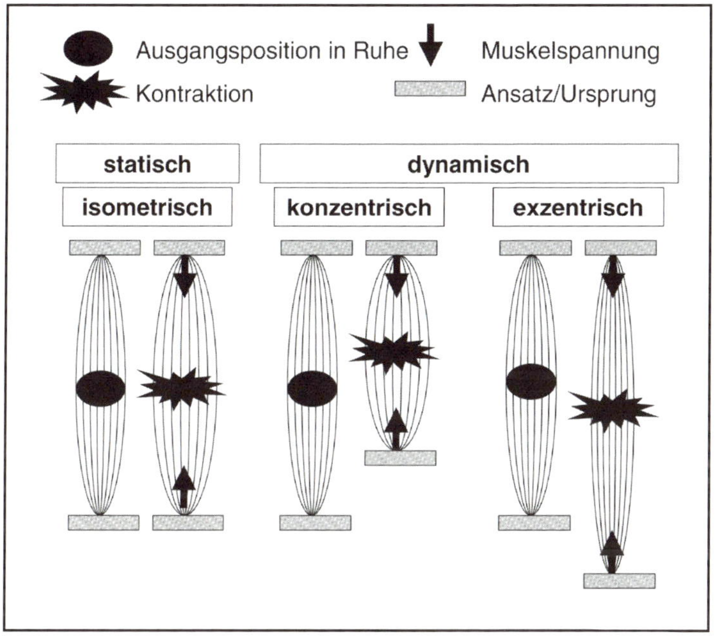

Abb. 28: Arbeitsweisen und Kontraktionsformen der Muskulatur.

Bei einer **exzentrischen** Kontraktion erzeugt der Muskel ebenfalls eine Spannung – er wird jedoch länger. Dies ist der Fall für den M. biceps brachii, wenn der gebeugte Arm mit der 4 kg-Kugel wieder gestreckt wird. Der Ansatz am Unterarm entfernt sich dabei vom Ursprung an der Schulter, so dass der Muskel länger wird. Die durch die Kugel verursachte Gegenkraft ist dabei größer als die erzeugte Muskelspannung.

Bei einer **isometrischen** Kontraktion wird vom Muskel zwar eine als Kraft messbare Spannung erzeugt, im Vergleich mit der Ausgangsposition der Kontraktion ändert er jedoch seine Länge nicht, da der Abstand zwischen Ansatz und Ursprung sich nicht verändert. Dies ist der Fall, wenn die 4 kg-Kugel mit gebeugtem Arm in einem bestimmten Winkel gehalten wird.

Aufgabe 49

Welche Arbeitsweise der Armstrecker und der Rumpfmuskulatur sind erforderlich, um einen Liegestütz durchzuführen?

Aufgabe 50

Denken Sie an Ihre Versuche, verschiedene Gegenstände anzuheben! Welche Arbeitsweisen und Kontraktionsformen erkennen Sie – wann treten sie auf? Finden Sie weitere Praxisbeispiele zu den verschiedenen Arbeitsweisen und Kontraktionsformen.

Die meisten Bewegungen sind eine Kombination aus den verschiedenen Arbeitsweisen und Kontraktionsformen.

Es lässt sich nun annehmen, dass unterschiedlichen Arbeitsweisen oder sogar Bewegungsformen unterschiedliche Kraftformen zugrunde liegen. Dies wäre der Fall, wenn zum Heben der 4 kg-Kugel eine andere Kraftform notwendig wäre, als zum Halten derselben. Die Vertreter dieser Ansicht unterscheiden zwischen einer statischen und dynamischen Kraft oder zwischen einer Sprungkraft und einer Wurfkraft (z.B. LETZELTER 1978). Das Halten der 4 kg-Kugel erfordert danach statische Kraft, das Heben der Kugel dynamische Kraft und das Werfen oder Stoßen Wurfkraft. Eine Grundannahme ist dabei, dass sich dynamisches und statisches Kraftverhalten unterscheidet.

Solche Einteilungen in verschiedene Kraftformen helfen, Fähigkeiten oder Bewegungsformen zu ordnen bzw. zu strukturieren. Daher spricht man auch von „Strukturierungsansätzen".

Der beschriebene Ansatz ordnet die Kraftfähigkeiten nach den von außen beobachtbaren und damit zu beschreibenden Erscheinungsweisen oder Bewegungsformen. Er wird daher auch **beschreibender Strukturierungsansatz** genannt. Es konnte jedoch gezeigt werden, dass statische und dynamische Kraft sich lediglich in ihrer Erscheinungsform, nicht jedoch in ihren Voraussetzungen unterscheiden. In einem Krafttest (Bankdrücken) mit einer großen Probandengruppe mussten in einer Untersuchung von MÜLLER (1987) verschiedene Gewichte möglichst schnell zur Hochstrecke gebracht werden (dynamische Arbeitsweise/konzentrische Kontraktion). Ein weiterer Versuch wurde bei feststehender Hantelstange gemacht (statische Arbeitsweise/isometrische Kontraktion). Bei allen Versuchen wurde die Kraft gemessen, die an der Hantelstange anliegt. Als Ergebnis zeigte sich ein starker Zusammenhang zwischen dynamischer und statischer (isometrischer) Kraft, d.h. Personen mit hohen statischen Kraftwerten wiesen auch hohe dynamische Kraftwerte auf. Daraus ist zu schließen, dass den dynamischen und statischen Arbeitsweisen die gleichen Voraussetzungen zugrunde liegen.

morphologisch: die äußere Gestalt betreffend

physiologisch: Vorgänge im Organismus betreffend

Um den Voraussetzungen der Kraftfähigkeit auf die Spur zu kommen, wurde daher ein **dimensionsanalytischer Ansatz** auf statistischer Grundlage entwickelt. Dabei ist die **Maximalkraft** die Basisgröße für alle weiteren Kraftfähigkeiten – die **Schnellkraft**, die **Kraftausdauer** und die **Reaktivkraft**. Dieser Ansatz führt die Kraftfähigkeiten auf möglichst einfache und voneinander unabhängige Faktoren zurück (BÜHRLE 1989). Bei diesen Faktoren handelt es sich um biologische Voraussetzungen, die als morphologische und physiologische Bedingungen bezeichnet werden.

Die **morphologischen Bedingungen** von Kraftfähigkeiten betreffen die Muskelmasse, die **physiologischen Bedingungen** die neuronale Aktivierung (siehe hierzu das Kursbuch Sport 1: Sportbiologie).

Strukturierung der Kraftfähigkeiten anhand morphologischer und physiologischer Bedingungen

Aus den morphologisch-physiologischen Bedingungen ergibt sich die Unterscheidung der Kraftfähigkeiten in Maximalkraft, Schnellkraft und Reaktivkraft. Eine Sonderstellung nimmt die Kraftausdauer ein, da sie keine reine Kraftfähigkeit darstellt, sondern im Überschneidungsbereich zwischen den Kraft- und den Ausdauerfähigkeiten liegt.

relative Kraft = maximale Kraft / Gewicht

Maximalkraft

Der Mensch kann willentlich nur einen Teil seiner ihm insgesamt zur Verfügung stehenden Kraft mobilisieren. Der Rest – die so genannte autonome Reserve – ist nur in Extremsituationen, durch Doping oder durch Elektrostimulation zu mobilisieren. Das gesamte Kraftpotential, das im Muskel oder in einer Synergistengruppe angelegt ist, bezeichnet man als **Absolutkraft**. Die **Maximalkraft** ist der Anteil der Absolutkraft, der willkürlich aktiviert werden kann. Sie ist von der Muskelmasse sowie von der willkürlichen Aktivierungsfähigkeit abhängig.

Auf die Ausprägung der Maximalkraft wird aus dem in einem Krafttest gemessenen Kraftmaximum geschlossen. Das **Kraftmaximum** ist der maximale physikalische Kraftwert, der in einem Test ermittelt werden kann. Dort wird mit speziellen Meßsystemen die Kraft in der physikalischen Maßeinheit „Newton" erfasst. Misst man die Kraft innerhalb eines Zeitintervalls, entsteht eine Kraft-Zeit-Kurve (siehe Abb. 29). Sie gibt den Verlauf der Kraftentfaltung in einem solchen Test wieder.

Findet der Test unter statischen Bedingungen (isometrische Kontraktion) statt, entspricht das Kraftmaximum der Maximalkraft. Findet der Test unter dynamischen Bedingungen (konzentrische Kontraktion) statt, ist das Kraftmaximum, wie oben erläutert, aufgrund des Verhältnisses von Last und Verkürzungsgeschwindigkeit geringer. Aus diesem Grund werden zur Bestimmung der Maximalkraft meistens Tests mit isometrischen Kontraktionsformen verwendet.

Maximalkraft
Maximalkraft ist der Anteil des gesamten Kraftpotenzials, das im Muskel oder in einer Synergistengruppe angelegt ist, der willkürlich aktiviert werden kann.
Einflussgrößen sind die Muskelmasse und die willkürliche Aktivierungsfähigkeit.

Absolutkraft = Maximalkraft + autonome Reserve

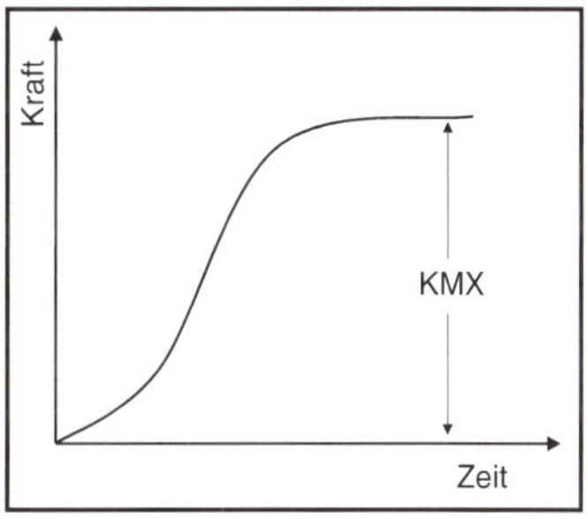

Abb. 29: Kraft-Zeit-Kurve mit Kraftmaximum (KMX) bei einer isometrischen Kontraktion.

Maximalkraft und Kraftmaximum haben also eine unterschiedliche Bedeutung. Die Maximalkraft ist eine Fähigkeit, die für sich genommen nicht zu beobachten ist. Das Kraftmaximum ist ein „sichtbarer" Wert, der der Maximalkraft entspricht, wenn er unter isometrischen Bedingungen gemessen wurde.

Eine wenig aufwändige Methode zur Abschätzung der Maximalkraft ist die Ermittlung des so genannten **„Einer-Maximums"**. Dabei wird das Gewicht ermittelt, das in einer bestimmten Übung gerade noch einmal bewältigt werden kann. Hierzu werden mehrere einzelne Wiederholungen durchgeführt, in denen von einem Ausgangsgewicht, das ca. 80% des geschätzten Maximalgewichtes entspricht, die Last bis zum Maximum schrittweise erhöht wird. Wie oben ausgeführt, liegt das auf diese Weise (→ dynamisch) ermittelte Kraftmaximum unter dem isometrischen Kraftmaximum. Korrekterweise müsste daher der Begriff „dynamisches Kraftmaximum" und nicht Maximalkraft verwendet werden.

Um Ermüdungserscheinungen zu vermeiden, sollten dabei nicht mehr als sechs Versuche mit Pausen von mindestens drei Minuten absolviert werden. Dies kann z.B. für die Beinstreckmuskulatur am sichersten in der Beinpresse durchgeführt werden, da hier das hohe Gewicht im Gegensatz zur freien Hantel geführt wird. Bei der Arbeit mit der Langhantel ist auf jeden Fall eine Person für die Sicherheitsstellung erforderlich.

Schnellkraft
Schnellkraft ist die Fähigkeit, durch Aktivierung des neuromuskulären Systems, einen möglichst großen Impuls (Kraftstoß) innerhalb einer verfügbaren Zeit zu entfalten. (nach Güllich/Schmidtbleicher 1999). Einflussgrößen sind die Maximalkraft (Muskelmasse und willkürliche Aktivierungsfähigkeit) und die Fähigkeit zur schnellen Kontraktion (Synchronisation).

Schnellkraft

Schnellkraft ist über den physikalischen Impuls (→ Kraftstoß) definiert. Der Impuls ergibt sich aus der Fläche unter der Kraft-Zeit-Kurve und ist in Abb. 32 für die durchgezogene Kurve bis zum Zeitpunkt t_1 durch die hellgraue Fläche gekennzeichnet. Die Größe der Fläche und damit die Höhe des Impulses ergeben sich aus der Steilheit des Kraftanstieges, aus dem Kraftmaximum und aus der Impulsdauer. Der Impuls bestimmt die Beschleunigung und die daraus resultierende Geschwindigkeit eines physikalischen Körpers, der sowohl der Sportler selbst als auch ein Sportgerät sein kann. Beim Kugelstoßen z.B. bestimmt der Impuls, der durch die Ausstoßbewegung auf die Kugel übertragen wird, wie stark die Kugel beschleunigt wird und wie weit sie bei gegebener Abflughöhe und -winkel fliegt. Angenommen die Kugel verlässt bei t_1 in der Abb. 30 die Hand des Sportlers, wirkt ein Impuls auf sie, der der hellgrauen Fläche unter der Kurve entspricht.

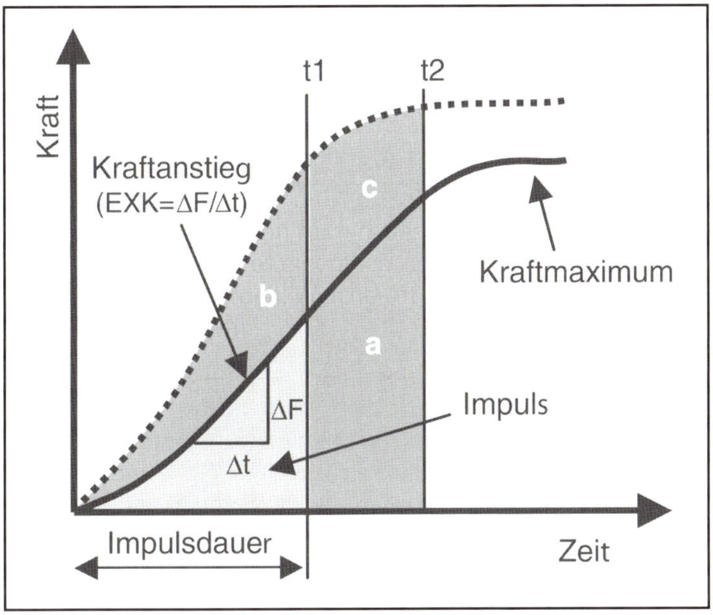

Abb. 30: Impuls als Fläche unter der Kraft-Zeit-Kurve (t_1 und t_2 sind Beispiele für unterschiedliche Stützzeiten; EXK = Explosivkraftwert)

Näheres zur Biomechanik des Kugelstoßens ist im einleitenden Kapitel „Was ist eine sportliche Bewegung?" im Kursbuch Sport 3: Bewegungslehre zu finden.

Der Sportler kann nun auf drei verschiedene Weisen seinen Impuls und damit die Flugweite der Kugel vergrößern:

- Verlässt die Kugel die Hand später (t_2 in Abb. 30), weil der Sportler z.B. durch eine andere Technik den Beschleunigungsweg der Kugel erweitert, verlängert sich die Impulsdauer. Zu der hellgrauen Fläche in der Abb. 30 addiert sich der Anteil a der dunkelgrauen Fläche hinzu.
- Entfaltet der Sportler seine Kraft schneller, erzeugt er eine Kraftkurve mit einem steileren Anstieg. Zu der hellgrauen Fläche in der Abb. 30 addiert sich der Anteil b der dunkelgrauen Fläche hinzu. Die Fähigkeit, einen möglichst steilen Kraftanstieg zu erzeugen, wird als **Explosivkraft** bezeichnet. Sie ergibt sich aus der Kraftzunahme pro Zeit in der Kraft-Zeit-Kurve ($\Delta F / \Delta t$ in Abb. 30). Physiologisch handelt es sich dabei um die **Fähigkeit zur schnellen Kontraktion**, deren Voraussetzung die Synchronisation der motorischen Einheiten ist.

Aufgabe 51

Erläutern Sie die muskulären Kontraktionsmechanismen und den Begriff der „motorischen Einheit". Verwenden Sie hierzu das Kursbuch Sport 1: Sportbiologie.

Aufgabe 52

Bestimmen Sie die Maximalkraftwerte der Teilnehmer Ihres Kurses.

- Mit einer größeren Maximalkraft kann ein größeres Kraftmaximum erzeugt werden, was bei gleicher Impulsdauer ebenfalls zu einer Vergrößerung der Fläche unter der Kurve und damit des Impulses führt (Fläche c in Abb. 30).

Ist die Zeit kurz (t_1), ist der Kraftanstieg bzw. die Explosivkraft entscheidend für den Impuls, andernfalls (t_2) das Kraftmaximum bzw. die Maximalkraft.

Zur Abschätzung des spezifischen Schnellkraftniveaus sind Sprungtests geeignet, wie z.B. der Jump-and-Reach-Test (vgl. Bös/Tittlbach 2001).

Von der Sprunghöhe kann im intra- und interindividuellen Vergleich auf die Ausprägung der Schnellkraft geschlossen werden. D.h., wenn man die Sprunghöhe einer Person mit der Sprunghöhe einer anderen Person vergleicht, kann man davon ausgehen, dass die Person mit der größeren Sprunghöhe auch die bessere Schnellkraft hat (interindividueller Vergleich). Hierbei sind jedoch Unterschiede im Körpergewicht zu berücksichtigen, d.h. die Sprunghöhe muss auf das Körpergewicht relativiert werden. Ebenso hat sich die Schnellkraft einer Person durch ein Maximal- oder Schnellkrafttraining verbessert, wenn die Sprunghöhe nach dem Training größer ist (intraindividueller Vergleich). Um auszuschließen, dass Differenzen in der Sprunghöhe durch eine unterschiedliche koordinative Bewältigung der Jump-and-Reach-Bewegung zustande kommen – dies kann dann der Fall sein, wenn eine Person die Übung schon sehr oft durchgeführt hat, während die Bewegung für eine andere Person neu ist oder wenn zum zweiten Testzeitpunkt nach dem Training die Bewegung geübter ist – sollte vor der Messung eine ausreichende Gewöhnung an die Testbewegung stattfinden.

Durch den intraindividuellen Vergleich ergibt sich die Möglichkeit, den Erfolg einer Trainingsmaßnahme zu überprüfen (Trainingskontrolle). Voraussetzung ist, dass das gemessen wird, was trainiert wurde. D.h., die Trainingswirkung (z.B. Steigerung der Maximalkraft der Beinstreckmuskulatur durch Hypertrophietraining) und das Testkriterium (z.B. Einer-Maximum in der Beinpresse) müssen übereinstimmen.

Reaktivkraft

In der Praxis findet sich sehr häufig die Kombination einer exzentrischen mit einer nachfolgenden konzentrischen Arbeitsweise. Diese Kombination wird als Dehnungs-Verkürzungs-Zyklus (DVZ) bezeichnet, da die Muskulatur in der exzentrischen Phase auseinander gezogen bzw. gedehnt wird und sich in der unmittelbar darauf folgenden konzentrischen Phase wieder zusammenzieht bzw. verkürzt. Ein Beispiel für einen DVZ ist ein einfacher Strecksprung aus dem Stand mit Ausholbewegung (Kniebeuge) oder ein Niedersprung von einer erhöhten Absprungfläche (z.B. von einem kleinen Kasten auf einen anderen kleinen Kasten).

Beim DVZ ist zu unterscheiden zwischen eigeninitiierten, langsamen Dehnungen der Muskulatur und fremdinitiierten, schnellen Dehnungen, die durch äußere Krafteinwirkungen zustande kommen. Ein Beispiel für eine eigeninitiierte, langsame Dehnung ist der erwähnte Strecksprung aus dem Stand mit Ausholbewegung. Ein Beispiel für eine fremdinitiierte, schnelle Dehnung ist der leichtathletische Sprint, bei dem u.a. die Wadenmuskulatur beim Aufsetzen des Fußes durch das Körpergewicht sehr schnell gedehnt wird und sich im Anschluss wieder verkürzt.

Bei Sprüngen, denen eine schnelle Dehnung in der exzentrischen Phase vorausgeht, konnten in verschiedenen Untersuchungen deutlich höhere Sprungleistungen gegenüber rein konzentrischen Sprüngen festgestellt werden (Gollhofer 1987). Folglich nahm man an, dass es neben der Maximalkraft und der Schnellkraft eine weitere Kraftfähigkeit geben müsste, die im DVZ wirksam wird – die **Reaktivkraft**.

Wesentlichstes Merkmal des reaktiven Bewegungsverhaltens ist der leistungspotenzierende Effekt des DVZ im Vergleich zu rein konzentrischen Bewegungsformen. Als Ursache der Leistungspotenzierung gilt das elastische Verhalten des Muskels während und kurz nach der exzentrischen Kontraktion (Neubert 1999). Sowohl das Bindegewebe (Sehnen, Muskelfaszien) als auch die kontraktilen Strukturen weisen elastische Eigenschaften auf. Wirkt eine äußere Kraft auf sie, so verformen sie sich wie ein Gummiband reversibel und geben die in der Verformung gespeicherte Energie wieder ab. Diese Eigenschaft wird als **Muskelstiffness** bezeichnet. Man versteht darunter die Kraft, die der Muskel einer von außen verursachten Längenänderung entgegensetzt (Neubert 1999). Voraussetzung

Reaktivkraft
Reaktivkraft ist die Fähigkeit, in einem schnell ablaufenden Dehnungs-Verkürzungs-Zyklus (DVZ) einen möglichst hohen Kraftstoß erzeugen zu können.
Einflussgrößen sind die Maximalkraft und die reaktive Spannungsfähigkeit (Muskelstiffness, Sehnenelastizität, Vorinnervation)

Aufgabe 53

Diskutieren Sie den DVZ vor dem Hintergrund des biomechanischen Prinzips der Anfangskraft. Verwenden Sie hierzu die relevanten Informationen aus dem Kursbuch Sport 3: Bewegungslehre.

stiffness (engl.) = Steifigkeit, Elastizität

Darüber hinaus wird vermutet, dass durch die schnelle Dehnung bei innervierter Muskulatur so genannte **Dehnungsreflexe** (→ reflexartige Kontraktion eines Muskels als Folge einer schnellen Dehnung in seiner Längsrichtung) zu einer weiteren Steigerung der Kraft führen (Schmidtbleicher/Gollhofer 1982).

ist jedoch, dass der Muskel kontrahiert ist und möglichst viele Querbrücken geschlossen sind, damit diese sich wie ein Gummiband spannen können. Trifft die äußere Kraft auf einen erschlafften Muskel, kann dieser der Kraft nicht entgegenwirken – Aktin und Myosin werden durch die äußere Kraft auseinander gezogen, der Muskel wird länger. Dieser Sachverhalt gilt auch für die Sehnen, deren elastische Eigenschaften nur bei kontrahiertem Muskel zur Geltung kommen können. Die Querbrücken bleiben nur wenige Sekundenbruchteile geschlossen (30-120 ms), so dass nur bei schnellen DVZ's die Reaktivkraft zum Wirken kommt.

Die Reaktivkraft weist auch einen neuronalen Aspekt auf. Damit in der exzentrischen Phase möglichst viele Querbrücken geschlossen sind, ist eine ausreichende Vorinnervation notwendig (Neubert 1999). D.h. bereits vor dem Auftreffen des Fußes auf die Bahn beim Sprint oder Sprung sollte die Muskulatur kontrahiert sein.

Kraftausdauer

Im sportlichen Alltag gibt es sehr viele Bewegungsleistungen, bei denen geringe bis mittlere Krafteinsätze mehrfach zu reproduzieren sind. Dabei spielt wie bei Ausdauerbelastungen die Energiebereitstellung eine Rolle.

Kraftausdauer 1
„Mit Kraftausdauer wird die Fähigkeit, eine möglichst große Impulssumme in einem definierten Zeitraum (längstens 2 Minuten bei maximaler Auslastung) gegen höhere Lasten (mehr als 30 % der Maximalkraft) zu produzieren und dabei die Reduktion der produzierten Impulse im Verlauf der Belastung möglichst gering zu halten" (Schmidtbleicher 1989, 13).

Kraftausdauer 2
„(Dynamische) Kraftausdauer ist die Fähigkeit, bei einer zeitlich festgelegten Folge von Kraftstößen (mit jeweils maximal möglichem Muskeleinsatz) innerhalb eines definierten Zeitraumes die Verringerung der Kraftstoßhöhen möglichst gering zu halten" (Lehnertz/Martin/Nicolaus 1992, 355).

Das führt zum Begriff der **Kraftausdauer**. Die Kraftausdauer basiert sowohl auf den Anpassungsformen der Kraft- als auch auf jenen der Ausdauerfähigkeiten. Sie ist daher keine reine Kraftfähigkeit wie die Maximalkraft oder die Schnellkraft. Es gibt ein äußerst breites Spektrum an Bewegungsleistungen, die der Kraftausdauer zugerechnet werden können. Je nach Intensität und Dauer der Belastung unterscheidet sich der Einfluss der Kraftfähigkeiten gegenüber dem Einfluss der Ausdauerfähigkeiten.

Der Einfluss der Maximalkraft auf Kraftausdauerleistungen hängt mit der Höhe der zu bewältigenden Last zusammen. Je größer die zu bewältigende Last ist, desto größer ist auch der Einfluss der Maximalkraft. Verringert sich die Last, sinkt auch der Einfluss der Maximalkraft. In diesem Fall gewinnt die Energiebereitstellung und damit die Ausdauer an Bedeutung.

Siehe hierzu das Kapitel „Wie wird Ausdauer trainiert?“

Einflussgrößen der Kraftausdauer sind die **Maximalkraft** und die Energiebereitstellung in der Muskulatur.

Anwendungsfelder von Krafttraining

Die Formen und Anwendungsbereiche von Krafttraining sind heutzutage sehr vielseitig. Kraftübungen werden im Breiten- und Leistungssport, in der Prävention und Rehabilitation oder auch zur Ausbildung von Körper und Figur eingesetzt.

Nicht nur in Kraftsportarten wie Gewichtheben hat von den konditionellen Fähigkeiten die Kraft die größte Bedeutung, auch in vielen anderen Sportarten kann durch ein spezifisches Krafttraining eine Leistungssteigerung erzielt werden.

In der Prävention ist das Trainingsziel eine ausreichend entwickelte Muskulatur, um Haltungsschwächen und -fehlern vorzubeugen, die in unserer Gesellschaft häufig durch Bewegungsmangel und einseitige Tätigkeiten (z.B. Sitzen) entstehen. Ebenso ist nach Verletzungen ein muskuläres Aufbautraining notwendig, um die durch Immobilisation bedingte Muskelatrophie wieder zu beheben.

Der „Boom“ in den Fitnessstudios zeigt, dass immer mehr Menschen Wert auf einen dem Schönheitsideal entsprechenden Körper legen. Daher wird Krafttraining nicht nur professionell beim Bodybuilding eingesetzt, sondern auch im Fitnessbereich in Form von „Bodyshaping“, „Bodyforming“ oder „Bodystyling“ angeboten. Darüber hinaus wird einem Kraft-

Siehe die Ausführungen zum „offenen Trainingsbegriff“ im einleitenden Kapitel „Was ist Training – wie wird Training gestaltet?“.

training für die Gesunderhaltung von manchen Autoren eine ebenso große Bedeutung wie dem Ausdauertraining zugeschrieben (z.B. ZIMMERMANN 2000).

Methoden des Krafttrainings

Es gibt eine Vielzahl von Trainingsmethoden, die beanspruchen, die verschiedenen Kraftfähigkeiten zu trainieren. Dabei hat eine methodische Variation, z.B. durch die Modifikation der Intensität oder der Umfänge nicht zwangsläufig eine veränderte Wirkung zur Folge. Die Wirkung von Krafttraining beruht auf positiven Anpassungen im Bereich der oben genannten physiologischen und morphologischen Bedingungen der Kraftfähigkeiten. Daher ist es sinnvoll, die unterschiedlichen Krafttrainingsmethoden anhand ihrer Wirkungsweise zu gliedern. Auf diese Weise ergeben sich zwei Adaptationsbereiche, denen die Krafttrainingsmethoden zuzuordnen sind:

1. Methoden zur Vergrößerung des Muskelquerschnitts (= Hypertrophie). Das Ziel des Trainings besteht in der muskulären Adaptation.
2. Methoden zur Verbesserung der Aktivierungsfähigkeit der Muskulatur. Das Ziel des Trainings besteht in der neuronalen Adaptation.

Streng genommen führt also jedes Krafttraining entweder zu einem Muskeldickenwachstum oder zu einer Verbesserung der Aktivierungsfähigkeit. Werden durch das Training nicht diese, sondern andere Anpassungen bewirkt, handelt es sich nicht um ein Krafttraining. Die einzelnen Krafttrainingsmethoden sind allerdings nicht immer eindeutig einem der Adaptationsbereiche zuzuordnen, sondern können Anpassungen in beiden Bereichen bewirken.

Methoden zur Vergrößerung des Muskelquerschnitts (Hypertrophietraining)

Eine Zunahme des Muskelquerschnitts kann durch eine Vermehrung der Aktin- und Myosinfilamente und der Myofibrillen erklärt werden, die zu einer Verdickung der einzelnen Muskelfasern führt (Hypertrophie). Eine Zunahme der Anzahl der Muskelfasern (Hyperplasie) ist beim gesunden Menschen durch Training nicht zu erreichen (MacDougall 1993).

Grundsätzliche Methode zur Vergrößerung des Muskelquerschnitts ist die Methode der wiederholten submaximalen Kontraktionen bis zur Erschöpfung (Bührle 1985).

Die Ursachen der Hypertrophie sind immer noch umstritten und bis heute nicht eindeutig geklärt. Folgende Theorien sind hier zu nennen:

- Reiz-Spannungs-Theorie: Der das Muskelwachstum auslösende Reiz ist eine deutlich über der mittleren Beanspruchung liegende Kontraktionsspannung im Muskel (Hettinger 1972).
- Spaltung der Myofibrillen: Durch eine erhöhte Muskelspannung „zerreißen" die Myofibrillen in Längsrichtung. Es entstehen zusätzliche Myofibrillen, was zu einer Zunahme des Querschnitts der Muskelfaser führt (Goldspink 1993).
- Satellitenzellen-Theorie: Als „Sattelitenzellen" bezeichnet man funktionslose Reservezellen, die sich in unmittelbarer Nähe der Muskelfasern befinden. Bei mikroskopisch kleinen Verletzungen, wie sie durch Krafttraining hervorgerufen werden, verbinden sie sich mit den verletzten Muskelzellen. Dabei wächst die Muskelzelle in die Breite (MacDougall 1993).
- Energetische ATP-Mangel-Theorie: Ein durch eine hochintensive Belastung ausgelöster ATP-Mangel im Muskel hat eine Aktivierung des genetischen Zellapparates zur Folge, der wiederum die Hypertrophie der Zelle anregt. Eine vergleichbare Wirkung scheint die Ausschöpfung der Kreatinphosphatspeicher zu haben (Hollmann/Hettinger 2000).

Die Grundmethode der „wiederholten submaximalen Kontraktion bis zur Erschöpfung" hat sich in verschiedenen Variationen bewährt. Dabei kann die Anzahl der Wiederholungen durchaus variieren. Ausschlaggebend für die Trainingswirkung ist bei dieser Methode vor allem die völlige Erschöpfung des Muskels. Lastgröße und Wiederholungszahl stehen bei Kraft- und Ausdauerbeanspruchungen in einem reziproken Abhängigkeitsverhältnis zueinander – je größer die Intensität ist, desto geringer fällt die Anzahl der möglichen Wiederholungen aus (siehe Abb. 31).

Wie verschiedene Untersuchungen zeigen, ist das Verhältnis jedoch übungs- und personenabhängig (z.B. BUSKIES/BOECKH-BEHRENS 1999). Die in Abb. 31 angeführten Werte sind daher als allgemeine Angabe anzusehen, die je nach Übung individuell unterschiedlich ausfallen. Dies sollte bei der Wahl der Trainingsintensitäten und der Wiederholungszahlen berücksichtigt werden.

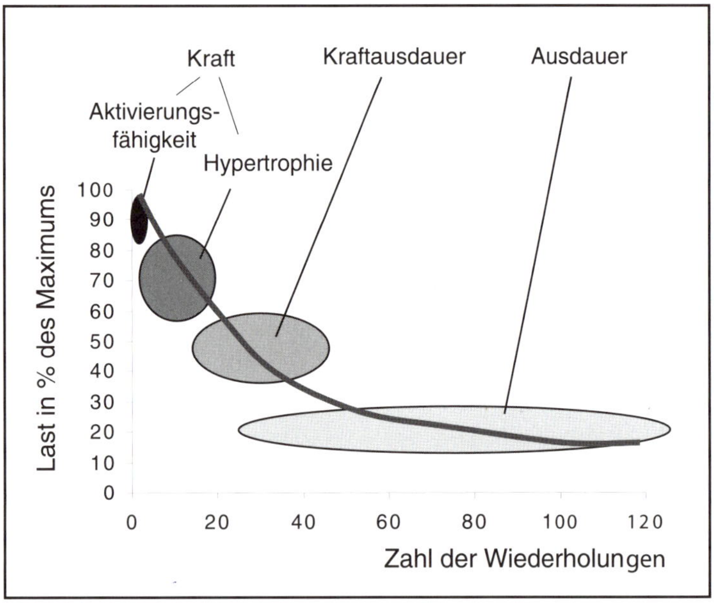

Abb. 31: Abhängigkeit zwischen Lastgröße und Wiederholungszahl und Zuordnung der Trainingseffekte (modifiziert nach WEINECK 2000).

Bei einer Belastung, die 95 % des Kraftmaximums entspricht, tritt die Erschöpfung bereits nach 3-6 Wiederholungen ein, während mit einer Belastung von 60 % bis zu 20 Wiederholungen absolviert werden können.

Beim Training nach der „Methode der wiederholten submaximalen Kontraktionen bis zur Erschöpfung" werden Lasten, die 70 % bis 90 % der Maximalkraft entsprechen, langsam bis zügig bewegt (siehe Tab. 7). Ab einer Last, die 80 % der Maximalkraft entspricht, werden alle Muskelfasertypen rekrutiert und damit in das Muskelquerschnittstraining einbezogen (SALE 1993). Die Anzahl der Wiederholungen und Serien ist von der Intensität abhängig und rangiert zwischen 6 und 20 Wiederholungen bei 3 bis 6 Serien. Es haben sich verschiedene methodische Varianten herausgebildet, die alle dasselbe Ziel haben, den Muskel zum Dickenwachstum anzuregen.

Durch die Methode der wiederholten submaximalen Kontraktionen bis zur Erschöpfung werden die Maximalkraft und damit auch alle anderen auf der Maximalkraft basierenden Kraftfähigkeiten (Schnellkraft, Kraftausdauer, Reaktivkraft) verbessert.

Aufgabe 54

Welche Muskelfasertypen gibt es? Verwenden Sie hierzu die relevanten Informationen aus dem Kursbuch Sport 1: Sportbiologie.

Methoden zur Verbesserung der Aktivierungsfähigkeit (Adaptationstraining)

ca. 3–4 Tage Regeneration

Durch die Verbesserung der willkürlichen neuromuskulären Aktivierungsfähigkeit (Rekrutierung, Frequenzierung, Synchronisation) kann eine Steigerung der Maximalkraft ohne Muskelzuwachs erreicht werden. Gleichzeitig erhöht sich die Geschwindigkeit der Kraftentwicklung, was sich in einem steileren Kraftanstieg bzw. in einem größeren Explosivkraftwert zeigt und zu einer Steigerung der Schnellkraft führt (Schmidtbleicher 1993).

Die Anzahl der Wiederholungen liegt mit 1 bis 4 deutlich unter denen des Hypertrophietrainings. Bei dieser hauptsächlich im Bereich des Hochleistungssports angewandten Methode werden Lasten bewältigt, die 90 % bis 100 % der Maximalkraft entsprechen (siehe Tab. 7).

Die Kontraktionsgeschwindigkeit ist dabei maximal, d.h. es soll ein möglichst steiler Kraftanstieg erzeugt werden. Trotz hoher Kontraktionsgeschwindigkeit ist die Bewegungsgeschwindigkeit aufgrund der großen Last niedrig. Die Anzahl der Serien liegt zwischen 3 und 6. Ein Training mit dieser Methode sollte nur in ausgeruhtem Zustand, mit entsprechender Krafttrainingserfahrung, nach einem vorangegangenem Muskelaufbautraining und in aufgewärmtem Zustand durchgeführt werden.

Grundsätzliche Methode zur Verbesserung der Aktivierungsfähigkeit ist die Methode der kurzzeitigen explosiven Kontraktionen im maximalen Belastungsbereich (Bührle 1985).

Mischmethoden

Die Mischmethoden bezwecken gleichzeitig eine Vergrößerung des Muskelquerschnitts und eine Verbesserung der Aktivierungsfähigkeit in einer Trainingseinheit. Hierzu werden die Last und die dazugehörigen Wiederholungszahlen der oben dargestellten Methoden pyramidenförmig variiert (siehe Abb. 34).

Beim sogenannten Pyramidentraining ist die mögliche Ermüdung durch die anfänglichen hohen Wiederholungszahlen problematisch, vor allem dann, wenn mit den submaximalen Intensitäten begonnen wird. Da sich bei einer deutlichen zeitlichen Trennung beider Methoden in einzelne Trainingsblöcke ein größerer Effekt ergibt, ist diese Methode nur zu empfehlen, wenn aus organisatorischen Gründen keine Trennung möglich ist oder als Übergang vom Hypertrophietraining zum Aktivierungstraining.

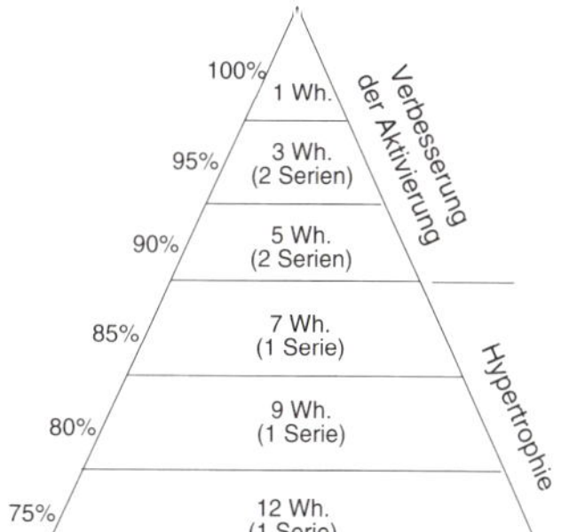

Abb. 32: Schematisches Beispiel einer „Pyramide" für die Mischmethode.

Tab. 7: Belastungskennwerte der verschiedenen Krafttrainingsmethoden (nach Schlumberger/Schmidtbleicher 1999).

	Aktivierungs-fähigkeit *	Hypertrophie	Kraftausdauer	Reaktivkraft	Mischmethode	„sanftes Krafttraining"	Einsatz-Methode
Kraftfähigkeit	Maximalkraft Schnellkraft	Maximalkraft (Schnellkraft)[1]	Kraftausdauer (Maximalkraft)[2]	Reaktivkraft	Maximalkraft Schnellkraft	(Maximalkraft)[2] (Kraftausdauer)[2]	(Maximalkraft)[2]
Geeignet für: **Anfänger Fitness**		X	X			x	x
Geeignet für: **Fortgeschrittene Leistungssport**	x	X	x	x	x		
Reizintensität (Last in % des Maximums)	90 bis 100	60 bis 90	40 bis 60	100 % der max. Sprungleistung im Drop-Jump	75 bis 100	40 bis 70	60 bis 95
Wiederholungen pro Serie	1 bis 4	6 bis 20	20 bis 40	5 bis 12	1 bis 12	12 bis 18	8 bis 12
Serien pro Trainings-einheit	3 bis 6	3 bis 6	3 bis 8	3 bis 6	9 bis 12	3 bis 4	1
Serienpause	> 3 min	2 bis 3 min	0,5 bis 3 min	> 5 min	2 bis 6 min	2 bis 3 min	entfällt
Kontraktions-geschwindigkeit	explosiv	langsam bis zügig	langsam bis zügig	explosiv	langsam bis zügig/explosiv	langsam bis zügig	langsam bis zügig

[1] indirekte Verbesserung der Schnellkraft über Verbesserung der Maximalkraft

[2] keine volle Ausschöpfung des Adaptationspotentials

Reaktivkraftmethoden

Typische Trainingsübungen zur Verbesserung der Reaktivkraft sind so genannte „Drop-Jumps" oder auch Tiefsprünge. Hierbei wird von einer erhöhten Ausgangsposition (10-50 cm) auf die Absprungfläche herunter- und von dort explosiv-prellend wieder abgesprungen. Die prellende Bewegung ist ähnlich dem Seilchenhüpfen, bei dem mit muskulär fixiertem Sprunggelenk nur aus der Wadenmuskulatur gearbeitet wird. Dabei muss bei möglichst geringer Bodenkontaktzeit möglichst hoch gesprungen werden. Es ist darauf zu achten, dass der prellende Absprung vom Fußballen ohne Fersenkontakt mit dem Boden erfolgt. In einem Reaktivkrafttraining können 10 bis 12 Wiederholungen und 3 bis 5 Serien absolviert werden.

Kraftausdauermethoden

Beim Kraftausdauertraining liegt die Beanspruchung im Überschneidungsbereich zwischen Kraft- und Ausdauerfähigkeiten. Es werden 20 bis 40 Wiederholungen bei Intensitäten zwischen 40 und 60 % durchgeführt (siehe Abb. 31 und Tab. 7). Ein Kraftausdauertraining bewirkt daher Adaptationen sowohl der Kraft- als auch der Ausdauerfähigkeiten. Bei den Ausdauerfähigkeiten betrifft dies vor allem die kurzfristige Energiebereitstellung und damit die anaerobe Ausdauer. Bei den Kraftfähigkeiten sind Anpassungen der muskulären Strukturen (Hypertrophie) zu erwarten.

Aufgrund der reduzierten Belastungsintensität und der damit verbundenen herabgesetzten Gefahr der Überlastung empfiehlt sich ein Kraftausdauertraining besonders für Ungeübte, für Jugendliche und zur Rehabilitation nach Verletzungen.

Eine einfache Möglichkeit, ein Kraftausdauertraining durchzuführen, ist das Zirkel- oder Stationstraining. Der Aufbau besteht aus 8 bis 12 unterschiedlichen Stationen, an denen bestimmte Übungen mit vorgegebener Belastungsdauer (30-60 Sekunden) durchgeführt werden. Die Stationen werden 2 bis 3 mal mit nur kurzer Pause (z.B. 30 Sekunden) in festgelegter Reihenfolge durchlaufen, wobei auf einen Wechsel der beanspruchten Muskelgruppen zu achten ist, um eine vorzeitige oder einseitige Ermüdung zu vermeiden. Der Vorteil eines Zirkel-

Aufgabe 55

Planen Sie ein Circuit-Training an 8 Stationen und legen Sie die Belastungsnormativa fest. Wie müssen diese Größen verändert werden, wenn die angestrebten Trainingswirkungen in Richtung Kraft bzw. in Richtung Ausdauer ausfallen sollen?

trainings besteht darin, dass mit einfachen Hilfsmitteln (Geräte aus der Sporthalle) bei entsprechender Übungsauswahl der gesamte Körper umfassend belastet werden kann.

Weitere Krafttrainingsmethoden

Mit dem **„sanften Krafttraining"** und dem **Einsatz-Training** werden zwei weitere Krafttrainingsmethoden beschrieben (z.B. Buskies 2001), deren Anwendungsbereich im Wesentlichen der Fitnesssport ist.

Die Befürworter dieser Trainingsmethoden kritisieren, dass die Intensitäten und Umfänge der herkömmlichen Krafttrainingsmethoden für den Gesundheits- und Breitensport zu hoch seien (z.B. Schlumberger/Schmidtbleicher 1999). Beim **„sanften Krafttraining"** wird die Intensität über das subjektive Belastungsempfinden gesteuert – die Serien werden beendet, wenn der Trainierende die Belastung als „mittel" empfindet. Dies entspricht je nach Person 40-70 % der Maximalkraft. Es werden 12-18 Wiederholungen durchgeführt. Bezüglich der Intensität entspricht das „sanfte Krafttraining" dem Kraftausdauertraining, in Bezug auf die Wiederholungszahl dem Hypertrophietraining. Daher sind auch die gleichen Anpassungen wie beim Kraftausdauer- und Hypertrophietraining zu erwarten – allerdings in geringerem Ausmaß. Da diese Methode keine zusätzliche Wirkungsweise hat, kann sie prinzipiell diesen beiden Methoden untergeordnet werden. Aufgrund der reduzierten Belastung und der einfachen Steuerungsmöglichkeit ist diese methodische Variation besonders für den Gesundheits- und Breitensport geeignet.

Das **Einsatz-Training** entspricht bezüglich der Intensität einem klassischen Hypertrophietraining (8-12 Wiederholungen bis zur Erschöpfung). Pro Muskelgruppe wird jedoch lediglich ein Satz (Serie) statt 3-6 Serien durchgeführt. Dies wird damit begründet, dass die dabei erreichten hohen Muskelspannungen als Trainingsreiz für ein Muskeldickenwachstum ausreichend seien. Da jedoch neben der Muskelspannung auch der Ausschöpfung der kurzfristigen Energiespeicher ein Trainingsreiz zugeschrieben wird, ist mit einem Einsatz-Training nicht das gesamte Adaptationspotential auszuschöpfen, was durch verschiedene Untersuchungen zu belegen ist (Schlumberger/Schmidtbleicher 1999). Daher ist das Einsatz-Training im leistungssportlichen Bereich einem Mehrsatz-Training unterlegen und eher als methodische Alternative für den Fitness-Bereich geeignet. Anstatt zur Kraft-Maximierung bietet sich das Einsatz-Training eher zur Aufrechterhaltung von zuvor erzielten Trainingseffekten an.

Planung eines Krafttrainings

Für die Trainingsplanung ist es wichtig, den **zeitlichen Verlauf der Anpassungen** des Körpers an einen Trainingsreiz zu kennen. Bis zum siebten Tag nach einem einmaligen Krafttrainingsreiz erfolgt ein Kraftzuwachs, danach sinkt die Kraft wieder bis auf das Ausgangsniveau, das ungefähr nach 14 Tagen erreicht wird (siehe Abb. 33). Innerhalb von 7 Tagen sollte der nächste Trainingsreiz erfolgen, ansonsten ist kein kontinuierlicher Kraftzuwachs zu erwarten. Ein erster deutlicher Trainingseffekt kann beim Hypertrophietraining nach ca. 4-5 Wochen, d.h. nach ca. 15-18 Trainingseinheiten (TE) und beim Aktivierungstraining nach ca. 3-4 Wochen (9-12 TE) verzeichnet werden (nach Ehlenz u.a. 1998).

Bei Untrainierten ist der Kraftzuwachs am Beginn eines Hypertrophietrainings auf eine begrenzte Verbesserung der Aktivierungsfähigkeit und auf eine verbesserte Koordination zurückzuführen.

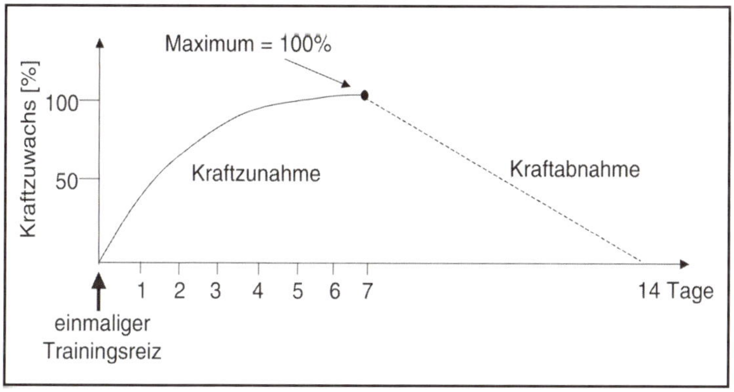

Abb. 33: Kraftzunahme und -abnahme nach einem einmaligen Trainingsreiz.

Aufgabe 56

Ermitteln Sie das kraftbezogene Anforderungsprofil einer von Ihnen betriebenen Sportart und konzipieren Sie daraufhin ein Krafttrainingsprogramm nach den Angaben in Tabelle 7.

Der Abstand zwischen zwei Krafttrainingseinheiten sollte höchstens 7 Tage und je nach Trainingsmethode mindestens 48 Stunden betragen.
Ein wirksamer Krafttrainingsblock sollte mindestens 4 Wochen (beim Anfänger 6 Wochen) betragen.

Erst nach mehreren Trainingseinheiten erfolgt eine Zunahme des Muskelquerschnitts. Daher sollten Anfänger ein Hypertrophietraining mindestens 6 Wochen durchführen oder ein zweiwöchiges „sanftes Krafttraining" zur Gewöhnung vorschalten.

Für die Trainingsplanung ist weiterhin die **Regenerationsdauer** zu berücksichtigen, die von der Trainingsmethode abhängig ist. Um nach einem Hypertrophietraining wieder die volle Leistungsfähigkeit zu erreichen, ist eine Regenerationsphase von 48-72 Stunden notwendig, nach einem Training zur Verbesserung der Aktivierungsfähigkeit oder der Reaktivkraft sogar 72-84 Stunden, nach einem Kraftausdauertraining werden 48 Stunden für die volle Regeneration als ausreichend (vgl. Ehlenz u a. 1998) angesehen.

Tab. 8: Beispielhafte Periodisierungsprofile eines 12-wöchigen Krafttrainings der Beinstreckmuskulatur für verschiedene Sportarten und Leistungsniveaus.

	Sprint	**Volleyball**	**Fitness**
Leistungsniveau	**Leistungssportler 25 Jahre**	**Nachwuchssportler 16 Jahre**	**Ungeübter 45 Jahre**
Gerät	Langhantel, Beinpresse	Beinpresse	Beinpresse
↓ **„sanftes Krafttraining" / Kraftausdauertraining**	–	2 Wochen 2 TE/Woche 3 x 25 Wh. 55–60 %	6 Wochen 2 TE/Woche 3 x 12-18 Wh. 40–60 %
↓ **Hypertrophietraining**	6 Wochen 3-4 TE/Woche 5 x 8 Wh. 85 %	6 Wochen 3 TE/Woche 4 x 12 Wh. 75-80 %	6 Wochen 2 TE/Woche 3 x 15 Wh. 60-70 %
↓ **Aktivierungstraining**	6 Wochen 3 TE/Woche 6 x 3 Wh. 95 %	–	–
↓ **Reaktivkrafttraining**	4 Wochen (parallel mit Aktivierungstraining) 4 TE/Woche 6 x 10 Tiefsprünge von 30-40 cm	4 Wochen 3 TE/Woche 4 x 8 Tiefsprünge von 20-30 cm	–
↓ **Einsatztraining**	–	–	langfristig 2 TE/Woche 1 x 12 Wh. 75-80 %

Daraus abgeleitet ergeben sich folgende beispielhafte Periodisierungsprofile für verschiedene Sportarten und Leistungsniveaus für ein Krafttraining der Beinstreckmuskulatur (siehe Tab. 8).

Hinweise zur Vermeidung von Verletzungen beim Krafttraining

Ein Krafttraining insbesondere mit hohen Lasten kann bei unkorrekter Ausführung den Bewegungsapparat stark beanspruchen und zu akuten Verletzungen bzw. langfristig sogar zu Überlastungsschäden führen. So ist z.B. bei Übungen, die im Sitzen durchgeführt werden, unbedingt auf eine aufrechte Wirbelsäulenposition zu achten – sowohl eine Hohlkreuz-, als auch eine Rundrückenhaltung sollten unbedingt vermieden werden. Bei Kniebeugen mit der Langhantel oder in der Beinpresse sollten Hüft-, Knie-, und Sprunggelenke auf einer Linie liegen, so dass weder eine O-, noch eine X-Beinstellung eingenommen wird. Um Verletzungen durch Fehler in der Übungsausführung zu vermeiden, sollten die Übenden durch kompetente Trainer angeleitet werden – im Leistungssport ebenso wie in einem Fitnessstudio.

Regeln zur Durchführung eines Krafttrainings

- Wärmen Sie sich vor speziellen Kraftübungen mit einem allgemeinen Herz-Kreislauftraining auf.
- Beginnen Sie ein Krafttraining zunächst mit Technikschulung und erlernen Sie den Bewegungsablauf mit geringen Lasten.
- Tragen Sie festes Schuhwerk.
- Nehmen Sie stets eine rückengerechte Haltung ein und beachten Sie die funktionellen Bewegungsachsen.
- Achten Sie auf ein gleichmäßiges Ein- und Ausatmen und vermeiden Sie dadurch eine Pressatmung.
- Nehmen Sie zur Schonung des Handgelenks eine stabile Griffhaltung ein.
- Vermeiden Sie eine Überstreckung der Gelenke am Ende der Bewegungen.

Zur vertiefenden Weiterarbeit empfohlen:

BÜHRLE, M.: Maximalkraft – Schnellkraft – Reaktivkraft. In: Sportwissenschaft 19 (1989) 3, 311-325.

EHLENZ, H./GROSSER, M./ZIMMERMANN, E.: Krafttraining. Grundlagen, Methoden, Übungen, Leistungssteuerung, Trainingsprogramme. München/Wien/Zürich 1998.

WEINECK, J.: Optimales Training: leistungsphysiologische Trainingslehre unter besonderer Berücksichtigung des Kinder- und Jugendtrainings. Balingen 2000[11].

ZIMMERMANN, K.: Gesundheitsorientiertes Muskelkrafttraining. Theorie – Empirie – Praxisorientierung. Schorndorf 2000.

Literaturverzeichnis:

BÖS, K./TITTLBACH, S.: Wie werden sportliche Bewegungen gemessen? In: SCHEID, V./PROHL, R. (Hrsg.): Kursbuch Sport 3. Bewegungslehre. Wiebelsheim 2001[6], 123-154.

BÜHRLE, M.: Dimensionen des Kraftverhaltens und ihre spezifischen Trainingsmethoden. In: BÜHRLE, M. (Hrsg.): Grundlagen des Maximal- und Schnellkrafttrainings. Köln 1985, 82-109.

BUSKIES, W.: Zur Bedeutung des sanften Krafttrainings nach dem subjektiven Belastungsempfinden. In: Sportwissenschaft 31 (2001) 1, 45-60.

BUSKIES, W./BOECKH-BEHRENS, W.-U.: Probleme bei der Steuerung der Trainingsintensität im Krafttraining auf der Basis von Maximalkrafttests. In: Leistungssport 29 (1999) 3, 4-8.

GOLDSPINK, G.: Zelluläre und molekulare Aspekte der Trainingsadaptation des Skelettmuskels. In: KOMI, P. V. (Hrsg.): Kraft und Schnellkraft im Sport. Köln 1993, 213-231.

GOLLHOFER, A.: Komponenten der Schnellkraftleistungen im Dehnungs-Verkürzungs-Zyklus. Erlensee 1987.

GÜLLICH, A./SCHMIDTBLEICHER, D.: Struktur der Kraftfähigkeiten und ihrer Trainingsmethoden. In: Deutsche Zeitschrift für Sportmedizin 50 (1999) 7 und 8, 223-234.

HETTINGER, T.: Krafttraining. In: KNEBEL, K. P. (Hrsg.): Biomedizin und Training. Berlin 1972, 95-100.

HOLLMANN, W./HETTINGER, T.: Sportmedizin: Grundlagen für Arbeit, Training und Präventivmedizin. Stuttgart 2000.

LEHNERTZ, K./MARTIN, D./NICOLAUS, J.: Grundlegende Untersuchungen zur Kraftausdauer. In: CARL, K./MECHLING, H./QUADE, K./STEHLE, P. (Hrsg.): Krafttraining in der sportwissenschaftlichen Forschung. Köln 1992, 354-380.

LETZELTER, M.: Trainingsgrundlagen. Training, Technik, Taktik. Reinbek 1978.

MACDOUGALL, J. D.: Hypertrophie und/oder Hyperplasie. In: KOMI, P. V. (Hrsg.): Kraft und Schnellkraft im Sport. Köln 1993, 231-239.

MÜLLER, K.-J.: Statische und dynamische Muskelkraft. Eine empirische Grundlagenuntersuchung. Frankfurt/M. 1987.

NEUBERT, A.: Zur Diagnostik und Trainierbarkeit des reaktiven Bewegungsverhaltens. Köln 1999.

PROHL, R./GRÖBEN, B,: Was ist eine sportliche Bewegung?. In: SCHEID, V./ PROHL, R. (Hrsg.): Kursbuch Sport 3. Bewegungslehre. Wiebelsheim 2001[6]. 11–50

SALE, D. G.: Neurale Adaptation im Verlaufe eines Krafttrainings. In: KOMI, P. V. (Hrsg.): Kraft und Schnellkraft im Sport. Köln 1993, 249-263.

SCHLUMBERGER, A./SCHMIDTBLEICHER, D.: Einsatz-Training als trainingsmethodische Alternative – Möglichkeiten und Grenzen. In: Leistungssport 29 (1999) 3, 9-11.

SCHMIDTBLEICHER, D.: Zum Problem der Definition des Begriffs Kraftausdauer. In: CARL, K./STARISCHKA, S./STORK, H.-M. (Hrsg.): Kraftausdauertraining. Köln 1989, 10-31.

SCHMIDTBLEICHER, D.: Training in Schnellkraftsportarten. In: KOMI, P. V. (Hrsg.): Kraft und Schnellkraft im Sport. Köln 1993, 374-386.

SCHMIDTBLEICHER, D./GOLLHOFER, A.: Neuromuskuläre Untersuchungen zur Bestimmung individueller Belastungsgrößen für ein Tiefsprungtraining. In: Leistungssport 12 (1982) 4, 298-307.

Wie wird Schnelligkeit trainiert?

Der schnellste Mensch bewegt sich bei höchstem Einsatz mit maximal 44 km/h. Dies ist im Vergleich zu einigen Tieren eher langsam. So erreicht z.B. ein massiges Flusspferd an Land 48 km/h. Ein galoppierendes Pferd kann bis zu 69 km/h schnell werden, ein Windhund erreicht 110 km/h, das schnellste Tier auf festem Boden ist allerdings der Gepard. Er beschleunigt in kurzer Zeit bis auf 120 km/h und kann diese Geschwindigkeit ca. 400 m lang halten. Das schnellste Tier der Welt ist ein Vogel. Der Stachelschwanzsegler kann beim Insektenfang bis zu 335 km/h schnell fliegen und ist damit nur wenig langsamer als Formel 1-Rennfahrzeuge.

Schnelligkeitsleistungen sind aber nicht nur von den körperlichen Voraussetzungen von Mensch und Tier abhängig, sondern beim Menschen spielen insbesondere auch materialtechnische Fortschritte eine Rolle. So haben z.B. aerodynamische Verbesserungen zu erheblichen Steigerungen der mit einem Fahrrad zu erreichenden Geschwindigkeiten geführt. Schwimmer erzielen größere Geschwindigkeiten, weil sie einen Schwimmanzug tragen, der einer Haifischhaut ähnelt und Carvingskier ermöglichen wegen ihrer Form größere Kurvengeschwindigkeiten. Es handelt sich bei Schnelligkeitsleistungen des Menschen also meist um ein Konglomerat aus konditionellen Voraussetzungen, technischen Fertigkeiten und entsprechend optimiertem Material.

Definition und Strukturierung der Fähigkeit Schnelligkeit

Definitionsansätze bzw. Gegenstandsbestimmungen der Schnelligkeit stehen in einem Zusammenhang mit dem theoretischen Standort und dem jeweiligen Anwendungsinteresse. Grundsätzlich sind eher energetische von eher informationellen Ansätzen zu unterscheiden. In der Definition von MARTIN/CARL/LEHNERTZ (1993) werden beide Aspekte berücksichtigt.

„Sehr deutlich spiegelt sich dies im benutzten Begriffsspektrum wider (...). Es reicht von konditioneller Fähigkeit, konditionell-koordinativ determinierter Fähigkeit, maximal schneller Fortbewegung, koordinativer Leistung, komplexer Fähigkeit bis zum Synonym Sprint. (...) über fünfzig unterschiedliche Begriffe werden derzeit für ihre Beschreibung genutzt" (BAUERSFELD/VOSS 1992, 13).

Schnelligkeit ist die koordinativ-konditionelle Fähigkeit, auf einen Reiz oder ein Signal hin möglichst schnell reagieren zu können und/oder Bewegungen bei geringen äußeren Widerständen mit höchster Geschwindigkeit durchzuführen (vgl. MARTIN/CARL/LEHNERTZ 1993).

Betrachtet man die Fähigkeit differenzierter, so fällt auf, dass man unterschiedlichen **Komponenten** begegnet, die die Schnelligkeit bestimmen. Diese Komponenten werden von verschiedenen Autoren unterschiedlich benannt, hergeleitet und begründet. Beispielsweise strukturiert MARTIN (1979) Schnelligkeit aufgrund trainingsmethodischer Gesichtspunkte. Er fragt sich, welche einzelnen Komponenten der Schnelligkeit man differenziert trainingsmethodisch ansteuern kann, und kommt so zu seiner Einteilung: Trainingsmethodisch lassen sich die Reaktionsschulung, die Schulung der maximalen Bewegungsgeschwindigkeit und die Entwicklung der Beschleunigungskraft gezielt beeinflussen. Andere Modelle orientieren sich wiederum an Sportartengruppen. So unterscheiden sie zyklische und azyklische Bewegungen und demnach auch zyklische und azyklische Schnelligkeit.

Insgesamt ist festzustellen, dass die Mehrzahl der Ansätze die Reaktionsschnelligkeit, die Beschleunigungsfähigkeit und die Aktionsschnelligkeit beinhalten. Die **Reaktion** auf bestimmte Signale scheint demnach einen wichtigen Faktor bei Schnelligkeitsleistungen darzustellen. So muss z.B. ein Basketballer auf die Aktionen der Gegenspieler reagieren oder einen Rebound richtig einschätzen, um dann erfolgreich den Ball zu erobern. Und auch der Sprinter bemüht sich um eine möglichst schnelle Reaktion auf den Startschuss. Ebenso werden immer wieder Begriffe wie **Beschleunigung** oder Beschleunigungsfähigkeit genannt. In diesem Zusammenhang wird dann auch meist der Querverweis auf die motorische Fähigkeit Kraft und deren Komponenten hergestellt. Um eine hohe Geschwindigkeit zu erreichen, muss zuerst eine Beschleunigung eines Körperteils oder des gesamten Körpers erfolgen. Und letztlich stellen viele Autoren Begriffe wie **Aktionsschnelligkeit**, maximale Bewegungsgeschwindigkeit oder Frequenzschnelligkeit heraus. Damit soll angedeutet werden, dass es bei bestimmten

Bewegungen um die Erzielung einer maximalen Geschwindigkeit geht und hierbei Faktoren wie Aktionsschnelligkeit oder Frequenzschnelligkeit eine wichtige Rolle spielen.

Im Folgenden wird das **Schnelligkeitsmodell** von MARTIN/CARL/LEHNERTZ (1993) zugrunde gelegt. Es vereint die genannten Schnelligkeitsfaktoren und hat zudem einen hohen Praxisbezug.

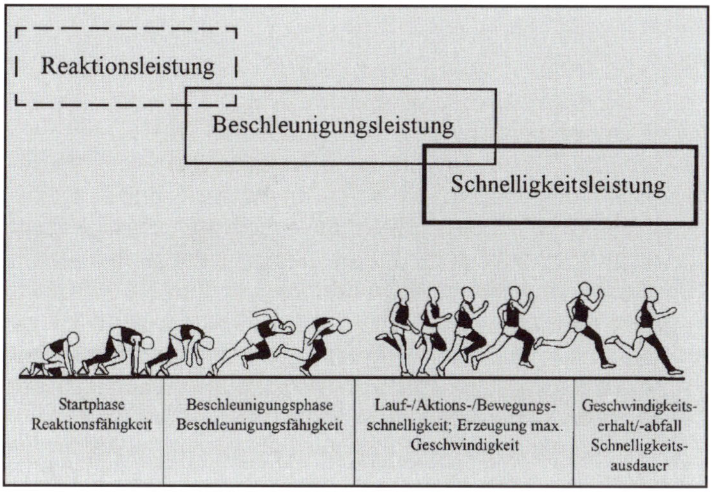

Abb. 34: Abschnitte und Schnelligkeitsfähigkeiten beim leichtathletischen Kurzsprint (Abb. oben). Phänographisches Schnelligkeitsmodell (nach MARTIN/CARL/LEHNERTZ 1993) (Abb. unten).

MARTIN/CARL/LEHNERTZ orientieren sich bei ihrer Strukturierung an der Schnelligkeitsleistung eines Kurzstreckensprints (vgl. Abb. 34). Jeder Sprint beginnt mit einer Reaktion auf einen Startschuss (Reaktionsfähigkeit). Es schließt sich eine Beschleunigungsphase an, in der der Sprinter die Laufgeschwindigkeit immer weiter steigert (Beschleunigungsfähigkeit). Hat er seine maximale Geschwindigkeit erreicht, versucht er, möglichst lange diese Geschwindigkeit aufrecht zu erhalten (Aktionsschnelligkeit/Schnelligkeitsleistung). Allerdings gelingt das nicht immer, sodass gegen Ende eines 100m-Rennens fast immer ein Geschwindigkeitsabfall eintritt (Schnelligkeitsausdauer).

Dass das gewählte Schnelligkeitsmodell nicht nur auf den leichtathletischen Sprint übertragbar ist, zeigen weitere Beispiele aus anderen Sportarten:

- Beispielsweise sind beim Boxen enorme Schnelligkeitsleistungen zu vollbringen. Man muss auf Gegneraktionen möglichst schnell reagieren und beim Boxschlag eine hohe Beschleunigung der Hand und damit eine hohe Bewegungsgeschwindigkeit erreichen. Nur schnelle Schläge erreichen ihr Ziel mit der gewünschten Wirkung beim Gegner.
- Der Kurzstreckenschwimmer muss am Start auf einen Startschuss reagieren, beschleunigt dann, bevor er eine Phase der maximalen Geschwindigkeit erreicht. Auch hier finden sich die entsprechenden Phasen wieder.
- Auch der Fußballtorwart benötigt entsprechende Schnelligkeitsfähigkeiten. So muss er auf Schüsse schnell reagieren, um diese abzuwehren. Wenn er sein Tor verlassen muss, um den Winkel gegenüber dem Gegenspieler zu verkleinern, muss der Torwart schnell beschleunigen können. Und sollte er sich einmal, z.B. kurz vor dem Abpfiff in der gegnerischen Hälfte befinden, muss er in der Lage sein, möglichst schnell seine Höchstgeschwindigkeit zu erreichen, um wieder in das eigene Tor zurückzukehren.

Aufgabe 57

> Betrachten Sie andere Sportarten, u.a. auch die Sportspiele, und finden Sie weitere Beispiele für Schnelligkeitsleistungen. Unterscheiden Sie zwischen eher energetischen und eher informationellen Anforderungsprofilen.

Komponenten und Einflussfaktoren von Schnelligkeitsleistungen

Nach der Betrachtung des Schnelligkeitsmodells soll auf die drei Komponenten der Schnelligkeit – **Reaktionsfähigkeit, Beschleunigungsfähigkeit, Bewegungsgeschwindigkeit** – näher eingegangen und jeweils Einflussfaktoren erläutert werden (vgl. Abb. 35).

Erklärungsmodelle von Schnelligkeitsleistungen Einflussfaktoren, Ursachen		
Reaktionsfähigkeit	**Beschleunigungsfähigkeit**	**Bewegungsschnelligkeit**
5 Phasen: 1. Rezeptorerregung 2. Reizleitung zum ZNS 3. Befehlsgenerierung im ZNS 4. Muskelbefehl 5. Muskelreizung Antizipationsfähigkeit	– Dynamik der Beschleunigung – Länge des Beschleunigungsweges – Schnellkraft – Maximalkraft – neuro-muskuläre Mechanismen	– Intermuskuläre Koordination – Intramuskuläre Koordination – Muskelfasertypen

Abb. 35: Einflussfaktoren der Schnelligkeit (nach MARTIN/CARL/LEHNERTZ 1993).

Reaktionsfähigkeit

Die Reaktionsfähigkeit ermöglicht es dem Menschen auf Reize oder Signale innerhalb einer bestimmten Zeit, z.B. mit einer Bewegung, zu reagieren. Dabei unterscheidet man **fünf Phasen**, die den Ablauf von der Rezeptorerregung bis zur motorischen Antwort beschreiben: In der ersten Phase tritt der Reiz oder das Signal bei einem Rezeptor (Auge, Ohr, Haut, Nase, Mund) auf, was anschließend zu einer Erregung des Rezeptors führt. Diese Erregung wird über Nervenleitungen zum zentralen Nervensystem (ZNS; Gehirn und Rückenmark) geleitet (Phase 2) und dort verarbeitet. Als Ergebnis der Verarbeitung wird eine Reaktion auf das Signal ausgewählt und die entsprechenden Anweisungen werden an die ausführenden Muskeln geschickt (Phase 3). Die Signale des ZNS erreichen dann den Muskel (Phase 4) und reizen diesen zu einer mechanischen Aktivität z.B. in Form einer Kontraktion (Phase 5).

Die Reaktionszeiten liegen je nach Rezeptor und je nach Zahl der Antwortalternativen zwischen 0,1 und 0,5 s. Auf akustische Reize reagiert der Mensch im Mittel am schnellsten. Beim leichtathletischen Sprint werden die Reaktionszeiten am Startblock gemessen und zur Kontrolle des Starts benutzt. Weist ein Athlet eine Reaktionszeit von unter 0,1 s auf, gilt dies als Fehlstart.

Reaktionszeiten sind weitgehend durch genetische Bedingungen bestimmt und daher nur schwer trainierbar. Die Reizleitung kann zwar in geringem Umfang verbessert werden, hohe Reizleitungsgeschwindigkeiten sind aber nicht gleichbedeutend mit schnellen Reaktionen.

Einen wesentlichen Faktor zur Verkürzung von Reaktionszeiten stellt die **Antizipationsfähigkeit** dar. So können erfahrene Tennisspieler aus der Position des Gegners und dem Ballwurf beim Aufschlag schon früh erkennen, wohin der Aufschlag gehen wird. Dadurch ist eine erheblich frühere Einleitung der Antwortreaktion möglich, und der Spieler hat eine größere Chance, den Aufschlag zu returnieren. Würde der Spieler erst nach dem Abflug des Balles vom Schläger reagieren, hätte er überhaupt keine Chance, den Ball aufgrund der hohen Fluggeschwindigkeiten zu erreichen. Das Erkennen von derartigen Zusammenhängen (z.B. Ballwurf und anschließende Aufschlagrichtung) sollte im Training einen entsprechenden Raum einnehmen. Von besonderer Bedeutung ist dies natürlich dann, wenn nicht nur eine einfache Reaktion gefordert ist (Reaktion auf Startschuss), sondern mehrere Reaktionsalternativen möglich sind. Man denke in diesem Zusammenhang an den Fußballtorwart, der sich einem Elfmeterschützen gegenüber sieht. Hier stehen die verschiedensten Bewegungen als Reaktion auf den Torschuss zur Verfügung. Je früher hier die Auswahl einer Alternative stattfinden kann, desto schneller kann die Reaktion erfolgen.

Beschleunigungsfähigkeit

Beschleunigung ist die Veränderung von Geschwindigkeiten pro Zeiteinheit. Erhöht sich die Geschwindigkeit, ist die Beschleunigung positiv, verringert sich die Geschwindigkeit (bremsen), hat die Beschleunigung ein negatives Vorzeichen! Sie hat die Einheit m/s^2.
$a = v_2 - v_1 / t_2 - t_1 = dv/dt$
$[m/s^2]$

Will man einen Gegenstand beschleunigen, muss man eine Kraft auf ihn ausüben. Physikalisch ist die Kraft als das Produkt aus Masse und Beschleunigung definiert. Große Kräfte können daher bei gleicher Masse zu größeren Beschleunigungen führen als geringe Kräfte. Aber auch gleiche Kräfte bei unterschiedlichen Massen führen zu unterschiedlichen Beschleunigungen. So hat z.B. ein Hochspringer Vorteile, wenn er trotz geringem Gewichts hohe Kräfte aufbringen kann. Ein gleichstarker, schwererer Konkurrent hätte hier das Nachsehen. Allein aus diesem physikalischen Zusammenhang wird schon deutlich, dass die Kraftfähigkeiten einen großen Einfluss auf Beschleunigungsleistungen haben müssen. Existieren hohe äußere Widerstände, gegen die die Beschleunigung stattfindet (z.B. Anschieben eines Bobs), sind hohe Kräfte notwendig. Bei geringen Widerständen (z.B. Boxschlag) ist dies von geringerer Bedeutung. Fassbar werden Beschleunigungsleistungen durch die physikalische Größe der **Beschleunigung**.

Hohe Beschleunigungswerte werden weitgehend durch eine hohe Maximal- und Schnellkraft bestimmt und sind durch entsprechende Krafttrainingsmethoden zu entwickeln.

Aber auch ein bestimmtes Bewegungsverhalten kann hohe Beschleunigungen begünstigen. So werden viele Bewegungen durch Ausholbewegungen eingeleitet. Dadurch wird der zur Verfügung stehende Beschleunigungsweg vergrößert (z.B. beim Speerwerfen durch das Rückführen des Speers).

Betrachten wir die Funktion einer hohen Beschleunigung einmal am **Beispiel des 100 m-Laufs**:
1988 laufen bei den Olympischen Spielen von Seoul im 100 m-Finale Carl Lewis und Ben Johnson gegeneinander. Mit Messanlagen wurden in 10 m-Abschnitten die Laufzeiten der Läufer gemessen. Anhand der **Zwischenzeiten** (vgl. Tab. 9) kann man erkennen, wie viel Zeit die beiden Sprinter jeweils für einen Streckenabschnitt von 10 m benötigen. Lewis liegt erkennbar schon nach 10 m etwas zurück, nach 40 m zeigt sich bereits eine deutliche Distanz zu Johnson und diesen Rückstand kann er auch bis ins Ziel nicht mehr aufholen.

Zu Kraftfähigkeit und -training siehe das Kapitel „Wie wird Kraft trainiert?“

Tab. 9: Zwischenzeit beim 100 m-Lauf 1988 in Seoul.

Streckenabschnitt	10	20	30	40	50	60	70	80	90	100	s [m]
Zwischenzeiten Johnson	1,95	2,93	3,81	4,69	5,52	6,37	7,22	8,06	8,93	9,79	t [s]
Zwischenzeiten Lewis	1,97	3,00	3,89	4,81	5,65	6,53	7,37	8,23	9,06	9,92	t [s]

Aus den Zwischenzeiten können die **Teilzeiten** für die jeweiligen 10 m-Abschnitte berechnet werden.

Berechnungsbeispiel für Teilzeiten:
Johnson: Zeit von 0-10 m = 1,95 s, Zeit von 0-20 m = 2,93 s
Teilzeit Abschnitt 0-10 m = 1,95 s, Teilzeit 10-20 m = 2,93-1,95 s = 0,98 s

Anhand der vorliegenden Originalzeiten kann man mit der nachfolgenden einfachen Formel ausrechnen, welche **Geschwindigkeiten** in den einzelnen Teilstreckenabschnitten von den Sprintern erzielt werden.

Geschwindigkeit kann aus der Zurücklegung einer Wegstrecke pro Zeiteinheit berechnet werden. Sie hat die Einheit m/s.
$v = (s_2 - s_1) / (t_2 - t_1) = ds/dt$ [m/s]

Aufgabe 58

1. In welchen Streckenabschnitten hat Johnson das Rennen gewonnen?
2. In welchen Streckenabschnitten haben die Athleten positiv beschleunigt?

Stellen Sie die Ergebnisse Ihrer Berechnungen graphisch dar.

Damit man nicht nur Zwischenzeiten, Teilzeiten und Geschwindigkeitsverläufe vergleichen, sondern auch verdeutlichen kann, wo die Sprinter positiv beschleunigen (sie erhöhen ihre Geschwindigkeit) oder negativ beschleunigen (sie verringern ihre Geschwindigkeit), benötigt man die Berechnung der **Beschleunigungen**.

Trainingsmethodisch ist eine solche Bestandsaufnahme, wie Sie sie nach Maßgabe der Aufgabe 58 erstellt haben, äußerst wertvoll, weil man individuelle Defizite genauer lokalisieren kann. Vergleicht man beispielsweise die Werte eines Sprinters zu unterschiedlichen Zeitpunkten während eines Trainingsjahres, kann man erkennen, ob er sich im Beschleunigungsabschnitt, im Abschnitt der maximalen Bewegungsgeschwindigkeit oder im Bereich, wo es um das langen Halten einer hohen Geschwindigkeit geht, durch das durchgeführte Training verbessert oder verschlechtert hat.

Aufgabe 59

Diskutieren Sie Ihre Ergebnisse aus Aufgabe 58 vor dem Hintergrund der Bedeutung der Kraftfähigkeit für die Schnelligkeitsleistung.
Johnson wurde übrigens im Anschluss an den Lauf des Dopings überführt, so dass die hohen Kräfte, die zu den entsprechend hohen Beschleunigungen geführt haben, wohl nicht auf natürlichem Weg entwickelt worden waren.

Aufgabe 60

Stellen Sie das Beispiel mit Lewis und Johnson nach, indem Sie einen 100 m-Lauf stoppen! Dabei soll jeweils nach 10 m eine Zeit genommen werden, Sie benötigen also 10 Stoppuhren! Sollten diese nicht zur Verfügung stehen, reicht es für einen ersten Vergleich aber auch aus, wenn Sie einen 30 m- oder 60 m-Lauf mit 10 m-Teilabschnitten stoppen.
Ermitteln Sie die Abschnittszeiten, die Geschwindigkeiten und Beschleunigungen in Ihrer Gruppe und vergleichen Sie Ihre Werte mit denen der beiden Weltklassesprinter! Wo ergeben sich deutliche Unterschiede?

Bewegungsschnelligkeit

Von Bewegungsschnelligkeit sprechen wir beim obigen Beispiel (Johnson – Lewis) in der Phase ab ca. 40 m. Dort versucht der Sprinter, eine möglichst hohe Laufgeschwindigkeit zu erreichen. Die äußeren Widerstände sind dabei eher gering im Vergleich zur Beschleunigungsphase. Demnach spielen auch die Maximalkraft bzw. die Schnellkraft nicht mehr die entscheidende Rolle, sondern insbesondere koordinative Aspekte rükken in den Vordergrund. So berichten erfolgreiche Sprinter immer wieder, dass sie die schnellsten Zeiten laufen können, wenn sie „entspannt" laufen.

Der Wechsel von Anspannung und Entspannung der beteiligten Muskulatur ist demnach für die Leistung wichtig. Dies beschreibt man mit den Begriffen der inter- und intramuskulären Koordination. Darüber hinaus ist auch die willentlich erzeugbare Kontraktionsgeschwindigkeit der beteiligten Muskeln und Muskelfasern von großer Bedeutung.

Die **intramuskuläre Koordination** betrifft das Zusammenspiel zwischen Nerv und Muskel, d.h. die nervale Erregung des Muskels bzw. einzelner Muskelfasern eines Muskels. Die Nervenimpulse kommen von speziellen Nervenzellen (Neuronen), den Alpha-Motoneuronen, die über das Rückenmark den Impuls über Nervenfasern (Axone) an die Muskelzellen weiterleiten. Ein Motoneuron innerviert (aktiviert) dabei eine Vielzahl von Muskelfasern; bei den feinst zu steuernden äußeren Augenmuskeln sind es z.B. etwa fünf, bei der verhältnismäßig grob zu regulierenden Wadenmuskulatur bis zu 2000. Ein Motoneuron mit dem zugehörigen Axon und den Muskelfasern wird als motorische Einheit bezeichnet; sie ist die kleinste, isoliert aktivierbare Untergliederung des Nerv-Muskelsystems.

Zu den anatomischen und physiologischen Grundlagen der Muskulatur siehe Kursbuch Sport 1: Sportbiologie.

Die Muskelfasern einer motorischen Einheit haben gleiche chemische und physiologische Eigenschaften. Nach ihren chemischen und physiologischen Eigenschaften lassen sich die Fasern grob in zwei Gruppen unterteilen: langsame, tonische (Typ I oder auch ST-Fasern = slow twitch) und schnelle, phasische (Typ II oder auch FT-Fasern = fast twitch) Einheiten. Letztere können in ermüdbare (Typ IIb) und ermüdungsresistentere (Typ IIa) weiterdifferenziert werden. Die verschiedenen Muskelfasertypen sind über den ganzen Muskelquerschnitt verteilt; ihre relativen Anteile weisen jedoch erhebliche individuelle Unterschiede auf (vgl. Abb. 36), die zunächst einmal genetisch bestimmt sind.

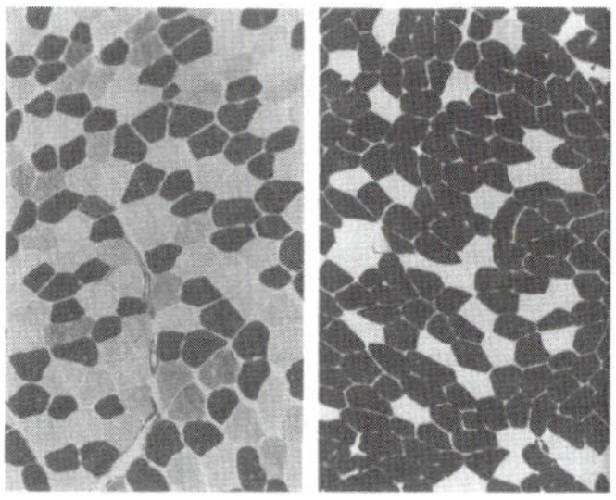

Abb. 36: Verteilung der Muskelfasertypen bei verschiedenen Sportarten (links Sprinter, rechts Radfahrer; schnell zuckende Fasern sind weiß, langsam zuckende Fasern sind schwarz) (nach Howald 1984).

Unter einer **motorischen Einheit** versteht man eine motorische Nervenzelle und alle von ihr innervierten Muskelfasern. Die Fasern einer motorischen Einheit kontrahieren immer gleichzeitig.

Bei schnellen Bewegungen kommt es darauf an, in kürzester Zeit eine maximale Anzahl sowohl langsamer als auch sich etwas später zuschaltender schneller Fasern zu aktivieren. Insbesondere ist es von Bedeutung, den Zuschaltzeitpunkt der schnellen Fasern so frühzeitig wie möglich, also so nahe wie möglich, an den Aktivierungsbeginn der langsamen Fasern zu legen. Dieses funktioniert um so besser, je mehr Impulse die motorischen Einheiten von ihren Motoneuronen erhalten (Frequenzierung).

Die möglichst gleichzeitige Aktivierung der motorischen Einheiten, die auch als Synchronisation bezeichnet wird, ist die entscheidende Voraussetzung für schnelle Bewegungen.

Synchronisation von Muskelfasern eines Muskels kann man leicht produzieren, wenn man sich auf sein Gesäß setzt und die Beine leicht vom Boden angehoben nach vorn streckt. Schon nach kurzer Zeit lässt sich ein Zittern der Bauchmuskulatur feststellen. Dieses Zittern entsteht dadurch, dass viele motorischen Einheiten in der Bauchmuskulatur gleichzeitig kontrahieren und sich dann wieder entspannen. Die motorischen Einheiten der Bauchmuskulatur versuchen hier, durch Synchronisierung ihrer Zuckungen die hohen Kräfte für die Aufrechterhaltung der Position aufzubringen.

An einer Bewegung sind stets viele Muskeln bzw. Muskelgruppen beteiligt. Diese müssen z.T. gleichzeitig oder in einer bestimmten zeitlichen Reihenfolge über eine bestimmte Dauer innerviert werden. In diesem Zusammenhang spricht man von **intermuskulärer Koordination**. Für die Schnelligkeit von Bewegungen sind dabei zwei Dinge außerordentlich wichtig: Die Gegenspieler (Antagonisten) der gerade tätigen Muskeln (der sog. Synergisten) müssen gehemmt sein, wenn diese aktiv sind.

Man stelle sich als Beispiel eine Beugebewegung im Ellenbogengelenk vor. Die Beugung wird vor allem durch die Kontraktion des M.biceps brachii (auf der Vorderseite des Oberarms) verursacht, die Streckung vom M.triceps brachii (auf der Rückseite des Oberarms). Je stärker letzterer innerviert wird, desto mehr Widerstand setzt er der Beugung entgegen. Besonders bei schnellen zyklischen (sich wiederholenden) Bewegungen müssen die Erregungs- und Hemmungszustände möglichst rasch und vollständig ablaufen. Je entspannter also die Muskulatur in der nichtaktiven Phase ist, desto weniger Gegenkräfte setzt sie der gerade aktiven Muskulatur entgegen. Die intermuskuläre Koordination schnell ablaufender Bewegungen führt bei systematischer Übung zu einem optimalen „Einschleifen“ von Erregungs- und Hemmmechanismen.

Weitere Einflussgrößen der Schnelligkeit

Bei den die Schnelligkeit beeinflussenden Faktoren findet man eine größere Einigkeit, verglichen mit der Vielfalt der Strukturierungen. Allerdings hängt die Benennung der Einflussfaktoren natürlich auch von der vorgenommenen Unterteilung der Schnelligkeit ab. Während sich MARTIN/CARL/LEHNERTZ (1993), wie oben beschrieben, auf die Einflussfaktoren der drei Schnelligkeitsformen Reaktion, Beschleunigung und Bewegungsgesch-

Tab. 10: Schnelligkeit und ihre Einflussfaktoren (nach GEESE/HILLEBRECHT 1995).

Schnelligkeit				
anlage- und entwicklungsbedingte Einflussfaktoren	**motorisch-sensorische Einflussfaktoren**	**psychische Einflussfaktoren**	**neuro-physiologische Einflussfaktoren**	**anatomisch/biomechanische Einflussfaktoren**
Konstitution	Bewegungstechnik	Konzentration	Reizverarbeitungsgeschwindigkeit	Muskelkraft
Alter	motorische Lernfähigkeit	Aufmerksamkeit	intramuskuläre Koordination	Muskelquerschnitt
Geschlecht	motorische Fähigkeiten	Motivation	intermuskuläre Koordination	Kontraktionsgeschwindkeit
Talent	Koordination	Wille	Reflexaktivität	Skeletthebellängen
	Antizipation	Anstrengungsbereitschaft	Stoffwechsel	Muskellängen
	Steuerung + Regelung	psychische Regulationsfähigkeit	Energieflussrate	Gewebeeigenschaften
	Wahrnehmung			Gelenkeigenschaften
	Informationsverarbeitung			muskuläre Balance

windigkeit beschränken, liefern GEESE/HILLEBRECHT (1995) und WEINECK (2000) ein umfangreiches Bedingungsgefüge (vgl. Tab. 10).

Auch hier finden sich die schon angesprochenen neuro-physiologischen und motorisch-sensorischen Faktoren. Darüber hinaus werden noch entwicklungs- und anlagebedingte, psychische und anatomisch biomechanische Einflussfaktoren genannt.

So kann beispielsweise das Alter einen gewichtigen Einfluss auf die Leistung haben. Mit zunehmendem Alter verringern sich Schnelligkeitsleistungen, diese Verringerung kann aber durch entsprechendes Training z.T. kompensiert werden. So sind auch jenseits des 30. Lebensjahres noch sehr gute Leistungen erreichbar.

Auch die psychischen Faktoren können eine Rolle spielen. Eine hoch entwickelte Motivations- und Konzentrationsfähigkeit kann die Leistungen im Schnelligkeitsbereich positiv beeinflussen. Und auch körperbauliche (anthropometrische) Aspekte können einen Einfluss haben. Immer wieder beobachtet man z.B. bei Basketballern, dass die Aufbauspieler eher kleiner sind, da sie schnell und wendig sein müssen. Großen Spielern fällt dies aufgrund ihrer langen Extremitäten meist schwer.

Messung von Schnelligkeitsleistungen

Fortschritte in der Ausprägung von motorischen Fähigkeiten sind nur dann objektiv zu beurteilen, wenn sie von Zeit zu Zeit quantifiziert, d.h. gemessen werden (vgl. BÖS 2001). Dazu dienen **Leistungsdiagnosen**, die beispielsweise alle 6-8 Wochen oder nach einzelnen Trainingsphasen durchgeführt werden. Die Testergebnisse sollen Stärken und Schwächen offenbaren, die man anschließend gezielt im Training beachten kann.

Im Hinblick auf den Sprint (Beschleunigungsfähigkeit und maximale Bewegungsschnelligkeit) werden meist die folgenden drei Testformen vorgeschlagen (u.a. GROSSER/STARISCHKA 1981, GEESE/HILLEBRECHT 1995):

- 20-40-Meter-Sprint aus dem Hochstart oder Tiefstart,
- 20 oder 30 Meter fliegend,
- Sprint zwischen 30 und 60 Metern.

Die relativ kurzen Laufzeiten können objektiv nur über Lichtschrankensysteme oder eine Videozeitmessung erfasst werden. Eine Handstoppung produziert insbesondere bei unerfahrenen Zeitnehmern zu große Fehler.

Aufgabe 61

Messen Sie eine 30 m-Strecke aus und postieren Sie bei 20 und 30 Metern jeweils mindestens 3 Zeitnehmer. Lassen Sie drei bis fünf Personen die 30 m-Strecke mit Startsignal aus dem Tiefstart sprinten. Vergleichen Sie die Handzeiten der einzelnen Zeitnehmer, und bestimmen Sie die Abweichungen zwischen den Zeitnehmern. Steht Ihnen eine Lichtschrankenanlage zur Verfügung, können Sie die Handzeiten mit den elektronischen Zeiten vergleichen. Hinweis: Lichtschrankenanlagen sind meist in Sportinstituten von Universitäten oder Olympiastützpunkten vorhanden und können dort manchmal auch ausgeliehen werden. Auch in manchen Physiksammlungen von Schulen findet man verwendbare Lichtschranken.

Der Aufbau einer Lichtschrankenanlage ist in Abbildung 37 dargestellt und näher erläutert.

Abb. 37: Sprinttest über 20 oder 30 m aus dem Hochstart mit Lichtschranken zur Bestimmung der Beschleunigungsfähigkeit (Abb. oben). Fliegender Sprinttest mit Lichtschranken über 20 oder 30 m zur Bestimmung der maximalen Bewegungsschnelligkeit (Abb. unten).

Beim **Sprinttest aus dem Hochstart** (Abb. 37 oben) startet der Läufer aus dem Stand und beschleunigt dann auf einer Strecke von 20–30 Metern. Mit diesem Test kann die Ausprägung der Beschleunigungsfähigkeit abgeschätzt werden.

Beim **fliegenden Sprinttest** (Abb. 37 unten) läuft der Läufer auf einer Strecke von 20-30 Metern an und versucht, an der ersten Lichtschranke, seine Höchstgeschwindigkeit zu erreichen. Die folgenden 20-30 Meter sollen mit der maximal möglichen Geschwindigkeit gelaufen werden. Aus den Ergebnissen lässt sich der Entwicklungszustand der maximalen Bewegungsschnelligkeit ableiten. Sind keine Lichtschranken vorhanden, kann man auf eine Videokamera, die über eine Einzelbildschaltung verfügt, zurückgreifen.

Im Folgenden ist das Vorgehen bei einem **40m-Sprinttest mit einer Videozeitmessung** beschrieben.

40m-Sprinttest mit Videozeitmessung

Aufgabe:

Bestimmung von Abschnittszeiten und mittleren Geschwindigkeiten beim Sprint mit einer Videokamera

Benötigte Materialien:

1 Videokamera auf Stativ, 4 Fahnenstangen, 1 Startblock, 1 Startklappe

Durchführung:

Zunächst wird eine 40 m-Strecke markiert. Bei 20 m wird in 20-30 m Entfernung die Videokamera aufgestellt. Von diesem Standort aus kann man einen kompletten Lauf über 40 m aufnehmen. Bei 10, 20, 30 und 40 m wird jeweils eine Fahnenstange aufgestellt. Dabei muss allerdings die perspektivische Verzerrung durch das Schwenken der Videokamera ausgeglichen werden. Die Fahnenstangen werden daher nicht direkt auf den jeweiligen Marken aufgestellt, sondern dort, wo sie in der Verlängerung der Perspektive der Kamera die Markierungslinie schneiden. Am besten stellt man dazu einen Läufer auf die Markierungslinie, peilt ihn mit der Kamera an und stellt dann die Fahne auf die Stelle, die der Peilung seiner Brust entspricht (vgl. Abb. 38).

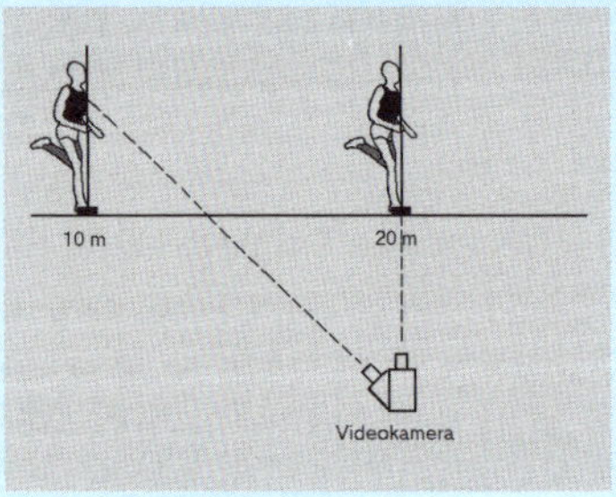

Abb. 38: Exemplarischer Aufbau der Videokamera und Fahnenstangen bei 10 und 20 m.

Nun sprinten die Läufer die 40 m Strecke mit einem Start aus dem Startblock mit maximaler Intensität. Alle Läufer werden mit der Videokamera gefilmt. Dabei ist zu beachten, dass der Starter und die Startklappe im Videobild mit zu sehen sind, um später den Startzeitpunkt genau ermitteln zu können.

Auswertung:

Die Auswertung erfolgt am Videomonitor. In Einzelbildschaltung wird der Startzeitpunkt des ersten Läufers ermittelt. Ab dem Moment des Schließens der Startklappe zählt man die Anzahl der Einzelbilder, bis der Läufer

mit der Brust die erste Fahnenstange erreicht. Die Zahl der Einzelbilder wird notiert und anschließend die Zahl der Einzelbilder von Fahnenstange 1 zu Fahnenstange 2 ermittelt. Dieses Verfahren führt man weiter durch, bis der Läufer die letzte Fahne erreicht hat. Hat man alle Läufer in dieser Form ausgewertet, ist die Zahl der Einzelbilder mit 0,04 s zu multiplizieren und man erhält damit die im jeweiligen Abschnitt gelaufene Zeit. Setzt man einen Videorecorder mit Jog-Shuttle (Drehrad zum Weiterschalten der Einzelbilder) ein, kann man auch Halbbilder auflösen. Der Abstand von Bild zu Bild beträgt dann 0,02 s! Bei digitalen Kameras kann man häufig Timecodes (Sekunden und Nummer des aktuellen Einzelbildes) einblenden, die sogar eine direkte Umrechnung in eine Laufzeit ermöglichen.
Am Ende der Auswertung erhält man beispielsweise die in Tabelle 11 dargestellten Ergebnisse (Auswertung von Halbbildern, Abstand zwischen Bildern 0,02 s). Aus dieser tabellarischen Darstellung kann man dann die jeweiligen Geschwindigkeiten für die einzelnen Abschnitte berechnen. Dazu wird der 10 m Abschnitt durch die erzielte Laufzeit dividiert, so dass man die mittlere Geschwindigkeit für den entsprechenden Abschnitt erhält.

Tab. 11: Tabelle zur Geschwindigkeitsberechnung mit Beispiel.

Name	**0-10**	**10-20**	**20-30**	**30-40**	**0-40 m**	**Abschnitt**
A (Beispiel)	120	72	68	67	327	Bilder
	2,40	1,44	1,36	1,34	6,54	t [s]
	4,17	6,94	7,35	7,46	6,12	v [m/s]
B						Bilder
						t [s]
						v [m/s]
C						Bilder
						t [s]
						v [m/s]

Aufgabe 62

Sie können das eben dargestellte Videoverfahren auch benutzen, um die Zeitabstände von Läufern im Ziel eines 100 m-Laufs zu bestimmen. Nehmen Sie dazu einen 100 m-Zieleinlauf, z.B. bei den Bundesjugendspielen, mit einer Videokamera auf. Notieren Sie die gestoppten Zeiten aus der Handstoppung und zählen Sie aus dem Video die zeitlichen Abstände zwischen den Läufern aus den Bildabständen aus! Vergleichen Sie die Abstände bei der Handzeitnahme mit denen aus Ihrer Videoauswertung! Wie gut haben die Handzeitnehmer gearbeitet und wo könnten die Fehlerquellen der Handzeitnahme liegen?

In den Spielsportarten werden zusätzlich zu den gerade geschilderten Sprinttests häufig **Testbatterien** angewendet. Dazu werden mehrere Tests durchgeführt, um verschiedene Fähigkeiten möglichst grundlegend prüfen zu können.

So findet man im Basketball z.B. neben den Tests zur Sprintschnelligkeit auch noch komplexere Spielformen, bei denen der Einfluss der Balltechnik miterfasst wird. Bildet man z.B. die Differenz zwischen einem 20 m-Sprint und einem 20 m-Slalom-Dribbling, kann die Qualität der Ballführung bei hoher Beschleunigung beurteilt werden. In diesem Zusammenhang wird wieder die Kombination mit technischen Fertigkeiten deutlich, die für Schnelligkeitsleistungen häufig von großer Bedeutung sind und daher auch diagnostisch erfasst werden sollten.

Zur Vertiefung der Thematik siehe den Beitrag „Wie werden sportliche Bewegungen gemessen?" im Kursbuch Sport 3: Bewegungslehre.

Aufgabe 63

5 Personen absolvieren einen 30 m-Sprint und anschließend ein 20 m-Slalomdribbling. Die Zeiten werden von je 2 Zeitnehmern gestoppt, um Fehlstoppungen zu vermeiden. Berechnen Sie die Differenz zwischen den beiden Tests für jede Person und interpretieren Sie diese.
Beobachten Sie gleichzeitig die Tests mit 3 Personen von außen und lassen Sie diese die Dribblingqualität nach dem Schulnotensystem (1-6) bewerten. Wie äußert sich eine gute Dribblingtechnik in den Zeiten? Kommen die Beobachter zu den gleichen Ergebnissen wie die Zeitmessungen? Kann man aus den Tests Aussagen für das Training ableiten?

Schnelligkeitstraining

Das Schnelligkeitstraining kann aus den bisher genannten Bereichen Strukturierung, Einflussfaktoren und Diagnose abgeleitet werden. Grundsätzlich stellt ein Schnelligkeitstraining hohe Anforderungen an die beteiligten Systeme. Deshalb sollte es im ausgeruhten Zustand erfolgen. Stellvertretend für das Schnelligkeitstraining in Individualsportarten (z.B. Schwimmen, Leichtathletik, Eisschnelllauf) soll der **leichtathletische Kurzsprint** und in den Spielsportarten das **Basketballspiel** etwas genauer betrachtet werden.

Formen des Schnelligkeitstrainings im Kurzsprint

Zur Verbesserung der **Reaktions-** und **Beschleunigungsfähigkeiten** sowie der **Bewegungsgeschwindigkeit** und der **Schnelligkeitsausdauer** beim leichtathletischen Kurzsprint stehen für jeden benannten Teilfaktor verschiedene Trainingsinhalte zur Verfügung.

Die **Reaktionsschnelligkeit**, die jedoch nur bedingt entwickelbar ist, kann anhand von Übungen mit einfachen Reaktionen beispielsweise in Form von Spielformen, als Startreaktionsübung mit unterschiedlichen Signalen und aus unterschiedlichen Positionen oder aber als regelgerechte Sprintstartbewegung geschult werden. Der Reagierende sollte sich dabei nicht auf die Wahrnehmung des Signals konzentrieren, sondern sich in seiner Konzentration mit der folgenden Bewegung beschäftigen. Die Signale sollten möglichst variiert werden und können optisch, akustisch oder taktil (durch Berührung) gegeben werden. Auch die Reaktion auf die Startaktion einer anderen Person ist möglich.

Abb. 39: Beispiel eines Reaktionstrainings.

Die **Beschleunigungsfähigkeit** versetzt einen ruhenden Körper in Bewegung. Diese Fähigkeit kann für den Sprint durch verschiedene Ablaufaktionen angesteuert werden (Fallstarts, Sprintspiele, Tiefstarts). Um die Kraftfähigkeiten positiv zu beeinflussen, können die Widerstände im Beschleunigungsabschnitt erhöht werden. Auf diese Weise gelingt eine Kräftigung unter techniknahen Bedingungen. So kann man Bergaufsprints oder so genannte Schleppläufe durchführen, bei denen der Athlet ein Gewicht oder einen kleinen Bremsfallschirm hinter sich herzieht.

Abb. 40: Schlepplauf.

Die Beschleunigungsfähigkeit steht in enger Beziehung zur Maximal- und Schnellkraft eines Athleten. Die Ansteuerung der Maximal- und Schnellkraft funktioniert einerseits über ein Krafttraining mit Fremdgewichten (Muskelquerschnitt-, Maximalkrafttraining) sowie über ein Sprungkrafttraining, in dem die reaktiven Fähigkeiten besonders angesteuert werden können (siehe Kapitel „Wie wird Kraft trainiert?“).

Abb. 41: Reaktive Sprünge.

Die **maximale Bewegungsschnelligkeit** ist v.a. durch koordinative Aspekte bestimmt. Die Verbesserung der inter- und intramuskulären Koordination gelingt durch spezielle Koordinationsläufe (Sprint-Abt, Übergänge), aber auch durch Kontrastläufe (Frequenz-, Druck-, Steigerungs-, Tempowechselläufe). Dabei liegt der Schwerpunkt auf dem isolierten Üben von bestimmten Technikmerkmalen und der Entwicklung eines „entspannten" Laufens.

Abb. 42a: Skipping.

Abb. 42b: Kniehebelauf.

Abb. 42c: Sprunglauf.

Eine sehr effektive Möglichkeit, die maximale Bewegungsschnelligkeit positiv zu beeinflussen, sind so genannte supramaximale Läufe, bei denen eine höhere Laufgeschwindigkeit als tatsächlich möglich erreicht wird (supramaximale Zugunterstützungsläufe, Bergabläufe). Dadurch wird der Läufer zu einer anderen Koordination als seiner bisherigen gezwungen.

Abb. 43: Zugunterstützungslauf mit elastischem Seil.

Die Belastungsnormativa sind beim Training der Beschleunigungsfähigkeit und der maximalen Bewegungsschnelligkeit wie folgt definiert:
Belastungsintensität: 100 % (Die Laufstrecke soll mit höchster Intensität durchlaufen werden; bei supramaximalen Läufen sogar mehr als 100 % Intensität!)
Belastungsumfang: z.B. 2 Serien mit 8 Wiederholungen einer 30 m-Sprintstrecke
Belastungsdichte: Pausen von 2 Minuten zwischen den Wiederholungen und 4 Minuten zwischen den Serien.
Stellen sich Verschlechterungen der Laufzeiten ein, sollte das Training abgebrochen werden. Bei Koordinationsläufen, Steigerungs- und Tempowechselläufen ist die Belastungsintensität geringer als 100 %, sie sollten aber auch immer wieder mit schnellen Läufen kombiniert werden, um auch bei hohen Belastungsintensitäten koordinative Verbesserungen zu erreichen.

Die **Sprint- bzw. Schnelligkeitsausdauer**, das so genannte Stehvermögen, wird in der Regel mit Läufen trainiert, die Überdistanz haben. Das heißt Tempoläufe zwischen 120 und 200 Metern beim 100-Meter-Sprint, mit 3-8 Wiederholungen und Pausen von 3-5 Minuten.

Formen des Schnelligkeitstrainings im Basketball

Im Basketball sind ebenfalls die Komponenten Reaktions-, Beschleunigungsfähigkeit und Bewegungsgeschwindigkeit zu entwickeln. So kommt es für einen Basketballer, ebenso wie für einen Sprinter, darauf an, schneller als der Gegner zu sein: Er muss schneller auf Gegner- bzw. Mitspieleraktionen reagieren, schneller beschleunigen und v.a. beim Fastbreak dem Gegner davonlaufen. Ein Basketballer muss allerdings, im Gegensatz zum Sprinter, diese Schnelligkeitsleistungen meist mit der Handhabung eines Balles koordinieren.

In diesem Zusammenhang bemerken BAUERSFELD/VOSS (1992, 76), dass es in den Spielsportarten wesentlich sei, „neben der notwendigen Ausprägung der motorischen Komponente besonders unter technisch-taktischem Aspekt Schnelligkeitsanforderungen in den Bereichen des Spielhandlungs- und Situationstraining" zu verwirklichen. Ein Schnelligkeitstraining in Spielsportarten wird daher häufig mit Inhalten des Techniktrainings gekoppelt.

Zunächst sollte festgestellt werden, wo die individuellen Defizite liegen, um eine sinnvolle Ansteuerung vornehmen zu können. Ist ein Athlet schnell, aber balltechnisch unsicher oder stimmt die Ballsicherheit, aber die Schnelligkeit ohne Ball ist verbesserungsbedürftig? Anhand von Trainingsdiagnosen lassen sich diese Fragen klären.

Muss die Sprintschnelligkeit verbessert werden, so greifen alle bereits vorgestellten Übungen zum Kurzsprint, die die Beschleunigungsfähigkeit und die maximale Bewegungsschnelligkeit verbessern. Ist dagegen die Schnelligkeit mit Ball defizitär, so müssen technisch-taktisch spezifische Übungen im Training erfolgen. Beispielweise können im Beschleunigungstraining Fangspiele, Partnerverfolgungssprints und Sprints mit Ball erfolgen.

Das Reaktionstraining im Basketball ist wesentlich komplexer als im Kurzsprint, weil auf unterschiedliche Reize reagiert werden muss. So sind die Gegner- und Mitspieleraktionen zu beobachten und möglichst vorwegzunehmen (Finten, Täuschungen, Spielsystem, Lauf- und Passaktionen), um die eigenen Entscheidungen und Handlungen schneller auswählen zu können. Zudem müssen die Ballwege verfolgt und antizipiert werden (Pässe, Wurfaktionen, Rebound).

Hier sollten im Training spezifische Reaktionsübungen stattfinden, z.B. zum Rebound und zum Täuschen, wo Auswahlreaktionen gefordert sind. Außerdem eignen sich Spielformen, wie 1:1, 2:2 oder 3:3, bei denen im Spiel die Reaktion auf Gegner und Ball angeregt werden.

Weineck (2000) listet detailliert die Schnelligkeitsfähigkeiten von Spielsportlern auf und stellt eine Art Zusammenfassung des bisher Gesagten dar: Spielsportler müssen über Aktions- und Bewegungsschnelligkeit mit Ball verfügen, Wahrnehmungs, Antizipations-, Reaktions- und Entscheidungsschnelligkeit aufweisen und Handlungsschnelligkeit beweisen.

Aufgabe 64

Führen Sie mit einer Basketballgruppe einen Sprinttest über 30 m und einen Slalomdribblingtest über 20 m durch! Was müssen Sie bei den Tests festlegen (Zeitmessung, Startposition, etc.)? Wie protokollieren Sie die Tests? Welche Daten könnten neben den Sprintzeiten noch von Interesse sein? Wie werten Sie den Test aus? Welche Schlüsse können Sie aus den Ergebnissen ziehen? Teilen Sie anschließend die Trainingsgruppe in zwei Gruppen auf: Eine Gruppe besteht aus den Teilnehmern, die große Zeitdifferenzen zwischen den verschiedenen Tests aufweisen. Die andere Gruppe weist die geringeren Differenzen aus. Planen Sie für beide Gruppen ein Training über 4 Wochen, in dem die jeweiligen Schwächen behoben werden sollen! Welche Trainingsmethoden bzw. -formen benutzen Sie bei der ersten Gruppe, welche bei der zweiten Gruppe? Wie sehen Ihre Erwartungen (Hypothesen) aus, was soll sich nach 4 Wochen Training in den einzelnen Gruppen verändert haben?

Zur vertiefenden Weiterarbeit empfohlen:

Bauersfeld, M./Voss, G.: Neue Wege im Schnelligkeitstraining. Münster 1992.

Geese, R./Hillebrecht, M.: Schnelligkeitstraining. Aachen 1995.

Grosser, M.: Schnelligkeitstraining. Grundlagen, Methoden, Leistungssteuerung, Programme. München, Wien, Zürich 1991.

Pampus, B.: Schnellkrafttraining. Theorie – Methoden – Praxis. Aachen 1995.

Literaturverzeichnis:

Bös, K. (Hrsg.): Handbuch Motorischer Tests. Göttingen 2001[2].

Bös, K./Tittlbach, S.: Wie werden sportliche Bewegungen gemessen? In: Scheid, V./Prohl, R. (Hrsg.): Kursbuch Sport 3. Bewegungslehre. Wiebelsheim 2001[6], 121-154.

Bührle, M. (Hrsg.): Grundlagen des Maximal- und Schnellkrafttrainings. Schorndorf 1985.

Bührle, M.: Maximalkraft – Schnellkraft – Reaktivkraft. Kraftkomponenten und ihre dimensionale Struktur. In: Sportwissenschaft 19 (1989) 3, 311-325.

Bührle, M./Schmidtbleicher, D.: Der Einfluss von Maximalkrafttraining auf die Bewegungsschnelligkeit. In: Leistungssport 7 (1977) 1, 3-10.

Bührle, M./Schmidtbleicher, D.: Komponenten der Maximal- und Schnellkraft. In: Sportwissenschaft 11 (1981) 3, 311-325.

GROSSER, M./STARISCHKA, S.: Konditionstests. Theorie und Praxis aller Sportarten. München, Wien, Zürich 1981.

HAGEDORN, G./NIEDLICH, D./SCHMIDT, G.: Basketball-Handbuch. Berlin 1980.

HOWALD, H.: Morphologische und funktionale Veränderungen der Muskelfasern durch Training. In: Schweizerische Zeitschrift für Sportmedizin 31 (1984), 5-14.

MARTIN, D.: Grundlagen der Trainingslehre. Teil I: Die inhaltliche Struktur des Trainingsprozesses. Schorndorf 1979.

MARTIN, D./CARL, K./LEHNERTZ, K.: Handbuch Trainingslehre. Schorndorf 1993[2].

MÜLLER, K.-J.: Statische und dynamische Muskelkraft. Frankfurt/M. 1987.

RÖTHIG, P./GRÖSSING, S. (Hrsg.): Kursbuch Sport 1. Sportbiologie. Wiebelsheim 2001[5].

WEINECK, J.: Optimales Training. Leistungsphysiologische Trainingslehre unter besonderer Berücksichtigung des Kinder- und Jugendtrainings. Balingen 2000[11].

WIRHED, R.: Sport-Anatomie und Bewegungslehre. Stuttgart, New York 2001[3].

Wie wird Beweglichkeit trainiert?

Begriff und Erscheinungsformen der Beweglichkeit

Beweglichkeit ist die Basis für eine hohe Bewegungsqualität. Sie wirkt sich positiv auf konditionelle und koordinative Leistungsfaktoren und somit auf technische Fertigkeiten aus. Die Beweglichkeit wird in der Trainingswissenschaft auch als „Gelenkigkeit" bezeichnet. Im sportlichen Anwendungsbereich ist der visuell erfassbare und messbare Parameter der Beweglichkeit die Bewegungsamplitude in einem oder mehreren Gelenksystemen.

Die wesentlichen Einflussgrößen der Beweglichkeit sind die **Gelenkstruktur** und die **Dehnfähigkeit** der elastischen Elemente von Muskeln, Sehnen und Bändern. Die Gelenkstruktur gibt den anatomischen Aktionsradius vor. Von der Dehnfähigkeit der elastischen Elemente ist abhängig, inwieweit der von der Gelenkstruktur vorgegebene Aktionsradius ausgenutzt wird. Durch Training kann lediglich die Dehnfähigkeit beeinflusst werden, die Gelenkstruktur nicht.

Abb. 44: Bewegungsamplitude.

Beweglichkeit ist die Eigenschaft, Bewegungen mit der erforderlichen bzw. optimalen Amplitude auszuführen, welche durch die Gelenksysteme ermöglicht wird.

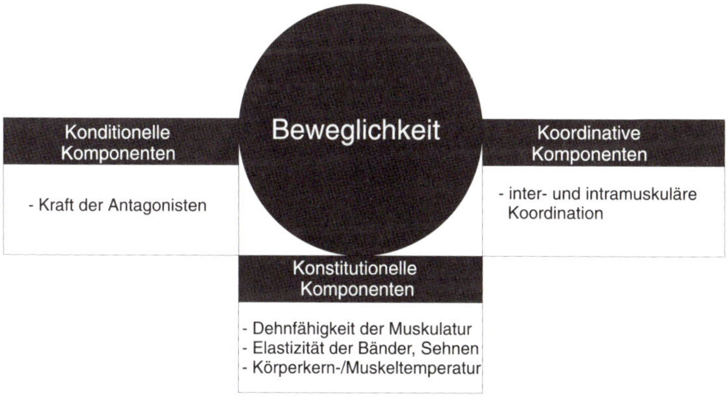

Abb. 45: Leistungslimitierende Komponenten der Beweglichkeit.

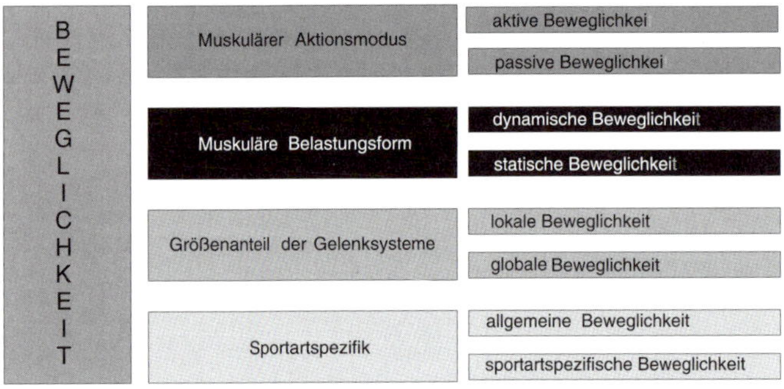

Abb. 46: Differenzierungsaspekte der Beweglichkeit.

Die Beweglichkeit lässt sich nach vier Aspekten differenzieren (nach JOCH/ÜCKERT 1999):

1. Muskulärer Aktionsmodus
2. Muskuläre Belastungsform
3. Sportartspezifik
4. Größenanteil der Gelenksysteme

Aktive und passive Beweglichkeit

Die **aktive Beweglichkeit** ist durch die Bewegungsamplitude gekennzeichnet, die aufgrund der Kontraktion der Agonisten und durch die simultane Dehnung der Antagonisten erreicht wird.

Die **passive Beweglichkeit** wird durch das Einwirken äußerer Kräfte (Partner, Gerät, Geländer, Nachhelfen mit Händen etc.) realisiert. Die Amplitude kann dabei über die durch Eigenaktion erreichbare Grenze gesteigert werden. Die passive Beweglichkeit ermöglicht somit größere Amplituden als die aktive.

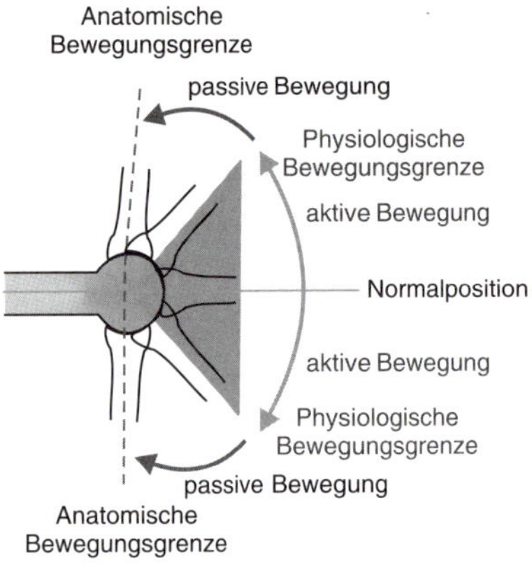

Abb. 47: Die Bewegungsgrenze der aktiven und passiven Beweglichkeit (nach JOCH/ÜCKERT 1999).

Statische und dynamische Beweglichkeit

Die **statische Beweglichkeit** bezeichnet die Fähigkeit, eine möglichst große Gelenkwinkelstellung einzunehmen und, ohne den Gelenkwinkel zu verändern, beizubehalten (Standwaage, Bielmann-Pirouette). Die statische Aktionsform kann aktiv und passiv erfolgen.

Wird eine bestimmte Gelenkwinkelstellung nur kurzfristig eingenommen, z.B. durch Nachfedern, spricht man von **dynamischer Beweglichkeit** (Hürdenschritt, Ausholbewegung bei leichtathletischen Würfen, Tretkurbelbewegung beim Radfahren). Bei dynamischen Beweglichkeitsübungen werden größere Amplituden erreicht als bei statischen.

Allgemeine und spezifische Beweglichkeit

Die **allgemeine Beweglichkeit** bezeichnet die Fähigkeit, in den Hauptgelenksystemen Bewegungen mit einer „normalen", nicht eingeschränkten Amplitude auszuführen. Die Gelenksysteme sind zu differenzieren in:
1. Halswirbelsäule, Brustwirbelsäule, Kopf
2. Schultergelenk, obere Extremität (Arme)
3. Lendenwirbelsäule, Hüftgelenk, untere Extremität (Beine, Füße).

In nahezu allen Sportarten ist eine über dieses Maß hinausgehende **spezifische Beweglichkeit** erforderlich. Diese sportartspezifische Beweglichkeit kann lokale Gelenksysteme (Schultergelenk bei Werfern oder Schwimmern) oder auch globale Gelenksysteme (Wirbelsäule im Turnen) betreffen.

Lokale und globale Beweglichkeit

Ein weiteres Klassifizierungskriterium der Beweglichkeit ist der Anteil der an einer sportlichen Bewegung beteiligten Gelenksysteme. Die **lokale Beweglichkeit** ist durch den Einsatz von einem Gelenksystem bestimmt (z.B. Fuß-, Hand- oder Fingergelenk, aber auch Schultergelenk). Sind mehrere oder größere Gelenkbereiche an einer Bewegung beteiligt, spricht man von **globaler Beweglichkeit** (z.B. Bielmann-Pirouette, Hürdenschritt).

Exkurs: Hyper- und Hypomobilität

Das Festlegen von Normwerten in der Beweglichkeit ist generell problematisch. Aus diesem Grund ist auch eine Vielzahl diagnostischer Beweglichkeitstests kritisch zu betrachten. Es werden zwei von der „Normalität" abweichende Beweglichkeitsformen differenziert. Eine übermäßig ausgeprägte Beweglichkeit wird als **Hypermobilität** bezeichnet, eine eingeschränkte Beweglichkeit als **Hypomobilität**.

Die **Hypermobilität** ermöglicht Bewegungen, die über die normale physiologische und anatomische Bewegungsgrenze hinausgehen. Die Ursachen hypermobiler Gelenke können genetischer, trainingsbedingter oder traumatischer Natur sein. In der sportlichen Praxis ist die Hypermobilität Folge von Überlastung: Gelenkkapseln und Bänder sind gelockert. Hypermobile Gelenke sind durch eine hohe Instabilität charakterisiert, d.h., das Gelenk ist unzureichend durch kräftige Muskulatur, Sehnen und Bänder „gesichert".

Abb. 48: Hypermobilität der Wirbelsäule (insb. im Hals- und Lendenabschnitt) bei sog. „Schlangen- oder Kautschuk"-Menschen (modifiziert nach Tittel 1994).

Die Hypermobilität ist jedoch nicht grundsätzlich als eine pathologische (krankhafte) Form der Beweglichkeit zu betrachten. Nahezu jede Sportart setzt Hypermobilitäten in geringerem bis sehr deutlichem Ausmaß voraus. Nicht nur das (Kunst-) Turnen, die Wettkampfgymnastik oder das Eiskunstlaufen sind dafür Paradebeispiele, sondern auch Sportarten und Disziplinen, die lokale Hypermobilitäten erfordern, wie z.B. Schwimmen, Badminton, Hürdenlaufen und Hochsprung. Bei Artisten und Kunstturnern ist z.B. häufig eine Hypermobilität der Wirbelsäule im Hals- und Lendenabschnitt zu beobachten, bei den Schwimmern beispielsweise eine Hypermobilität der Schultergelenke.

Wenn die gelenkumgebende Muskulatur einen guten Kräftigungszustand aufweist, führt die Hypermobilität nicht zu einer unmittelbaren Verletzung. Dies erklärt die Bedeutung von Dehn- und Kräftigungsübungen. Beweglichkeit auf Kosten der Stabilität eines Gelenksystems (= Hypermobilität) bewirkt eine größere Verletzungsanfälligkeit und langfristig degenerative Gelenkveränderungen. Sind Gelenke bereits instabil, sollten keine forcierten Dehnübungen durchgeführt werden, sondern Kräftigungsübungen.

Die **Hypomobilität** bezeichnet eine deutlich eingeschränkte Beweglichkeit. Hypomobilität kann die Folge von einseitigen Belastungen über einen längeren Zeitraum sein, beispielsweise ist bei Fußballspielern häufig die hintere Oberschenkelmuskulatur Muskulatur (Mm. ischiocrurales) betroffen. Aber auch Krafttraining ohne Dehnübungen, Fehlhaltungen und auch die Folge von Gelenkimmobilisationen (Gipsverband) nach Verletzungen können zu Hypomobilitäten führen. Durch vermehrte Kalkablagerung, Reduzierung der Sarkomeranzahl und auch durch Kraftrückgang ist die Beweglichkeit eingeschränkt und es bedarf eines Dehn- und Krafttrainings.

Sarkomer: Kleinste kontraktile Einheit der Muskelfaser (siehe Kursbuch Sport 1: Sportbiologie).

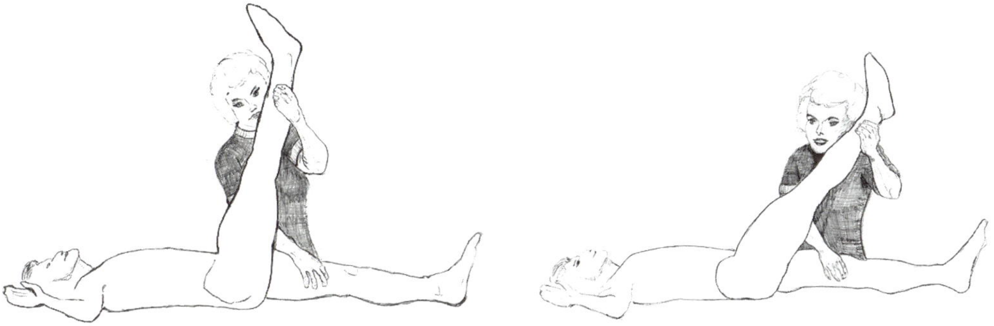

Abb. 49: Diagnose einer normalen Beweglichkeit bzw. einer geringen Beweglichkeit der Kniegelenksstrecker (Mm. ischiocrurales) (modifiziert nach WEINECK 2000).

Aufgabe 65

Führen Sie – wie in Abb. 49 dargestellt – bei mehreren Personen eine Diagnose der Dehnfähigkeit der Kniegelenksstrecker durch.

Vergleichen Sie die Ergebnisse. Welche Ursachen könnten für die unterschiedlichen Beweglichkeitsamplituden ausschlaggebend sein?

Zusammenhänge der Beweglichkeit mit anderen Komponenten der sportlichen Leistungsfähigkeit

Siehe auch die entsprechenden Kapitel in diesem Kursbuch.

Eine gute allgemeine Beweglichkeit stellt grundsätzlich die Basis für das Training der konditionellen und koordinativen Leistungsfaktoren dar. Jede Sportart erfordert darüber hinaus ein spezifisches Beweglichkeitsvermögen.

Beweglichkeit und Kraft

Kraft und Beweglichkeit schließen sich nicht aus. Die muskuläre Kraft stellt die Grundlage für jede körperliche Bewegung oder auch Haltung dar, der Muskel muss dabei immer über ein bestimmtes Maß an Beweglichkeit zur Aufrechterhaltung der für die Bewegung notwendigen Muskelabschnitte verfügen. Kraft und Beweglichkeit beeinflussen sich also gegenseitig nicht negativ, im Gegenteil: Die Beweglichkeit des Bewegungsapparates erhöht den Ausnutzungsgrad der muskulären (Kraft-)Leistungsfähigkeit.

Dehnen und Kräftigen stellen demnach zwei wichtige Trainingsinhalte dar. Bei passiven Beweglichkeitsübungen wird nur die Dehnfähigkeit der Muskulatur trainiert, denn die eigene Kraftleistung wird dabei durch externe Kraftkomponenten ersetzt. Bei aktiven Beweglichkeitsübungen bestimmen die Kraft der Agonisten *und* die Dehnfähigkeit der Antagonisten die Bewegungsamplitude. Beweglichkeitsdefizite sind somit nicht generell auf die mangelnde Ausprägung *einer* Komponente zurückzuführen. Sowohl die geringe Dehnfähigkeit der Antagonisten kann die Bewegungsamplitude einschränken, als auch die geringe Kraft der entsprechenden Muskulatur.

Die Beweglichkeit ist einerseits eine notwendige Grundlage für Kraftleistungen, die Kraft andererseits erforderliche Voraussetzung für die Beweglichkeit. Unzureichend dehnfähige Muskeln entwickeln weniger Kraft.

Übermäßig hypertrophierte Muskeln (z.B. bei Bodybuildern) können zu einer rein mechanisch bedingten Einschränkung der Beweglichkeit führen (Massenhemmung). Die Beugeeinschränkung als Ursache für verminderte Beweglichkeit ist allerdings in der sportlichen Praxis eine Ausnahme und auch nur auf wenige Muskeln übertragbar, z.B. auf den zweiköpfiger Armbeuger (m. biceps brachii). Ist dieser Muskel extrem hypertrophiert, wird eine starke Beugung im Ellbogengelenk aufgrund der Muskelmasse verhindert. Der Unterarm stößt frühzeitig auf den extrem „dicken" m. biceps brachii.

Beweglichkeit und Schnelligkeit

Die Beweglichkeit ist ein leistungslimitierender Faktor für schnelle Bewegungen. Das Resultat sportlicher Leistungen ist in der Regel von der Geschwindigkeit der (Teil-)Bewegungen abhängig. Dabei gilt es, die sportartspezifische optimale Bewegungsamplitude möglichst schnell auszuführen. Da Gelenkwinkel-Endstellungen unbedingt zu vermeiden sind, ist eine sportartspezifische Beweglichkeitsreserve notwendig. Nur Bewegungen mit einer (Amplituden-)Reserve sind optimal. Das absolute Limit auszuschöpfen ist leistungseinschränkend, zum einen, weil in Gelenkwinkelendstellungen keine Maximalgeschwindigkeiten erreicht werden können, zum anderen, weil eine größere Verletzungsgefahr besteht.

Dies gilt auch für die sich wiederholenden Teilbewegungen in zyklischen Sportarten, z.B. Armbewegung im Schwimmen, Tretkurbeln beim Radfahren, um eine hohe Bewegungsfrequenz zu erreichen, und auch für azyklische Bewegungen (Würfe in der Leichtathletik und in Sportspielen, Sprünge, Schlagbewegungen im Badminton, Volleyball, Tennis etc.), um eine hohe Bewegungsgeschwindigkeit zu erzielen bzw. auf ein Gerät zu übertragen.

In Schwimmdisziplinen wird der Gelenkradius (360°) des Schultergelenks beinahe vollständig ausgenutzt. An eine Armzugbewegung (Delphin- oder Kraul) nach hinten (Unterwasserphase) wird direkt die Schlagbewegung nach vorn (Überwasserphase) angeschlossen. Sowohl dieser „Bewegungsübergang" als auch die Überwasserphase sollten in kürzester Zeit erfolgen. Aus der extremen Schulterstreckung heraus muss dafür maximal schnell die Überwasser-Armschlagbewegung eingeleitet und bis zum Eintauchen der Arme vorn durchgeführt werden. Die schnelle Bewegungsgestaltung setzt dabei eine ausgeprägte Beweglichkeit im Schultergelenkbereich voraus, d.h. die Ausschöpfung einer großen individuell submaximalen, aber nicht individuell maximalen Bewegungsamplitude.

Beweglichkeit und Ausdauer

Aufgabe 66

Suchen Sie Beispiele für Ausdauersportarten, in denen eine spezifische Beweglichkeit erforderlich ist.

Die Bewegungsökonomie ist bei Ausdauerleistungen ein leistungsdeterminierendes Kriterium. Eine optimale allgemeine Beweglichkeit fördert die Bewegungsökonomie und somit auch die Verringerung des Energieverbrauchs. Ein nicht optimal bewegliches Gelenksystem erfordert aufgrund mangelnder Dehnfähigkeit der Muskulatur zur Ausführung bestimmter Bewegungen einen erhöhten Kraftaufwand zu Lasten der Ökonomie. Die Beweglichkeitsanforderungen in Ausdauersportarten sind sehr unterschiedlich. Während im Laufen eine gute allgemeine Beweglichkeit genügt, ist in anderen Ausdauersportarten eine optimal ausgeprägte sportartspezifische Beweglichkeit im Hüft- und Beinbereich leistungsfördernd.

Beweglichkeit und Koordination/Technik

Die Beweglichkeit stellt eine wesentliche Voraussetzung für das Erlernen und Ausführen sportlicher Techniken dar. Eine unzureichende Beweglichkeit beeinträchtigt den technischen Ablauf einer Bewegung, nicht nur in solchen Sportarten, die extreme Hypermobilitäten fordern.

Beim Rad fahren beispielsweise beeinträchtigt eine mangelhafte Beweglichkeit im Fußgelenk die technische Phasengestaltung des Tretkurbelzyklus, was sich u.a. in einer geringeren maximalen Tretkurbelfrequenz niederschlägt. Die Verminderung der Bewegungsqualität äußert sich in Veränderungen der zeitlich-dynamischen Struktur der Bewegung. Beispielsweise führt im Speerwerfen eine unzureichende Beweglichkeit im Bereich des Schultergelenksystems zu einer Verringerung des optimalen Beschleunigungsweges als Voraussetzung dafür, dass eine hohe Abfluggeschwindigkeit des Speeres erreicht wird. Insofern ist die Beweglichkeit im Schultergelenk ein leistungsbestimmender Parameter für die Speerwurfleistung.

Einflussfaktoren auf die Beweglichkeit

Alter: Insgesamt nimmt die Beweglichkeit mit fortschreitendem Alter ab. Bereits bei Jugendlichen ist die Beweglichkeit im Vergleich zum Kindesalter geringfügig reduziert, was sich mit weiter zunehmendem Alter noch verstärkt. Die Ursache ist in einer Verminderung der Zellzahl, in einem Wasserverlust und einer Abnahme der elastischen Fasern der Sehnen, Bänder und Muskelfaszien zu sehen. Jedoch kann durch Beweglichkeitstraining eine hohe Beweglichkeit bis zum fortgeschrittenen Alter erhalten werden. Das Erreichen und der Erhalt eines bestimmten Beweglichkeitsniveaus setzen ein regelmäßiges, zeitweise intensives Beweglichkeitstraining voraus.

Geschlecht: Hormonell bedingt sind Frauen beweglicher als Männer. Der höhere Östrogenspiegel der Frauen bewirkt einen höheren Wasser- und Fettgehalt des Gewebes, eine geringere Gewebsdichte und einen geringeren Muskeltonus. Die weibliche Muskulatur setzt einer Muskeldehnung einen geringeren Widerstand entgegen, die Dehnfähigkeit ihrer Muskulatur ist größer als die der Männer. Östrogen wird deshalb auch als „Weichmacher" bezeichnet.

Tageszeit: Die tageszeitlichen Veränderungen der Beweglichkeit sind mit der Tagesrhythmik anderer motorischer Eigenschaften vergleichbar. Die Beweglichkeit ist morgens stets geringer als mittags oder abends. Die tageszeitliche Abhängigkeit der Beweglichkeit ist im Training zu berücksichtigen.

Aufwärmen und Körperkerntemperatur: Beweglichkeitsübungen geht immer ein intensives Aufwärmprogramm voraus. Ziel ist dabei, durch ganzkörperliche Aktivität die Körperkerntemperatur auf ca. 39°C zu erhöhen. Nur dadurch kann eine Erwärmung der tiefen Muskulatur erreicht werden. Der Erhöhung der Körperkerntemperatur folgen neben positiven Effekten für den Stoffwechsel, für das Herz-Kreislauf-System, für die Atmung, für den Bewegungsapparat auch qualitative und quantitative Leistungssteigerungen.

Tab. 12: Effekte des Aufwärmens für den Bewegungsapparat.

	Aufwärmeffekt für den Bewegungsapparat
Gelenkknorpel	– Zunahme der Knorpeldicke(Durchsaftung) – Zunahme der Synovialflüssigkeit – Verminderung der Synovialviskosität
Bindegewebe	– optimale Zunahme der Elastizität und Plastizität kollagener Fasern
Muskulatur	– Reduzierung der viskösen und elastischen Widerstände – geringere Verletzungsgefahr – verbesserte Dehnfähigkeit

Aktives Aufwärmen ist nicht zu ersetzen! „Wärmesalben" wirken kontraproduktiv.

Einem allgemeinen folgt ein sportartspezifisches Aufwärmen. Es soll im speziellen Programm die später geforderte sportartspezifische Belastungsintensität erreicht werden. Passives Aufwärmen, bei dem keine aktiven Bewegungen durchgeführt werden, sondern „Fremdhilfen" in Anspruch genommen werden (Sauna, Wärmesalbe, heißes Duschen, Massage), ersetzt kein aktives Aufwärmen, bei dem aktive Übungen (Einlaufen, Vorbelasten etc.) ausgeübt werden. Beim passiven Aufwärmen wird fälschlich vermutet, „warm" zu sein, obwohl nur eine oberflächliche Erwärmung der Muskelstrukturen erreicht wird. Die „beliebten" Wärmesalben wirken sogar kontraproduktiv, denn sie entziehen dem Muskelinneren Wärme, um die Muskeloberfläche zu erwärmen. Bei niedrigen Außentemperaturen ist es wichtig, sich mit entsprechend warm haltender Kleidung ganzkörperlich aufzuwärmen.

Ermüdung: Nach intensiver Belastung ist die Beweglichkeit eingeschränkt. Einen Erklärungsansatz liefern dafür die biochemischen Prozesse. Nach intensiven sportlichen Belastungen verringert sich der ATP-Spiegel in der Muskulatur. Die Brückenbindungen der Aktin- und Myosinfilamente können aufgrund der fehlenden „Weichmacherwirkung" des ATP's nicht so schnell gelöst werden wie im ausgeruhten Zustand. Die Dehnfähigkeit der Muskulatur ist dadurch geringer. Dies wird durch ermüdungsbedingtes Anschwellen der Muskelzellen verstärkt. Zudem ist durch Ermüdung der Muskeltonus erhöht, wodurch einer Dehnung ein höherer Widerstand entgegengesetzt wird. Ein müder Muskel ist weniger dehnfähig und verletzungsanfälliger als ein frischer.

Ziele und Effekte des Beweglichkeitstrainings

Beweglichkeitsübungen stellen einen nicht austauschbaren Bestandteil im Training dar und sind generell ein unverzichtbarer Bestandteil beim Aufwärmen. Der Beweglichkeit wird allzu oft nur wenig Bedeutung beigemessen, das Beweglichkeitstraining lediglich als „lästige Pflichtübung" abgetan (insbesondere in Spielsportarten: Fußball, Handball etc., aber auch in den Natur- und Trendsportarten: Ski fahren, Snowboarden, (Inline-)Skating etc.).

Das Ziel des Beweglichkeitstrainings leitet sich aus den sportlichen Anforderungen ab und besteht aus der **Optimierung der Bewegungsamplitude**. Die Optimierung kann aus

- einem **Maximieren** bestehen, wenn der Leistungserfolg von der maximalen Bewegungsamplitude abhängig ist (Turnen, Rhythmische Sportgymnastik etc.),
- einem **Erweitern** im Sinne des sportartspezifischen Anspruchs (Hürdenlauf, Speerwurf etc.),
- einer **Wiederherstellung** (Rehabilitierung) nach Verletzungen,
- einem **Erhalten** der Amplitude (Konservieren), um altersbedingte Einbußen zu vermeiden.

Mit dem Beweglichkeitstraining wird das Ziel der Verletzungsprophylaxe verknüpft. Dehn- und Kräftigungsübungen führen langfristig zu einer höheren Toleranz von Dehnungsspannungen (der Muskel wird dehnfähiger und elastischer) und zu einer stabileren muskulären „Sicherung" der Gelenke.

Der menschliche Bewegungsapparat ist nur so stabil wie sein schwächstes Element. Beweglichkeitsfördernde Trainingsinterventionen bestehen demnach immer aus Dehnen und Kräftigen. Durch Kräftigung wird die notwendige **Stabilität** eines Gelenksystems verbessert, durch Dehnung die **Mobilität**.

Kräftigung dient der Stabilität, Dehnung der Mobilität des Gelenksystems.

Das Erreichen der maximalen Bewegungsamplitude stellt nicht generell das übergeordnete Trainingsziel dar. In erster Linie steht die Ausbildung einer optimalen allgemeinen Beweglichkeit im Vordergrund, welche die Basis für sportartspezifisches Beweglichkeitstraining darstellt und einen beträchtlichen Beitrag zur kurzfristigen, aber vor allem auch zur langfristigen Verletzungsprophylaxe leistet.

Die Vergrößerung der Bewegungsamplitude aufgrund von Dehnen ist unbestritten. Die Bewegungsamplitude kann nach mehrfachem Wiederholen zu einem größeren Dehnungsgrad führen. Die höchste Steigerungsrate wird beim Dehnen während der ersten 3 bis 5 Bewegungswiederholungen erzielt, danach treten nur noch geringe Verbesserungen ein.

Dehntraining vermindert nicht – wie bislang angenommen – den passiven Dehnungswiderstand des Muskels, reduziert somit auch nicht den Muskeltonus, sondern bewirkt die Toleranz einer stärkeren Längenänderung des Muskels (FREIWALD u. a. 1999). Die Hauptursache einer erhöhten Beweglichkeit bzw. einer höheren Bewegungsamplitude besteht also in der erhöhten subjektiven Toleranz gegenüber Dehnungsreizen.

Das Beweglichkeitstraining ist insbesondere ein Rezeptortraining und ein Training der spinalen und zentralen Verarbeitung der Dehnungsreize (FREIWALD/ENGELHARDT 1996).

Beim Dehnen werden also keine Muskel-, Bänder- oder Sehnenstrukturen ‚länger'. Die Habituation bzw. die Potentialbildung von (Dehn-)Rezeptoren stellen den entscheidenden Mechanismus der Verbesserung der Beweglichkeit dar. Zudem verändern sich die spinalen und zentralen Verarbeitungen der Dehnungsreize, so dass die subjektive Toleranz gegenüber Dehnungsbeanspruchungen steigt. Bei regelmäßigem Dehnen folgen diesen funktionalen Anpassungsprozessen die strukturellen.

Wird das Beweglichkeitstraining nicht regelmäßig ausgeführt, bzw. die Beweglichkeitsgrenze nicht wiederholt ausgeschöpft, erfolgt eine schnelle Einschränkung der Beweglichkeit.

Im Kindes- und Jugendalter können schnellere Anpassungen an Beweglichkeits- bzw. Dehnungsreize festgestellt werden als im Erwachsenenalter. Dafür ist in erster Linie die größere Gewebeplastizität im kindlichen Alter verantwortlich.

Eine gute allgemeine Beweglichkeit ist für eine gleichmäßige Belastung der Gelenkknorpel notwendig. Gelenkschäden können so verhindert oder reduziert werden. Dehnfähigere Muskeln ermöglichen größere Bewegungsamplituden und auch kurzfristige dynamische Maximalbelastungen, wodurch die Verletzungsgefahr der Muskulatur (Zerrungen, Risse) reduziert wird. Dehnen und Kräftigen führen langfristig auch zu einer Verstärkung der fibrillären Strukturen der Muskulatur und Sehnen, wodurch ein Schutz vor Muskelverletzungen gewährleistet wird.

Sehnen nehmen nach einer Dehnung sofort wieder die ursprüngliche Form ein. Sie werden durch Training nicht dehnfähiger, sondern erhöhen ihre Stabilität, die zur Kraftübertragung notwendig ist.

Durch Extremdehnungen können Bänder langfristig Einbußen in ihrer Stabilisierungsfunktion erfahren, indem sie einen Dehnungsrückstand behalten. Übungen zur „Dehnung der

Bänder" sind zu vermeiden (z.B. das Gehen auf der Außenkante des Fußes).

Es ist eine typische Eigenschaft der Mechanorezeptoren, sich an wiederholte Reize schnell zu adaptieren, doch genauso passen sie sich auch an Nichtbelastung an, so dass nur ein regelmäßig, kontinuierliches Beweglichkeitstraining zu den erwünschten Effekten führt.

Dehnmethoden

Die Frage nach der Effektivität der Dehnmethoden lässt sich nicht eindeutig beantworten (WIEMANN 1993). Die Belastungskomponenten des Beweglichkeitstrainings (Reizdichte, Reizstärke, Reizdauer, Reizumfang, Reizhäufigkeit) richten sich nach dem (langfristigen) Trainingsziel und/oder in der unmittelbaren Wettkampfvorbereitung nach dem Inhalt der nachfolgenden sportlichen Leistung. Die Belastungskomponenten sind in der langfristigen Vorbereitung, also im Training, anders gewichtet als in der Aufwärmphase unmittelbar vor dem Wettkampf. Somit muss zwischen Beweglichkeitsübungen im Trainingsprozess und Beweglichkeitsübungen innerhalb eines Aufwärmprogramms differenziert werden.

Es werden dynamische und statische Belastungsformen unterschieden. Jede Dehntechnik lässt sich in aktiver und passiver Form durchführen, woraus sich vier **Basis-Dehnmethoden** ableiten:

- die **aktiv-dynamische** und die **passiv-dynamische Dehnmethode** sowie
- die **aktiv-statische** und die **passiv-statische Dehnmethode**.

Statisches Dehnen

Das statische Dehnen gliedert sich in drei Phasen. Während der Phase des „easy stretch" wird die maximale Dehnstellung eingenommen und für ca. 10 sec gehalten. Es erfolgt eine subjektiv spürbare Spannungsminderung und eine kurze Entspannungsphase der Muskulatur (3 sec). In der darauf folgenden Phase des „development stretch" wird die Dehnstellung minimal erweitert und wiederum für 10 sec statisch gedehnt. Der „drastic stretch", der einen Dehnungsschmerz verursacht, ist zu vermeiden. Die Minimalanforderung ist jedoch das Ertragen eines spürbaren „Ziehens" im Muskel.

Das **aktiv-statische Dehnen** wird durch die Kraft der Antagonisten bestimmt. Der zu dehnende Muskel wird durch die Kontraktion der entsprechenden Muskulatur aktiv in die Dehnposition gebracht. Während des Haltens der Endstellung bestimmt die isometrische Kraft des Antagonisten die Intensität des Dehnvorgangs. Insbesondere im Turnen („sicherer Stand", Standwaage etc.) spielt diese Muskeldehnungsform eine bedeutende Rolle. Diese Dehntechnik erfordert Erfahrung und Körpergefühl. Dieser Methode wird ein geringerer Trainingseffekt als der passiv-dynamischen zugesprochen, weil die Antagonisten der zu dehnenden Zielmuskeln nicht konstant die Kraft erzeugen können, die für einen effektiven Dehnreiz notwendig ist.

Die Einnahme der Dehnstellung erfolgt beim **passiv-statischen Dehnen** durch externe Krafteinwirkung (Partner, eigene Hände, Wand etc.), wodurch ein Gelenk in eine maximale Dehnstellung bewegt werden kann. Diese Dehnmethode (auch „passives Ausziehen", „zähes Dehnen" genannt) wird auch als das „wahre" Stretching bezeichnet (z.B. Sölveborn 1997). Der Begriff „Stretching" beschreibt aber keine eigenständige Dehnübung, sondern ist lediglich die englische Übersetzung für Dehnen. Die Stretchingwelle Anfang der 80er-Jahre nahm Einzug in die Trainingsprogramme und verdrängte das dynamische Dehnen, das als „Zerrgymnastik" bezeichnet wurde. Stretching wurde und wird sogar heute noch als eigenständige Sportart betrieben. Dies ist jedoch nur dann sinnvoll und effektiv, wenn Dehnübungen mit Kräftigungsübungen systematisch kombiniert werden. Die dem „Stretching" zugesprochenen Vorteile haben sich weder bewährt, noch haben sich die dem dynamischen Dehnen nachgesagten Nachteile (insbesondere die Verletzungsgefahr) empirisch belegen lassen (Freiwald/Engelhardt 1996).

Aufgabe 67

Informieren Sie sich über den Dehnungs-Verkürzungszyklus im Kapitel „Wie wird Kraft trainiert?"

Darüber hinaus scheint „Stretching" einen negativen Einfluss auf Schnellkraftleistungen zu haben. Die Ursache liegt in einer Abnahme der neuronalen Aktivierbarkeit der Muskeln und in einer leistungsmindernden plastischen Verformung des Bindegewebes, wodurch im Dehnungs-Verkürzungs-Zyklus (DVZ) nicht ausreichend potentielle Energie gespeichert und wieder abgegeben werden kann. Da statisches Dehnen verminderte Schnellkraftleistungen zur Folge hat und diese negative Beeinflussung nach dem Dehnen erhalten bleibt, sollte intensives statisches Dehnen in der Aufwärmphase bei Sportarten mit einem hohen Anteil an Schnellkraftleistungen vermieden werden.

Dynamisches Dehnen

Beim dynamischen Dehnen wird eine submaximale Dehnstellung eingenommen und mit federnden Bewegungen sukzessive die maximale Dehnstellung „ertastet". Die Dehnung wird progressiv intensiviert: Die Feder- bzw. Wippbewegungen sind zu Beginn mit geringer Geschwindigkeit und Amplitude durchzuführen. Dann werden die Geschwindigkeit und Amplitude ein wenig gesteigert.

Dehnübungen mit kleiner Amplitude und geringer Geschwindigkeit sollten ca. 15 mal wiederholt werden, Übungen mit größerer Amplitude und höherer Geschwindigkeit ca. 3-5 mal.

Aktiv-dynamisches Dehnen ist zur Vorbereitung auf sportliche Leistungen gut geeignet. Der Vorteil aktiv-dynamischen Dehnens besteht in dem engen Bezug zur sportartspezifischen Bewegung. In der sportlichen Praxis erfolgen nahezu alle Bewegungen dynamisch, und dies mit maximalen Geschwindigkeiten und Intensitäten. Folgt man den „goldenen Regeln" dynamischen Dehnens besteht keine erhöhte Verletzungsgefahr.

„Verletzungen durch dynamische Dehnungen sind uns nicht bekannt" (FREIWALD u.a. 1999).

Die 10 goldenen Regeln für Dehnübungen:

1. Vor dem Dehnen aufwärmen!
2. Keine ruckartigen, sondern zügig-fließende, federnde Bewegungen praktizieren!
3. Keine effektivitätsmindernden Ausgleichsbewegungen ausführen!
4. Keinen Muskel dehnen, der durch Haltearbeit angespannt ist!
5. Bewegungen kontrolliert, technisch korrekt durchführen!
6. Den Dehnungsgrad allmählich steigern, nicht über die Schmerzgrenze hinausgehen
7. Die zu dehnende Muskulatur sollte entspannt sein!
8. Der Muskel sollte nicht in ermüdetem Zustand sein!
9. Grenze der Dehnfähigkeit nicht aktiv erzwingen!
10. Agonisten und Antagonisten im Wechsel dehnen!

Die **passiv-dynamische Dehnung** ist dadurch gekennzeichnet, dass externe Kräfte Auslöser der federnden Bewegungen sind. Der Trainierende nimmt eine Dehnhaltung ein, die dann der Partner durch Federn bzw. wippende Bewegungen verstärkt. Bei passiven Dehnübungen mit einem Partner besteht die Gefahr, dass dieser die Dehngrenze überschreitet. Das dynamische Dehnen mit Partnerhilfe erfordert eine hohe Kompetenz und Rücksichtsnahme des Partners. Falscher Ehrgeiz ist hierbei völlig unangebracht, denn inkorrektes Dehnen ist effektlos, extreme Dehnungen können zu Verletzungen führen.

Weil in der sportlichen Praxis situationsbedingt extreme Bewegungsamplituden notwendig sind (Hohlkreuzbildung im Hochsprung, Ausfallschritte im Tennis und Badminton, Ausweichmanöver im Fechten, Tackling im Fußball, Sprungwurf im Handball etc.), die durch Dehnübungen im Beweglichkeitstraining nicht erreicht werden können, ist die Ausbildung einer „Beweglichkeitsreserve" notwendig, nicht nur, um das Verletzungsrisiko zu verringern, sondern um manche Technikanforderungen erfüllen zu können. Unter Beweglichkeitsreserve wird der in sportlichen Aktionen nicht in Anspruch genommene Grenzbereich der aktiven und passiven Beweglichkeit verstanden. Durch eine große Beweglichkeitsreserve können in der sportlichen Praxis Bewegungsamplituden bis in den individuellen Grenzbereich verhindert werden, d.h. es steht im Sinne der Verletzungsprophylaxe ein ausreichend großer „Beweglichkeitsspielraum" zur Verfügung.

Aufgabe 68

Führen Sie mehrere Dehnübungen (siehe auch Trainingsbeispiele) in allen Dehnmethoden durch. Beginnen Sie dabei mit größeren Muskelgruppen. Vergleichen Sie die subjektiven Unterschiede und die objektiven (Bewegungsamplitude) Differenzen der verschiedenen Dehnmethoden. Sind alle Dehnmethoden generell anwendbar?

Übungsbeispiele und Funktionstests

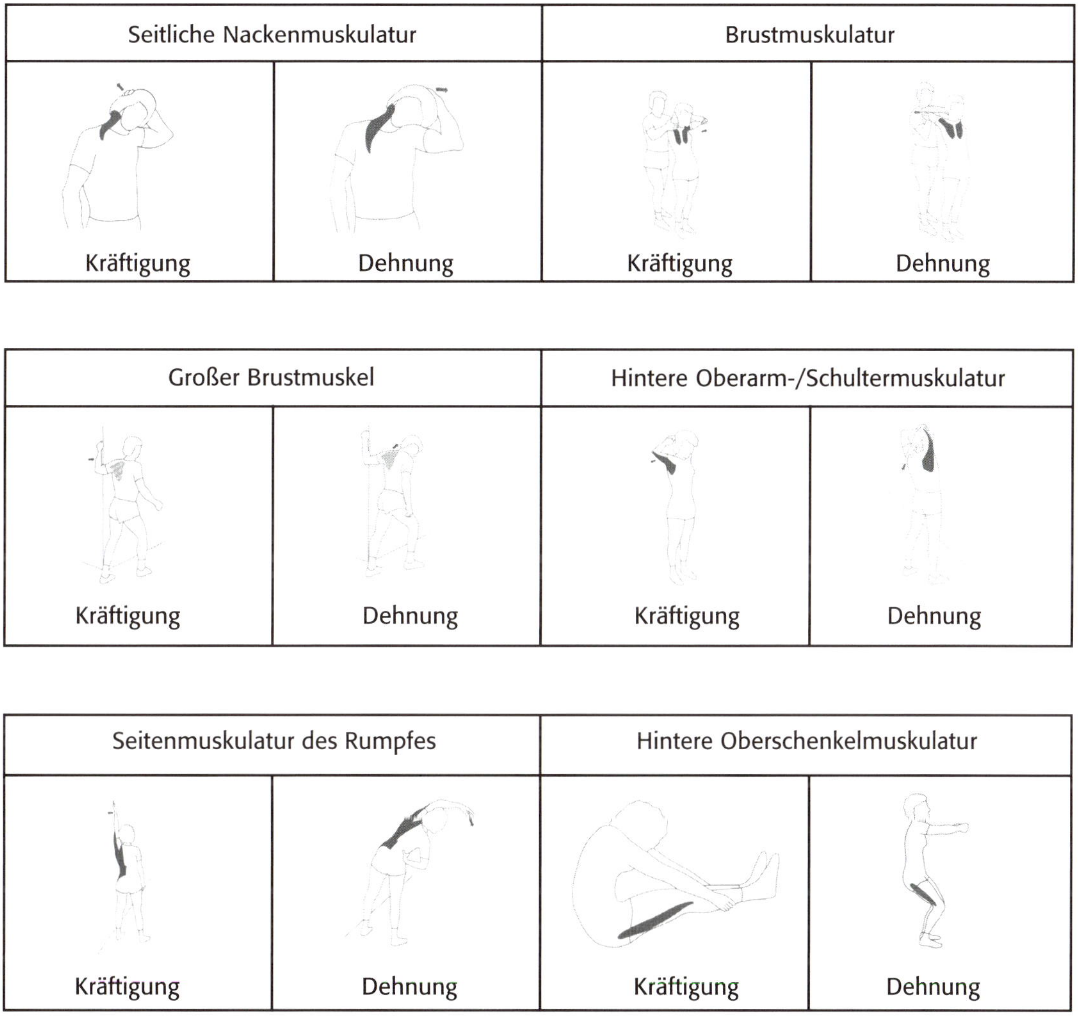

Abb. 50: Trainingsbeispiele für Dehnungs- und Kräftigungsübungen.

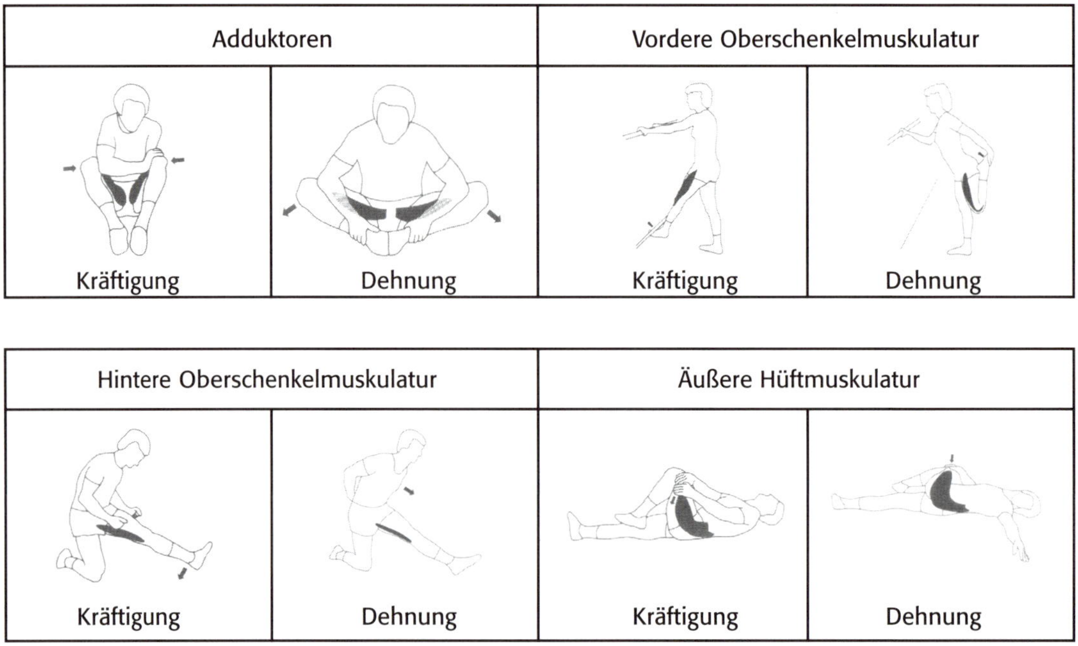

Abb. 50: Trainingsbeispiele für Dehnungs- und Kräftigungsübungen (Fortsetzung).

Die Objektivierbarkeit der Beweglichkeitstests ist im Gegensatz zur Ausdauer gering. Es sind zahlreiche allgemeine und sportartspezifische Tests entwickelt worden (Bös 2001), doch erfassen diese primär die maximale passive Bewegungsamplitude einzelner oder mehrerer Gelenke, welche für eine bestimmte Zeit – ausreichend für die Messung – eingehalten werden kann. Trotz der Vielzahl klinischer Tests und manueller Untersuchungsverfahren aus Orthopädie und manueller Medizin sind zur Beurteilung der anatomischen Funktionen und für aussagekräftige Diagnosen Spezialisten notwendig.

Bei Beweglichkeitstests ist generell zu berücksichtigen, dass diese oft nur unter therapeutisch-medizinischem Gesichtspunkt entstanden sind und sich deshalb auch überwiegend nur für diesen Bereich eignen (insbesondere für die Rehabilitation). Der Anwendungsbezug zur sportlichen Praxis fehlt in der Mehrzahl der Beweglichkeitstests.

Funktionstests zur Diagnose der Beweglichkeit spezieller Gelenke		
Wirbelsäulen- und Hüftgelenksbeweglichkeit	seitliche Rumpfbeweglichkeit	Schulterbeweglichkeit
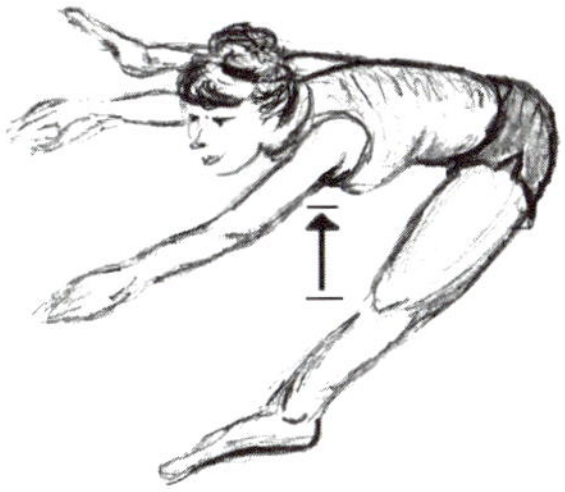 Rumpfbeuge vorwärts im Grätschsitz	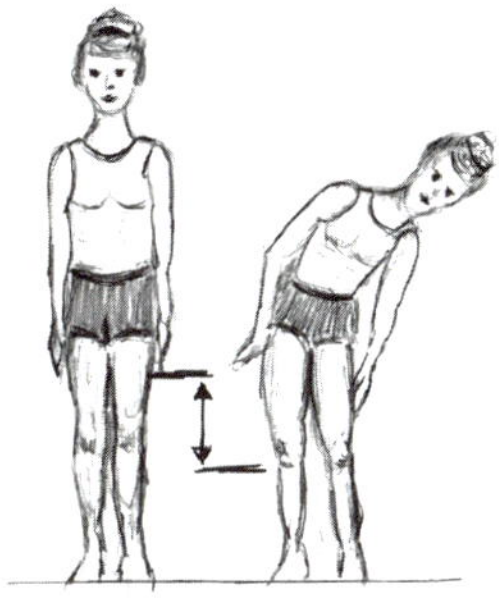 Rumpfbeugen seitwärts	 Ausschultern mit gestreckten Armen
Messung: Abstand zwischen Brust und Boden (s. Pfeil)	Messung: zurückgelegte Strecke der Finger am Bein (mit Kreide markierbar)	Messung: Griffbreite am Stab

Hüftgelenkbeweglichkeit		Rumpf-/Hüftbereich
 Seitspagat	 Querspagat	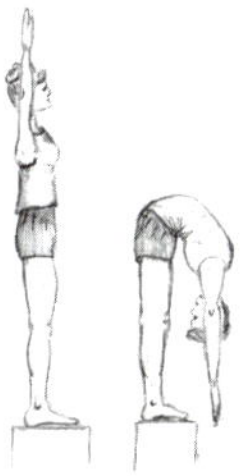 Rumpfbeuge vorwärts
Messung: Abstand zwischen Symphyse und Boden		Messung: Entfernung der Fingerspitzen zum Niveau der Füße auf Kasten oder Bank stehend.

Abb. 51: Funktionstests zur Diagnose der Beweglichkeit spezieller Gelenke (modifiziert nach Weineck 2000).

Generell ist zu beachten, dass maximale Bewegungsamplituden von den Körperproportionen beeinflusst werden. Ein „kurzer Oberkörper" und/oder „lange Beine" erschweren beispielsweise die Rumpfbeuge vorwärts. Zudem kann eine Bindegewebsschwäche die Ursache für eine hohe messbare Beweglichkeit, aber keinesfalls positiv zu bewertende Beweglichkeit sein.

Die Angabe der Beweglichkeitsleistung erfolgt in linearen Maßen (cm) oder in Winkelgraden (°).

Bei diesen Tests bleiben sportartspezifische, zeitliche und dynamische Komponenten unberücksichtigt. Viele Testformen verlangen zudem explizite anatomische und physiologische Kenntnisse. Eine detaillierte Diagnose der Beweglichkeit sollte nicht durch laienhafte Tests, sondern von Spezialisten durchgeführt werden. Es ist zu berücksichtigen, dass die Beweglichkeit nicht in allen Altersgruppen gleich ist. Die Beweglichkeit der Wirbelsäule sowie der hinteren Ober- und Unterschenkelmuskulatur ist altersbedingten Schwankungen unterlegen. Die extreme Beweglichkeit im Kleinkindalter (1–3 Jahre) ist u.a. auf optimale Körperproportionen (Beine/Rumpf) zurückzuführen. Im späten Schulkindalter und in der Pubeszenz kann es innerhalb der Wachstumsphase zu einem ungleichen Beine-Rumpf-Verhältnis kommen (z.B. lange Beine und kurzer Oberkörper), wodurch die Beweglichkeit deutlich eingeschränkt ist, obwohl weder Muskelverkürzungen noch mangelhafte Kraft die Ursache dafür darstellen.

Aufgabe 69

Führen Sie ein kleines Experiment durch, indem Sie bei mehreren Mitschülern/Personen die oben genannten Funktionstests durchführen. Versuchen Sie eine „Normtabelle" und eine Diagnose aufzustellen. Erarbeiten Sie Übungen zur individuellen Verbesserung der Beweglichkeit.

Funktionstests zur Diagnose verkürzter Muskeln		
M. rectus femoris	M. triceps surae	M. iliopsoas
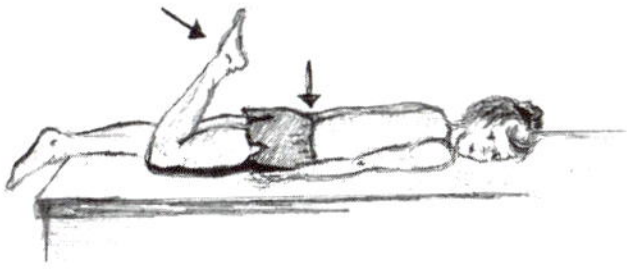		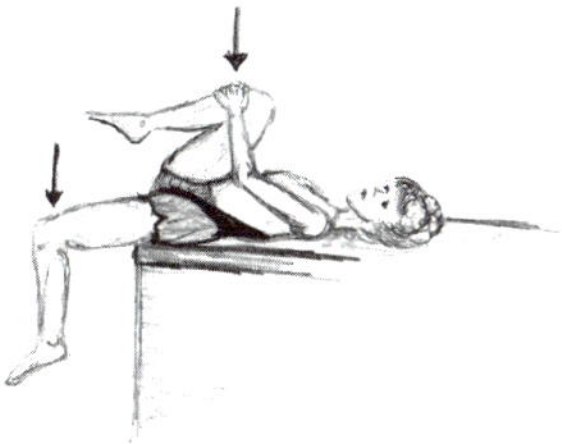
Erreicht die Ferse mit leichter Nachdehnung das Gesäß, ist der Muskel optimal dehnfähig. Ist der Abstand >15 cm, liegt eine Verkürzung des Muskels vor.	Es wird eine tiefe Kniebeuge eingenommen, muss dabei die Ferse angehoben werden, ist der M. gastrocnemius (zweiköpfiger Wadenmuskel) u. der M. soleus (Schollenmuskel) verkürzt.	Der Oberschenkel wird in Richtung Brustkorb herangezogen. Dadurch wird die Wirbelsäule gestreckt u. der M. iliopsoas erfährt auf der Gegenseite einen vermehrten Zug. Der Oberschenkel des Testbeins hebt sich in Abhängigkeit von der Verkürzung nach oben.
Mm. adductores	Mm. ischiocrurales	M. erector trunci
	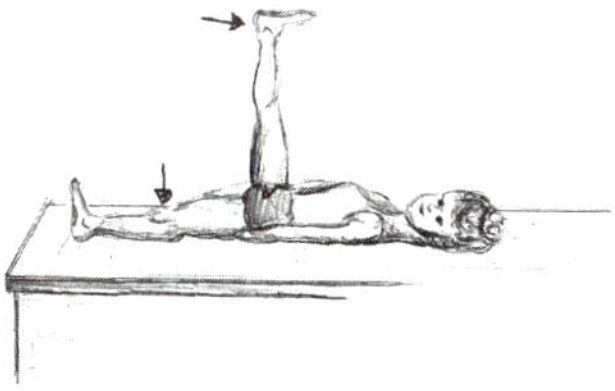	
60° = gute Dehnfähigkeit 40–60° = leichte Verkürzung bis 40° = starke Verkürzung	90° = gute Dehnfähigkeit (ohne Spannungsschmerz in der Kniekehle!) 80–90° = leichte Verkürzung 60–80° = starke Verkürzung	Abstand zwischen Stirn und Kniescheibe: 0–10 cm = gute Dehnfähigkeit 10-15 cm = leichte Verkürzung > 15 cm = starke Verkürzung

Abb. 52: Funktionstests zur Diagnose verkürzter Muskeln (modifiziert nach Weineck 2000).

Zur vertiefenden Weiterarbeit empfohlen:

JOCH, W./ÜCKERT, S.: Grundlagen des Trainierens. Münster 1999.

KNEBEL, K.-P.: Funktionsgymnastik. Reinbek 1991.

WIEMANN, K.: Stretching – Grundlagen, Möglichkeiten, Grenzen. In: Sportunterricht 42 (1993) 3, 91-106.

WYDRA, G.: Stretching – ein Überblick über den aktuellen Stand der Forschung. In: Sportwissenschaft 27 (1997) 4, 409-427.

Literaturverzeichnis:

ALBRECHT, K./MEYER, S./ZAHNER, L.: Stretching – Das Expertenhandbuch. Heidelberg 1999[2].

ALTER, M.J.: Science of flexibility. Champaign 1996.

BÖS, K. (Hrsg.): Handbuch Motorische Tests. Göttingen 2001[2].

FREIWALD, J./ENGELHARDT, M.: Beweglichkeit und Dehnung im Sport und Therapie. In: Physikalische Therapie 17 (1996) 11, 883-892.

FREIWALD, J./ ENGELHARDT, M./GWENUCH, A.: Dehnen – Möglichkeiten und Grenzen. In: Therapeutische Umschau 55 (1998) 4, 267-272.

FREIWALD, J./ENGELHARDT, M./KONRAD, P./JÄGER, M./GNEWUCH, A.: Dehnen. Neuere Forschungsergebnisse und deren praktische Umsetzung. In: Manuelle Medizin 37 (1999), 3-10.

GISLER, T.: Differenzierungen im Beweglichkeitstraining. Stuttgart 1998.

HOSTER, M.: Zur Bedeutung verschiedener Dehnungsarten bzw. Dehntechniken in der Sportpraxis. In: Die Lehre der Leichtathletik 26 (1987) 31, 1523-1526.

HOSTER, M./NEPPER, H.-U.: Dehnen und Mobilisieren. Waldenburg 1994.

JANDA, V.: Muskelfunktionsdiagnostik. Berlin 1986.

JOCH, W./ÜCKERT, S.: Aufwärmen im Sport: Intensität, Dauer und Durchführungsmethoden. In: SportPraxis 40 (1999a) 6, 5-9.

JOCH, W./ÜCKERT, S.: Aufwärm-Effekte. Kriterien für ein wirkungsvolles Aufwärmen im Sport. In: Leistungssport 31 (2001) 3, 15-19.

MAEHL, O.: Beweglichkeitstraining. Ahrensburg 1986.

MARSCHALL, F.: Wie beeinflussen unterschiedliche Dehnintensitäten kurzfristig die Veränderung der Bewegungsreichweite? In: Deutsche Zeitschrift für Sportmedizin 50 (1999) 1, 5-9.

POHL, W./HOFFMANN, M.: Felsklettern, Sportklettern. Alpin-Lehrplan II. München 1996[4].

RÖTHIG, P./GRÖSSING, S. (Hrsg.): Kursbuch Sport 1. Sportbiologie. Wiebelsheim 2001[5].

TITTEL, K.: Beschreibende und funktionelle Anatomie des Menschen. Jena/Stuttgart 1994[12].

ULLRICH, K./GOLLHOFER, A.: Physiologische Aspekte und Effektivität unterschiedlicher Dehnmethoden. In: Deutsche Zeitschrift für Sportmedizin 4 (1994) 9, 336-345.

WEINECK, J.: Optimales Training. Leistungsphysiologische Trainingslehre unter besonderer Berücksichtigung des Kinder- und Jugendtrainings. Balingen 2000[11].

WIEMANN, K.: Muskeldehnung und Stretching. In: ZICHNER, L./ENGELHARDT, M./FREIWALD, J.: Die Muskulatur – sensibles, integratives und messbares Organ. Rheumatologie – Orthopädie. Band 3. Wehr 1994, 211-230.

WYDRA, G.: Muskeldehnung – aktueller Stand der Forschung. In: Deutsche Zeitschrift für Sportmedizin 44 (1993) 3, 104-111.

WYDRA, G./GLÜCK, S./ROEMER, K.: Kurzfristige Effekte verschiedener singulärer Muskeldehnungen. In: Deutsche Zeitschrift für Sportmedizin 50 (1999) 1, 10-16.

Wie wird Bewegungs-koordination trainiert?

Funktionen der Bewegungskoordination

Bewegungen koordinieren zu lernen bedeutet, Problemlösungsstrategien zu erwerben und zu entwickeln.

Wer koordinieren kann, ist in der Lage, seine Bewegungen aufgabengerecht und zielorientiert zu steuern. Es gelingt während dieses Prozesses, die als sinnvoll und wichtig erachteten Bewegungsprobleme zu lösen.

Koordinatives Können im Sport braucht also ein **differenziertes Bewegungsgefühl**, denn es gilt herauszuspüren, was ich mit dieser oder jener Variante meines Bewegens bewirke bzw. eben nicht bewirke. Darüber hinaus erfordert es die Fähigkeit des Antizipierens (gedankliches Vorwegnehmen) und ein auf die jeweilige Situation abgestimmtes Timing: Sich zur rechten Zeit an den richtigen Ort mit der optimalen Geschwindigkeits- und Energiedosierung bewegen. Neben dem äußeren Harmonisieren, das im Ästhetischen seine Wirkung zeigt, spielt das Ökonomisieren, eine Art inneres Harmonisieren, das sich dann auch in der äußeren (motorischen) Effizienz auswirken kann, eine maßgebliche Rolle.

Über einen Schwebebalken balancieren und gleichzeitig auf beiden Seiten Bälle von unterschiedlicher Größe prellen können, ist eine anspruchsvolle koordinative Herausforderung.

Bewegungsproblem und Problemlösungsstrategie
Wer eine Bewegung nicht nur von außen in ihrer physikalischen Dimension betrachtet und diese nicht bloß zu kopieren, sondern sie zu lernen und situationsangemessen zu verändern versucht, muss sich mit kennzeichnenden Anforderungen auseinandersetzen. Diese werden im Wesentlichen durch die Funktionen bestimmt, die der Beweger (z.B. Sportler) mit der Bewegung erfüllen will, um ein ihm als attraktiv erscheinendes Ziel (z.B. einen Trick vorführen oder einen Ball möglichst zielgenau werfen) zu erreichen. Die in diesem Zusammenhang zu erspürenden Widerstände, Hemmungen, Impulse, Beschleunigungen, Kräfte oder Rhythmen machen letztlich das Bewegungsproblem der jeweiligen Bewegungsfunktion aus. Auch wenn sich vorzuführende Tricks oder erfolgreiche Würfe immer voneinander unterscheiden, sammelt der Lernende hierbei einschlägige Bewegungserfahrungen, die es ihm im Laufe der Zeit ermöglichen, daraus Problemlösungsstrategien zu entwickeln.

Aufgabe 70

Erproben Sie die kombinierte Balancier-/Prell-Aufgabe auf dem Schwebebalken. Worin besteht die zentrale Schwierigkeit? (Siehe auch das einführende Kapitel „Was ist eine sportliche Bewegung?“ im Kursbuch Sport 3: Bewegungslehre.)

Aufgabe 71

Suchen Sie in Ihrer Sportpraxis nach weiteren Beispielen, die anspruchsvolle koordinative Anforderungen stellen! Tragen Sie die Beispiele im Kurs zusammen, indem Sie diese gegebenenfalls vorführen, die koordinative Herausforderung mit ihren Worten beschreiben, in wenigen Sätzen festhalten und mit den Beispielen der anderen Kursteilnehmer vergleichen! Legen Sie eine kursinterne Aufgabensammlung an, deren Anforderungen aus möglichst vielen verschiedenen Bewegungsfeldern/Sportarten entnommen wurden.

Koordinative Kompetenz zeigt sich in einem Bewegungsverhalten, das zur rechten Zeit, am richtigen Ort mit optimaler Energie- und Geschwindigkeitsdosierung auf ein bestimmtes, meist klar definiertes, Funktions- oder Leistungsziel hinsteuert.

Koordination schafft in erster Linie **Ordnung**. Sie hilft Sportlern dabei, die motorischen Anforderungen unterschiedlicher Bewegungsaufgaben bzw. sportliche Techniken zu strukturieren. Wer koordinieren kann, steuert sein Bewegungsverhalten zielgerichteter. Koordination verspricht eine größere Erfolgswahrscheinlichkeit im Hinblick auf die Funktion der Bewegung sowie eine größere Gestaltungsfreiheit. Wer sich beispielsweise im Dribbling zu koordinieren weiß, indem er unter anderem seine Laufwege mit der Schrittfrequenz oder plötzlichen Geschwindigkeitsvariationen abzustimmen vermag und dabei auch noch ein flexibles Ballhandling integrieren kann, der verfügt zweifelsohne über entsprechend gute Gestaltungsmöglichkeiten für den Spielaufbau oder für den direkten Weg an den Verteidigern vorbei zum Tor. Das scheinbar spielerische „Durchziehen zum Korb“ ist das sichtbare Ergebnis eines anspruchsvollen und facettenreichen Koordinationsprozesses, der sich an Funktionen orientiert (zum Korb gelangen und Punkte erzielen) und dank Differenzierungsleistungen (z.B. Geschwindigkeitsvariation, flexible Laufwege) und Entscheidungsprozessen (einen Gegner ausspielen oder vorher passen), zur aufgabenbezogenen Gestaltungsfreiheit sehr viel beitragen kann.

Definitionen der „Koordination"

Bei den Versuchen, den Begriff der Bewegungskoordination zu definieren, haben sich in der Trainingslehre verschiedene Begriffsfelder herausgebildet. Entsprechende Fachtermini wurden u.a. von Rieder (1987) sowie von Willimczik/Roth (1983) zusammengestellt. Eine weitere Auswahl zum „Begriffsfeld Koordination" bietet Abbildung 58.

Aufgabe 72

Klären Sie einige der in Abbildung 53 aufgeführten Fachbegriffe und verwenden Sie diese für eine vertiefende Beschreibung eines Ihrer Praxisbeispiele zu einer besonderen Koordinationsleistung.

Akzentuierung	Anpassen	Anspannen	Antizipation	Abstoppen	
Auge-Hand und -Fuß-Koordination		Abstimmung	Anpassen	Ablaufvariation	
Ablaufkonstanz	Balancieren	Fantasie	Beschleunigungssteuerung		Beweglich-
keit	Bewegungsgefühl	Drehsinn	Drehvermögen	Differenzieren	Dosieren
Dynamik	Elastizität	Entfernungsschätzen		Entspannen	
Gewandtheit	Geschmeidigkeit	Geschicklichkeit	Impulsgebung	Jonglieren	Körper-
erfahrung Körpergefühl		Kombinieren	Komplexhandeln	Kraftabstufung	Konstanz
Kontrolle	Kinästhetik	Kopplung	Kombinieren	Lernen	Mehrfach-
handeln	Orientieren	Präzision	Raumgefühl	Reagieren	Regeln
Rhythmisierung	Richtungskontrolle	Situativ-variable-Verfügbarkeit		Spielkompetenz	Steuern
Simultanhandlung	Skills	Tempogefühl	Timing	Umstellen	Wendigkeit
Wahrnehmen	Zielkontrolle	Zielverfolgung	Zeitkontrolle	(...)	

Abb. 53: Begriffsfeld „Koordination".

Otfried Foerster (1873–1941), der deutsch-polnische Neurochirurg, hat bereits 1902 „Koordination" auf der ersten Seite in seinem Buch: „Physiologie und Pathologie der Coordination" als „Funktion – im mathematischen Sinne – der gestellten Aufgabe" definiert.

Aus dem Blickwinkel des Bewegungsphysiologen und Biomechanikers bringt Nikolai Alexandrowitsch Bernstein (1896-1966) die Funktion der Koordination wie folgt auf den Punkt: „Die Koordination der Bewegungen ist die Überwindung der überflüssigen Freiheitsgrade des sich bewegenden Organs, mit andern Worten, seine Umwandlung in ein steuerbares System. Kürzer gesagt, ist die Koordination die Organisation der Steuerbarkeit des Bewegungsapparates" (1988, 181f.).

Aufgabe 73

Welche Aspekte tauchen in allen Definitionen zum Thema bzw. Problem „Koordination" immer wieder auf? Formulieren Sie hierzu Stichpunkte oder einen Text, indem Sie immer wieder Bezug zu den von Ihnen bereits bearbeiteten Praxisbeispielen nehmen.

Schnabel (1998, 37) weist darauf hin, „dass koordinierte motorische Aktionen die Antizipation ihres Ergebnisses voraussetzen" und fährt fort, dass Koordination jene Tätigkeit ist, „die der Bewegung ihren (...) ganzheitlichen Charakter und ihre strukturelle Einheit sichert. Diese Tätigkeit beruht in erster Linie nicht auf den Besonderheiten der Vorgänge in den Einzelneuronen, sondern auf einer bestimmten Organisation ihrer gemeinsamen Aktivität."

Trainingswissenschaftliche Modelle der „Koordination"

Siehe auch das einführende Kapitel „Was ist eine sportliche Bewegung?" im Kursbuch Sport 3: Bewegungslehre.

In der aktuellen trainingswissenschaftlichen Diskussion sind drei Theorieansätze zur Erklärung von Koordinationsleistungen zu unterscheiden. Ähnlich wie in der bewegungswissenschaftlichen Diskussion nehmen diese drei Betrachtungsweisen unterschiedliche Perspektiven ein:

- Das Modell der **„koordinativen Fähigkeiten"** nimmt die Innenperspektive des Sportlers ein.
- Das Modell des **„koordinativen Anforderungsprofils"** betont die Außenperspektive der Anforderungsstruktur der jeweiligen Sportart bzw. Bewegungsaufgabe.
- Das Modell der **„koordinativen Funktionen"** nimmt schließlich die situative Beziehung zwischen Sportler und Bewegungsaufgabe in den Blick.

Das Modell der „Koordinativen Fähigkeiten"

Dieses Modell fasst die potentielle Vielfalt individueller Fähigkeiten (s. Abb. 54) zu sieben (Blume 1978) oder, wenn man die Kopplungs- und Umstellungsfähigkeit ausspart, zu fünf Fähigkeiten (Hirtz 1985) zusammen. Die sogenannten koordinativen Grundfähigkeiten werden als methodische Kategorien verstanden und mit Übungsvorschlägen ausgestattet. Auf diese Weise sind vor allem im Spektrum der methodisch ausgerichteten Literatur recht anschauliche und vor allem überaus umfangreiche Übungssammlungen entstanden (z.B. KOSEL 1992).

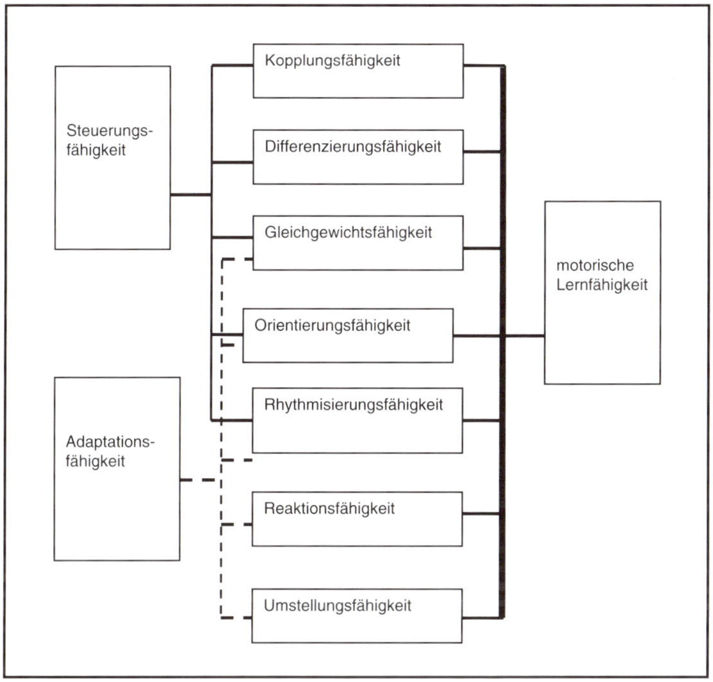

Abb. 54: Modell der Koordinativen Fähigkeiten (nach BLUME 1978).

Mittlerweile liegen für alle Sportarten und fast alle Bewegungsbereiche, wie z.B. Verkehrserziehung, Kindertraining, Schulsport bis hin zum Leistungs- oder sogar Alterssport, ausdifferenzierte Übungssammlungen vor. Dabei werden einzelne Übungen oder Spiele eindeutig einer der fünf bzw. sieben koordinativen Fähigkeiten zugeordnet.

Rhythmisierung:	Mit einem Partner gemeinsam „Spiegellaufen". Dabei werden alle Bewegungen des Partners nachgemacht und es soll versucht werden, den Laufrhythmus aufzunehmen und nachzumachen.
Reaktion:	Jemand führt über lockere Handgelenkarbeit ein Springseil schlängelnd und im Zickzack über den Hallenboden. Ein Partner soll versuchen das Seil mit einem Fußtritt zu erreichen und zu stoppen.
Gleichgewicht:	Auf zwei nebeneinander stehenden Turnbänken liegt ein Handtuch. Der Sportler nimmt Anlauf, springt auf dieses Handtuch und gleitet auf der rutschigen Unterlage einige Meter über beide Bänke.
Differenzierung:	Ein Spieler prellt mit der linken Hand einen Fuß- und mit der rechten Hand einen Basketball
Orientierung:	Zwei Partner versuchen, 10 unterschiedlich große Luftballons durch ständiges Anstoßen gemeinsam in der Luft zu halten.

Abb. 55: Praxisbeispiele zu den Koordinativen Fähigkeiten.

Aufgabe 74

Ordnen Sie die im Kurs angelegte Sammlung unterschiedlicher koordinativer Aufgaben den verschiedenen Fähigkeiten zu. Falls Zuordnungen wegen der Komplexität der Aufgabe zu schwierig werden, dann zerlegen sie die Aufgabe und bestimmen die zugrunde liegenden Koordinativen Fähigkeiten der jeweiligen Teilkompetenzen.

In der aktuellen trainingswissenschaftlichen Diskussion wird diesem Modell jedoch kaum mehr gefolgt, da es die Wechselwirkungen zwischen den einzelnen koordinativen Fähigkeiten unberücksichtigt lässt und für das Training spezifischer koordinativer Leistungsanforderungen des Sports zu unspezifisch ist.

Das Modell des „Koordinativen Anforderungsprofils"

Neumaier/Mechling (1994) nehmen einen Perspektivenwechsel vor, indem sie nicht mehr von den globalen Leistungsvoraussetzungen (koordinative Fähigkeiten) der Sportler, sondern von typischen koordinativen Leistungsanforderungen motorischer Aufgabenstellungen ausgehen. Folglich arbeiten sie nicht mit Fähigkeitsbegriffen und -konstrukten, sondern mit Anforderungskategorien oder Aufgabenklassen, mit deren Hilfe das koordinative Anforderungsprofil von Bewegungsaufgaben modelliert werden soll. Das zugrunde liegende Strukturmodell besteht aus zwei Bereichen, den „Informationsanforderungen" und den „Druckbedingungen":

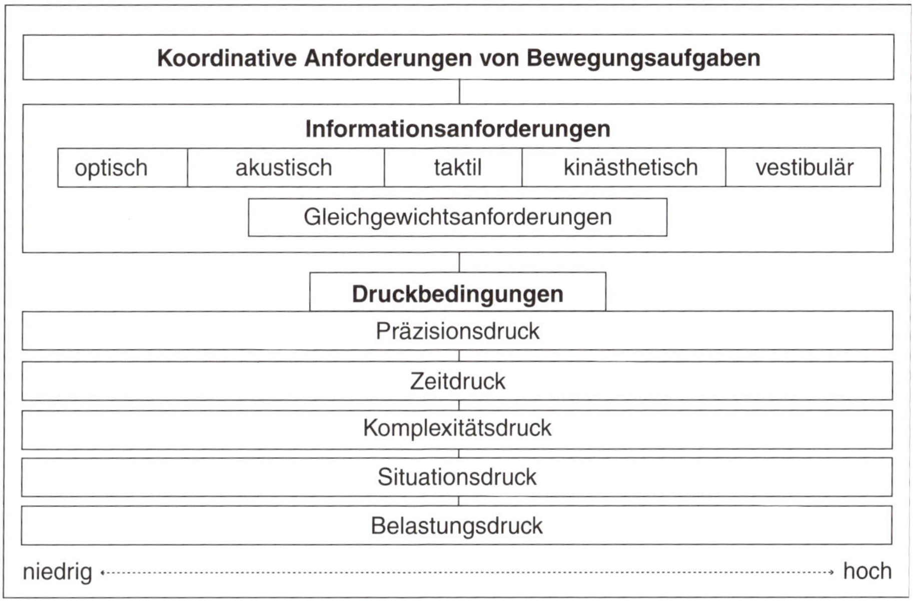

Abb. 56: Koordinative Anforderungskategorien: Informationsanforderungen und Druckbedingungen (nach Neumaier 1999; vgl. auch Roth 1998).

Sowohl die Informationsanforderungen als auch die Druckbedingungen sind mit der Bewegungsaufgabe verbunden. Deshalb rücken neben den Prozessen der Informationsverarbeitung (optisch, akustisch, kinästhetisch, vestibulär, taktil) und der komplexen Bewältigung von Gleichgewichtsanforderungen vor allem einschlägige Druckbedingungen, die sich mit den Ausführungsbedingungen der Bewegungsaufgabe ergeben, in den Blickpunkt des Koordinationstrainings.

Die koordinativen Anforderungen der Bewegungsprobleme und -aufgaben werden mit Hilfe des so genannten **Koordinations-Anforderungs-Reglers** (KAR) beschrieben, miteinander in Beziehung gesetzt und zu einem detaillierten Profil der sportart- bzw. disziplinspezifischen koordinativen Anforderung modelliert. Auf einer Skala werden jeweils Druckbedingungen und Informationsanforderungen zwischen den Polen „hoch" und „niedrig" ermittelt und eingestellt, so dass die modellierten Bewegungsaufgaben hinsichtlich des zugrunde liegenden koordinativen Schwierigkeitsgrades differenziert eingeschätzt werden können.

Aufgabe 75

Klären Sie (mit Hilfe des Kursbuchs Sport 3: Bewegungslehre) den Begriff der Sensorik und definieren Sie die verschiedenen Prozesse der Informationsverarbeitung (optisch, akustisch, kinästhetisch, vestibulär, taktil) in Hinblick auf deren Relevanz im sportbezogenen Bewegungslernen.

Eine ausführliche Definition dieser Bedingungen kann man bei Neumaier (1999, 118 ff.) nachlesen.

Dieses Vorgehen erinnert an ein Schaltpult, auf dem die Qualitäten der verschiedenen Anforderungskategorien durch das Verschieben der Regler eingestellt werden. Die tatsächliche Schwierigkeit bzw. komplexe koordinative Anforderung einer Bewegungsaufgabe kann selbstverständlich nicht allein an der Reglerstellung einer einzigen Anforderungskategorie fest gemacht werden. Sie hängt von der jeweiligen Konstellation aller Reglereinstellungen ab.

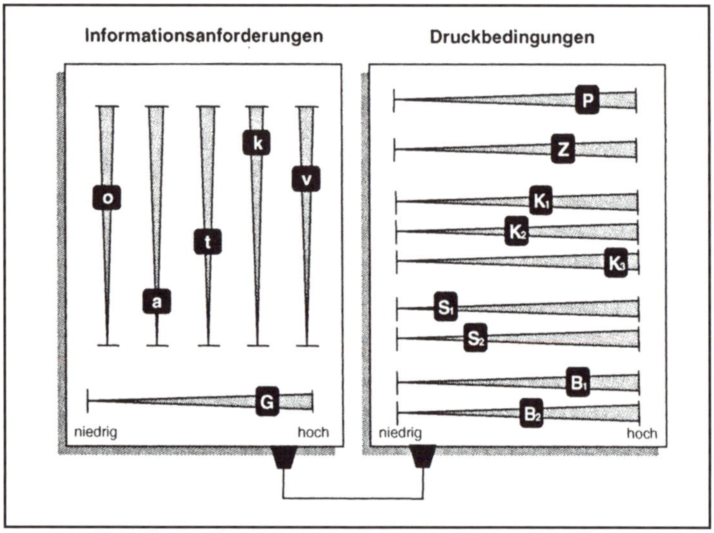

Abb. 57: Der Koordinations-Anforderungs-Regler (KAR) (aus NEUMAIER 1999).

Aufgabe 76

Nehmen Sie ein Praxisbeispiel aus dem Fundus der im Kurs angelegten Sammlung unterschiedlicher koordinativer Aufgaben und bringen Sie es in einen Zusammenhang mit den verschiedenen Informationsanforderungen und Druckbedingungen. Welche Informationsanforderungen und welche Druckbedingungen können Sie in welch starker Ausprägung erkennen? Wählen Sie nach Ihrem Ermessen für alle Regler eine Einstellung und stellen Sie das erhaltene koordinative Anforderungsprofil einem Partner vor.

Die Modellierung typischer Situationen fällt vor allem im Rahmen offener und komplexer Leistungssituationen schwer, wie sie z.B. in den Sportspielen vorkommen. Deshalb ist es praktikabel, lediglich zu den dominierenden Handlungsstrukturen Anforderungsanalysen vorzunehmen, aus denen schließlich trainingsmethodische Konsequenzen abgeleitet werden können. Um Trainingswirkungen zu erreichen, müssen im Koordinationstraining immer wieder neue, ungewohnte Anforderungen erprobt und geübt werden. Hierfür steht mit dem analytischen Hintergrund des KAR ein Planungsinstrument zur Verfügung, mit dessen Hilfe die angemessene Konstruktion und Dosierung solch neuer Situationen zielorientiert und kriteriengeleitet erfolgen kann. Die Grundeinstellung wird bei jeder Übung so verändert, dass der Sportler mit etwas Neuem, Ungewohntem und deshalb Lernwirksamen konfrontiert wird.

Durch die Möglichkeit der mehr oder weniger zielorientierten Variation von Reglerstellungen im Bereich der Druckbedingungen und/oder Informationsanforderungen kann der koordinative Schwierigkeitsgrad selbst bei sicher beherrschten Bewegungen bzw. Techniken in Richtung der gewünschten Anforderungsstruktur erschwert werden. Die nahezu unbegrenzte Zahl verschiedener Reglerstellungen und -konstellationen führt in der Trainingspraxis zu einer entsprechenden Vielzahl an Variationsmöglichkeiten.

Koordinations-training	=	beherrschte Fertigkeiten/ sportliche Tecknien	+	Information-anforderungen	+	Druck-bedingungen

Abb. 58: Methodische Grundformel für das Koordinationstraining (modifiziert nach Neumaier 1999; vgl. auch Roth 1998)

Aufgabe 77

Partnerarbeit: Modellieren Sie das Prellen eines Basketballs (auf der Stelle und ohne Gegner) in der Turnhalle mit Hilfe des KAR.

Partnerarbeit: Probieren Sie das Prellen des Basketballs nach der vorgenommenen Grundeinstellung gemeinsam aus. Verschieben Sie jeweils einen Regler (hoch oder niedrig) – die übrigen bleiben in der Grundstellung – und konstruieren Sie hierzu ein passendes Übungsarrangement. Tipp: Außenstehende müssen beim Zuschauen des Prellens eindeutig erkennen, welchen Regler Sie in welche Richtung verschoben haben.

Das Modell der „koordinativen Funktionen"

In diesem Modell wird eine didaktisch-akzentuierte Interpretation der bereits skizzierten Fähigkeitsansätze (z.B. Blume 1978, Hirtz 1985) vorgenommen. Hotz (1992) hat ein zusammenhängendes Modell von fünf koordinativen Fähigkeiten entworfen, das als Bezugsrahmen für die langfristig angelegte Trainingsplanung dienen kann. Die Einführung des Begriffes „Funktion" – z.B. im Vergleich zum Vorschlag von Neumaier (1999) – kennzeichnet die Akzentverlagerung von der Sache zum Subjekt. Anstatt sportart- oder disziplinenspezifische Erscheinungsformen koordinativer Anforderungen in ausgewähl-

„Das Koordinationstraining verbindet die Ausführung sicher beherrschter Bewegungsfertigkeiten bzw. sportlicher Techniken mit einer systematischen Variation bzw. Erschwerung in den Informationsanforderungen (sensorische Vielfalt) und in den Druckbedingungen und führt so zu ungewohnten, anspruchsvollen Bewegungsaufgaben" (Neumaier 1999, 189).

ten Techniken, Übungen oder Spielen zu identifizieren, wird versucht ihren erlebbaren Sinn im Zuge des Bewegungslernens nachzuzeichnen. In diesem Zusammenhang wird Bewegungslernen als Entwicklungsprozess gesehen, in dem Erfahrungen koordiniert werden. Die klassischen koordinativen Fähigkeiten werden als Prozessabschnitte verstanden, womit die Brücke zur Bewegungskoordination hergestellt ist.

„Zielgerichtetes (Bewegungs-)Lernen hat mit einem Koordinationsprozess insofern sehr viel Gemeinsames, als verschiedene, letztlich leistungsbestimmende Komponenten auf ein ausgewähltes Ziel hin abgestimmt, vernetzt und optimiert werden müssen" (Hotz 1992, 112).

Wer gezielt seine „Koordinativen Handlungs-(Teil-)kompetenzen" optimieren will, strebt meist auch folgende Teilziele an:

- Die Verbesserung der **Steuerbarkeit** seines Bewegungsverhaltens.
- Die Verbesserung der optimalen **Aktionsschnelligkeit**.
- Die Verbesserung der **Präzision** in der Bewegungsausführung.
- Die Optimierung der **Effizienz** der energetisch-konditionellen Funktionspotenziale.
- Die Erhöhung der **Wirksamkeit** im qualitativen Umgang mit den aufzunehmenden, zu verarbeitenden und umzusetzenden Informationen.

Ziel des koordinativen Funktionstrainings ist eine komplexe **„koordinative Handlungskompetenz"**. Da Komplexität oft auch überfordert, gilt es, rechtzeitig die jeweils wesentlichen Teilaspekte zu erkennen und entsprechend zu fördern. Zu diesem Zweck sollte sich auch das koordinative Funktionstraining in erster Linie am **Anforderungsprofil** der Sportart orientieren. Einerseits betreffen die zu koordinierenden Aspekte die beobachtbare und meist auch messbare Bewegungsqualität, anderseits stehen bei der „koordinativen Handlungskompetenz" die fünf fundamentalen koordinativen Funktionen im Blickfeld der Optimierung.

Koordinative Handlungskompetenz im Sport umfasst folgende Teilkompetenzen:

- räumlich-zeitliche Orientierungkompetenz
- Differenzierungskompetenz
- Gleichgewichtskompetenz
- Reaktionskompetenz
- Rhythmisierungskompetenz.

Die fünf Hauptfunktionen der Bewegungskoordination sind auch die wesentlichen Akzente eines ganzheitlichen Koordinationstrainings. Das variations- und kombinationsreiche Training dieser fünf koordinativen Akzente

- Orientieren
- Differenzieren
- Äquilibrieren
- Reagieren
- Rhythmisieren

ebnet den Weg zur komplexen „koordinativen Handlungskompetenz".

Die **Orientierungskompetenz** gilt es frühzeitig auszubilden. Es empfehlen sich Übungen, die nach dem Prinzip des Sammelns von Gegensatzerfahrungen und des variationsreichen Differenzierens gestaltet werden. Damit wird auch deutlich, dass sinnstiftendes Sich-Orientieren bereits schon Vergleichs- und Differenzierungsprozesse einschließt. Bewusstes Wahrnehmungs- und Aufmerksamkeitslernen schafft zudem günstige Voraussetzungen für ein optimales Timing, beispielsweise auch hinsichtlich der taktischen Entscheidung, rechtzeitig den Spielpartner/innen im Verteidigen oder beim Angreifen zuvorzukommen.

Differenzieren heißt unterscheiden! Wer im Sport gezielt – vor allem sensorische Informationen – unterscheiden kann, kann beispielsweise äußere (akustische, taktile u.ä.) Einflüsse besser erfassen (*Informationsaufnahme*) oder auch sinnvoller zuordnen (*Informationsverarbeitung*) oder aber Gegebenheiten – z.B. Lichtverhältnisse bei einer Skiabfahrt – differenzierter einschätzen. So ist er auch in der Lage, eine sicherheitsstiftende Standortbestimmung zu verbessern. Besseres Differenzieren zeigt sich in einem genaueren (Eigen-) Empfinden und/oder in einem feiner abgestimmten Bewegungsgefühl. Differenzieren kann auch Dosieren bedeuten, sei es beim Krafteinsatz oder sei es beim Verbessern der räumlich-zeitlichen Präzision. In diesem Sinne ist Differenzieren ein sowohl kognitives, als auch sensorisches Steuern.

Ohne Differenzierung keine Vergleichsmöglichkeit. Somit wird Differenzieren zum Prinzip, das die Koordination und das Koordinieren als ein feines Abstimmen, Zuordnen und Integrieren charakterisiert und diese Dimensionen in qualitativer Hinsicht wesentlich bestimmt. Hinter dem Prinzip Differenzierung steckt die Einsicht, dass jedes Differenzieren ein Mehr an Erfahrungen bringt und mehr Erfahrungen gibt, mehr Referenzwerte, mehr zuverlässige und sichere Anhaltspunkte, ebenso einen größeren Entscheidungsspielraum, der aber vor allem dann auch Verwirrung stiften kann, wenn die Entscheidungskriterien fehlen.

Differenzieren schafft schließlich in motivationaler Hinsicht mehr Abwechslung. Differenzierung verhindert stures Wiederholen, kann dem Aufkommen von Monotonie im Training entgegen wirken.

Ein Gleichgewicht herstellen, d.h. **Äquilibrieren**, ist immer ein Ausgleichen zumindest zweier Gegensätze. Ausgleichen,

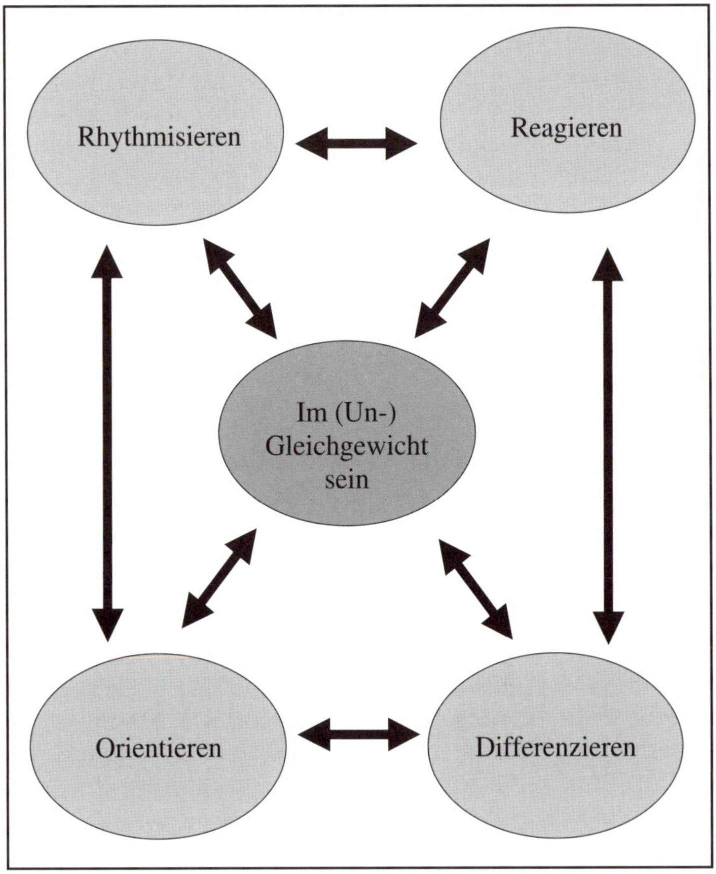

Abb. 59: Gleichgewicht im Zentrum der koordinativen Funktionen.

Wer irgendein motorisches Können stabilisieren will, kann dies mit Erfolg durch die gezielte Schulung der Gleichgewichtskompetenz erreichen.

kompensieren, nach Harmonie streben, Konflikte austragen sowie Differenzen bereinigen u.ä. sind problemlösende Kerntätigkeiten des Menschen, und zwar auf physiologischer bis hin zur sozialen Ebene sowie weit über den Sport hinaus. Das Gleichgewichtsvermögen ist mit allen anderen koordinativen Teilbereichen in ausgeprägte Wechselwirkungsgefüge eingebunden und vernetzt. Wer also die Gleichgewichtskompetenz fördert, optimiert stets die gesamte Koordinationsqualität.

Wer sich in verschiedenen, zumal auch in ungewohnten Situationen **nicht** auf ein dynamisches Gleichgewicht verlassen kann, wird kaum je in der Lage sein, situativ angepasst, selbstsicher und erfolgreich sein Bewegungsverhalten gestalten zu können.

Um auf Außenreize optimal **reagieren** zu können, ist eine differenzierte Auffassungsgabe und das – auch intuitive – Bereitstellen-Können einer entsprechenden Bewegungsantwort erforderlich. In sportbezogenen Situationen äußert sich die Reaktionskompetenz darin, dass die Zeit zwischen Erkennen und Handeln verkürzt wird. Durch Üben entwickeln sich Fertigkeiten und Kompetenzen, die situativ-variabel erprobt, dann auch verfügbarer, also schneller auf die Mitwelt-Aufforderungen antworten können. Wahrscheinlich wird durch eine „gute" Reaktion mehr die allgemeine Koordination verbessert und erst dadurch die Reaktionszeit verkürzt. Die Re-Aktionskompetenz hat mit der Gleichgewichtsfähigkeit sehr viel gemeinsam.

Re-Agieren ist ein Anpassen an Gegebenheiten. Eine gut abgestimmte Reaktion verbessert die Qualität der Passung. Wie jeder zielorientierte oder zweckgerichtete Prozess beginnt auch das optimale Reagieren stets mit Orientieren und Differenzieren im Wahrnehmen. Wer dann über eine differenzierte Orientierung verfügt, ist im Gleichgewicht zwischen gegebenem Anforderungsprofil und eigenem Informationsstand! Erst auf dieser Entscheidungsgrundlage ist optimales Handeln – also reagieren – möglich.

Optimales Reagieren verfolgt das Ziel, das ursprüngliche Gleichgewicht zu bewahren oder ein neues mit der „alten" Qualität zu erlangen. Also basiert die Reaktion auf der Gleichgewichtsfähigkeit.

Rhythmisieren bezeichnet die individuelle Gliederung und Akzentuierung einer Bewegungshandlung. Die Rhythmisierung kommt als Fähigkeit zur zeitlichen Strukturierung von sportlichen Fertigkeiten im Bewegungsvollzug zum Ausdruck und ist eng mit dem Bewegungserleben verbunden. Rhythmisierungskompetenz ermöglicht demnach eine zeitliche Pünktlichkeit gegenüber einem räumlichen Punkt. Wer rhythmisieren kann, formt und gestaltet den Raum zudem zwischen den Punkten, indem er seine Bewegungsgestaltung in einer bestimmten sinnvollen Art auch zeitlich-energetisch akzentuiert.

Siehe auch das Kapitel „Wie werden sportliche Bewegungen gestaltet?" im Kursbuch Sport 3: Bewegungslehre.

Aufgabe 78

Beziehen Sie die Ausführungen zur Bedeutung der „räumlich-zeitlichen Orientierungskompetenz", der „Differenzierungsprozesse", des „Gleichgewichtsvermögens", des „Reagierens" und des „Rhythmisierungsvermögens" auf Praxisbeispiele aus dem Fundus der in Aufgabe 71 gesammelten koordinativen Kompetenzen. Diskutieren Sie die Ergebnisse zu verschiedenen Praxisbeispielen.

Methodische Prinzipien des Koordinationstrainings

Aufgabe 79

Im Verlauf dieses Kapitels wurden drei verschiedene Konzepte zum Training der Bewegungskoordination vorgestellt. Vergleichen Sie diese Theorien miteinander. Orientieren Sie sich dabei an den beiden Begriffen „Sachorientierung" und „Subjektorientierung".

Siehe auch das Kapitel „Wie werden sportliche Bewegungen gelernt?" im Kursbuch Sport 3: Bewegungslehre.

Vor allem das funktionelle Koordinationstraining baut auf methodischer Ebene prinzipiell auf Abwechslung und Variation. Darin unterscheidet es sich deutlich von solchen Trainingskonzepten, nach denen Fertigkeiten und Techniken durch ständiges Wiederholen geradezu eingeschliffen werden sollen. Deshalb werden dem Trainierenden im Zuge der Planung des Koordinationstrainings, Eigenschaften wie Selbsttätigkeit, Bewegungs- und Experimentierfreude oder Gestaltungsdrang zugestanden. Mehr noch, diese – vor allem aus trainingspädagogischer Sicht – wichtigen Persönlichkeitsmerkmale müssen für die Inszenierung des Koordinationstrainings geradezu vorausgesetzt werden. In diesem Sinne ist die „koordinative Handlungskompetenz" als ein trainingspädagogisches Leitkonzept zu verstehen, das mit drei Schlüsselbegriffen charakterisiert werden kann:

- **„Vielseitigkeit"**
- **„Variation"**
- **„Kreativität"**

Wer erfolgreich seine „koordinative Handlungskompetenz" verbessern will, orientiert sich mit guten Argumenten am methodischen Leitprinzip des vielfältigen Variierens und Kombinierens verschiedener Teilfertigkeiten. Diese müssen allerdings bereits erlernte und gefestigte Bewegungsstrukturen aufweisen, da sonst, wie anderswo auch, die Variation zu chaotischer Verwirrung führen könnte.

Die nachfolgenden Hinweise sollen zu einem vielseitigen, variationsreichen und damit letztlich auch kreativitätsfördernden Koordinationstraining anleiten:

Aufgabe 80

Planen Sie auf der Grundlage der skizzierten allgemeinen methodischen Hinweise ein Koordinationstraining für eine Disziplin/Sportart Ihrer Wahl.

Bilden Sie Gruppen und erproben Sie Ihr Trainingskonzept. Diskutieren Sie die Unterschiede zwischen den verschiedenen Trainingseinheiten auf der Grundlage des Modells des KAR.

1 *Variiere die räumlich-zeitlich-energetisch-dynamischen Bewegungsausführungen, beispielsweise durch:*

- Variation der Ausgangs- und Endpositionen sowie der Akzentsetzung in der Bewegungsausführung
- Variation der Tempi, Akzente und Rhythmen
- Variation der Bewegungsumfänge und -richtungen
- Variation der energetisch-dynamischen Kraftgestaltung.

2 *Variiere den Kontext, also die Umgebungsbedingungen, beispielsweise durch:*

- Erschwerende Bedingungen in räumlicher, zeitlicher und energetischer Hinsicht
- Partner-, Geräte- und Geländewahl
- Hindernisse und Zusatzaufgaben.

3 *Variiere und kombiniere technische Fertigkeiten, beispielsweise durch:*

- Neue Aufgaben, Zusatzaufgaben und neue Zielsetzungen
- Umdispositionieren der Elementen-Reihenfolge.

4 *Variiere die (Zeit-)Druckbedingungen, beispielsweise durch:*

- Zusätzliche Wiederholungen: Präzisions- und Komplexitätsdruck
- Kürzere Ausführungszeiten: Realisierung unter Zeitdruck
- Weniger Vorbereitungszeiten: Organisationsdruck unter Zeitdruck
- Weniger Antizipationsmöglichkeiten: Planungs- und Organisationsdruck
- Belohnung und Sanktion: emotionaler Belastungsdruck
- Aufforderung zur selbstbestimmten Variation: emotionaler Variabilitätsdruck.

5 *Variiere die Möglichkeiten der Informationsaufnahme, beispielsweise durch:*

- Einschränkung der sensorischen Wahrnehmungskanäle
- Überdurchschnittliche Lärmimmissionen
- Berücksichtigung verschiedener sensorischer Zugänge.

6 *Variiere die (Vor-)Belastung, beispielsweise durch:*

- Präzisionsaufgaben nach Übersäuerung, z.B.: Pfeilwerfen nach Liegestütz.
- Zeitpunktwahl, z.B. zu früher Morgenstunde oder zu anderen ungewohnten Tageszeiten
- Vestibuläre (Über-)Forderung, z.B.: Mehrfachdrehungen im Akrobatiktraining.

Zur vertiefenden Weiterarbeit empfohlen:

Hotz, A.: Koordination. In: Hegner, J./Hotz, A./Kunz, H.R.: Erfolgreich trainieren. Zürich 2000, 115-137.
Meinel, K./Schnabel, G. (Hrsg.): Bewegungslehre – Sportmotorik. Berlin 1998[9].
Neumaier, A.: Koordinatives Anforderungsprofil und Koordinationstraining. Grundlagen – Analyse – Methodik. Köln 1999.

Literaturverzeichnis:

Bernstein, N.A.: Bewegungsphysiologie. Leipzig 1988.
Blume, D.D.: Zu einigen wesentlichen theoretischen Grundpositionen für die Untersuchung der koordinativen Fähigkeiten. In: Theorie und Praxis der Körperkultur (1978), 29-36.
Czingon, H.: Koordinations- und Techniktraining. In: Zs. Leichtathletiktraining (1999) 11, 4-9.
Hirtz, P.: Koordinative Vervollkommnung in der Leichtathletik. In: Zs. Körpererziehung (1986) 10, 427-432.
Hirtz, P. (Red.) u.a.: Koordinative Fähigkeiten im Schulsport: Vielseitig – variationsreich – ungewohnt. Berlin 1985.
Hotz, A.: Kindliches Bewegungslernen als Welterfahrung. In: Altenberger, H./ Mauerer, F. (Hrsg.): Kindliche Welterfahrung in Spiel und Bewegung. Sportpädagogische Perspektiven. Bad Heilbrunn 1992, 95-118.
Hotz, A.: Qualitatives Bewegungslernen. Bewegungsspielräume erleben, erkennen und gestalten. Bern 1997.
Kosel, A.: Schulung der Bewegungskoordination. Schorndorf 1992.
Medler, M.: Kinderleichtathletik - ein koordinativer Ansatz. Teil 1 und 2. In: Zs. Leichtathletiktraining (1996) 9/10, 30-38 und 12, 25-33.
Neumaier, A./Mechling, H.: Taugt das Konzept der „koordinativen Fähigkeiten" als Grundlage für sportartspezifisches Koordinationstraining? In: Blaser, P./ Witte, K./Stucke, C. (Hrsg.): Steuer- und Regelungsvorgänge der menschlichen Motorik. St. Augustin 1994, 207-212.
Rieder, H.: Koordinative Fähigkeiten. Zum Stand der Diskussion und den Lücken in der Forschung. In: Spectrum der Sportwissenschaften (1987) , 75-101.
Roth, K. (Hrsg.): Techniktraining im Spitzensport. Rekonstruktion, Zusammenfassung und Validierung der Alltagstheorien erfahrener und erfolgreicher Trainer. Köln 1996.
Roth, K.: Wie verbessert man koordinative Fähigkeiten? In: Bielefelder Sportpädagogen: Methoden im Sportunterricht. Schorndorf 1998[3], 85-102.
Willimczik, K./Roth, K.: Bewegungslehre. Reinbek 1983.

Welche Rolle spielt die Psyche? Psychologisches Training im Sport

Systematisches körperliches Training gehört heute für zahlreiche Menschen zu ihrem Lebensstil. Während über die Optimierung der Leistungsvoraussetzungen im körperlichen und motorischen Bereich weitgehend Konsens besteht, stößt man bezüglich des psychologischen Trainings auf unterschiedlichste Meinungen, von der begeisterten Zustimmung bis zur absoluten Ablehnung.

Aufgabe 81

Suchen Sie im Sportteil von Zeitungen und Zeitschriften nach Äußerungen von Trainern, Sportlern und Funktionären zur Sportpsychologie und zum Psychologischen Training. Ordnen Sie die negativen und positiven Aussagen nach inhaltlichen Kriterien.

WEINBERG und COMAR (1994) haben 45 Studien verglichen, die psychologische Interventionen im Wettkampfsport durchführten. In 38 der Studien (85%) fanden sie positive Effekte auf die Leistung, dabei vornehmlich in den jüngeren. Als mögliche Erklärung fanden die Autoren, dass im Gegensatz zu den frühesten Interventionen im Sport heute vermehrt individualisierte Programme mit einer Kombination verschiedener Methoden eingesetzt werden.

Ziel dieses Kapitels ist es, das Verständnis für Psychologisches Training zu wecken und eine Strukturierung aufzuzeigen, die es erlauben soll, sich in der Vielfalt der Angebote zurechtzufinden. Zunächst wird eine Definition und Gegenstandbestimmung vorgenommen. Die bedeutenden methodischen Zugänge werden dann vorgestellt, bevor die wesentlichen Grundtechniken eingeführt werden. Die Trainingsverfahren richten sich schließlich an bestimmten Anforderungen aus, die vorwiegend im Rahmen des Leistungssports auftreten.

Definition und Gegenstandsbestimmung

„'Psychologisches Training' ist die systematische Optimierung der anforderungs-spezifischen Handlungskompetenz einer Person und/oder einer Gruppe mit Hilfe psychologischer Methoden" (GABLER/JANSSEN/NITSCH 1990, 20).

Es wird im Folgenden ein Verständnis von Psychologischem Training zugrunde gelegt, das sich an handlungstheoretischen Vorstellungen orientiert, wie sie zuerst von NITSCH (1985) formuliert wurden. Psychologisches Training ist demnach nicht darauf ausgerichtet, eine allgemeine Persönlichkeitsentwicklung zu bewirken oder psychische Störungen zu korrigieren.

Die Handlungsvoraussetzungen lassen sich in zwei Komponenten unterteilen, nämlich die **Handlungskompetenz** und die **Selbstregulationskompetenz**. Die beiden Komponenten sind nicht voneinander unabhängig, aber analytisch trennbar, wodurch eine klarere Analyse der eigenen Bedürfnisse und der entsprechenden Optimierungsmöglichkeiten ermöglicht wird. Bezogen auf die zwei Arten von Kompetenzen werden die beiden Trainingsformen des Fertigkeitstrainings und des Selbstkontrolltrainings unterschieden, die inhaltlich weiter ausdifferenziert werden können.

Fertigkeitstraining – Optimierung der Handlungskompetenz

Mit dem Begriff Handlungskompetenz werden alle diejenigen sportlichen Fertigkeiten bezeichnet, die eine Person beherrscht. Es handelt sich dabei um das allgemeine oder sportartspezifische, technische und taktische Handlungsrepertoire, das einer Person zur Verfügung steht. Die Optimierung dieses Repertoires kann sowohl in einer Erweiterung, einer Stabilisierung und damit Erhöhung der Wiederholungsgenauigkeit oder in einer variableren Verfügbarkeit von Fertigkeiten bestehen. Auf jeden Fall bedeutet es ein Ansetzen an der psychischen Regulation der sportlichen Handlung.

Psychomotorisches Training bezweckt die Optimierung von Bewegungsabläufen.

Zum einen geht es bei dieser Regulation um die Ausführung und die Koordination von Bewegungsabläufen, die neu gelernt, verbessert und stabilisiert oder in denen Fehler eliminiert werden sollen. Diese Gruppe von psychologischen Trainingsformen wird als **psychomotorisches Training** bezeichnet.

Zum anderen bedeutet psychische Regulation sportlicher Handlungen auch das optimale Einsetzen des motorischen

Repertoires unter spezifischen situativen Anforderungen. Dies wird oft als taktisches Handeln bezeichnet. Hierzu gehört die Auswahl relevanter Wahrnehmungsobjekte, die richtige Einschätzung der Situation und das Treffen der richtigen Entscheidungen. Die damit verbundenen kognitiven Funktionen des Wahrnehmens, Denkens oder Entscheidens werden mit Hilfe von **kognitiven Funktionstrainings** optimiert.

Kognitives Funktionstraining bezweckt die Optimierung der Wahrnehmung, des Denkens oder des Entscheidens.

Selbstkontrolltraining – Optimierung der Selbstregulationskompetenz

Motivationstraining bezweckt die Optimierung der eigenen Motivationslage im Hinblick auf ein Handlungsziel.

Die Selbstregulationskompetenz bezeichnet die Fertigkeit, sich selbst in einen Zustand zu bringen, der es einem erlaubt, das eigene Handlungsrepertoire optimal einzusetzen. Als Erstes gehört eine angemessene Motivationslage zu den Voraussetzungen für das Umsetzen der eigenen Handlungskompetenz. Motivation bedeutet, die eigene Aktivität auf ein Ziel hin zu organisieren. Hierbei geht es darum, sowohl Über- als auch Untermotivation zu verringern beziehungsweise zu vermeiden. **Motivationstrainingsformen** dienen dazu, die eigene Motivationslage günstig zu beeinflussen.

Volitionstraining bezweckt die Optimierung der Willensleistung, die zum Ausführen einer Handlung nötig ist.

Während Motivation benötigt wird, um eine Handlung überhaupt zu beginnen, ist Willensanstrengung erforderlich, um sie gegen andere Absichten abzuschirmen und gegen Widerstände weiterzuführen. Die hierfür benötigten Willensleistungen werden durch verschiedene Formen des **Volitionstrainings** (Willenstraining) verbessert.

Psychoregulationstraining bezweckt die Optimierung des psychophysischen Aktivierungsniveaus im Hinblick auf die Durchführung einer Handlung.

Das eigene Erregungsniveau, welches oft auch als psychophysisches Aktivierungsniveau bezeichnet wird, muss gezielt in beide Richtungen verändert werden können, um unangemessene Über- oder Untererregung zu verhindern. Für Trainingsformen, die in diesem Bereich angesiedelt werden, wird der Begriff **Psychoregulationstraining** verwendet. Oft findet sich auch der Begriff der Erregungs- oder Aktivierungskontrolle.

Konzentrationstraining bezweckt die Optimierung der für die Aufgabenbewältigung erforderlichen Aufmerksamkeit.

Für gute Leistungen ist es schließlich erforderlich, einen Zustand der optimalen konzentrativen Aufmerksamkeit zu erlangen. Abweichungen von sportart- oder situationsspezifisch idealer Aufmerksamkeitsausrichtung und Aufmerksamkeitsintensität sind zu korrigieren, wozu die Formen des **Konzentrationstrainings** verwendet werden.

Aufgabe 82

Suchen Sie drei unterschiedliche Sportarten aus. Überlegen Sie sich, in welchen Sportarten welche Psychologischen Trainingsformen vor allem nützlich sein können. Begründen Sie Ihre Überlegungen vor dem Hintergrund der sportartspezifischen Anforderungen.

Beispiele für die verschiedenen Formen von Trainings werden im Kapitel über Psychologische Trainingsverfahren näher vorgestellt.

Methodische Zugänge

Die Wahl der methodischen Zugänge ist die Antwort auf die Frage, wie Psychologisches Training durchgeführt wird. Gerade weil in den meisten Fällen Kombinationen von Techniken und Methoden angewandt werden, ist es wichtig, die verschiedenen Aspekte unterscheiden zu können, um sich nicht in einem „undefinierbaren Brei" zu verlieren.

Psychologisches Training kann auf unterschiedliche Weise durchgeführt werden. Als eine wichtige, in der Praxis bedeutsame Unterscheidung hat sich herausgestellt, Techniken, die im Verhalten eine motorische Komponente und eine Auseinandersetzung mit der Umwelt beinhalten, von solchen zu unterscheiden, die rein auf kognitiven Prozessen beruhen. Die erste Gruppe, die **Techniken der externen Realisierung**, umfassen beispielsweise Bewegungen, Atmung, Gespräche mit anderen, das Anschauen von Videos, aber auch das Hören von Musik oder das Aufsuchen von bestimmten Orten. Die hauptsächlichen **Techniken der internen Realisierung** sind das Visualisieren, also das Erzeugen eines Bildes vor dem inneren Auge und das Selbstgespräch, das mit sich selber sprechen.

Die Unterscheidung der Techniken ist analytisch zu verstehen. In der Praxis werden in den meisten Fällen Kombinationen eingesetzt. So werden etwa viele innere Bilder auch von Selbstgesprächen begleitet, und Ruhebilder werden durch bestimmte Atemrhythmen unterstützt. Zudem gibt es im Verlaufe des Trainingsprozesses Veränderungen, die oft von externer zu interner Realisierung übergehen. So kann beispielsweise aus dem Gespräch mit einem Trainer mit der Zeit ein Selbstgespräch werden. Das Beobachten eines Modells auf Video wird nach und nach ersetzt durch ein internes Visualisieren.

Ein weiterer wichtiger Punkt bei der Methodenwahl ist die Frage der richtigen Ansatzstelle. Diese Frage ist insbesondere bei den Selbstregulationstrainingsformen von zentraler Bedeutung. Grundsätzlich lassen sich Veränderungen an den Ursachen oder an den Symptomen vornehmen (SONNENSCHEIN 1993). Beim Verändern der **Ursachen** (ätiologisch) ist zudem zu unterscheiden, ob die tatsächlich existierenden Ursachen verändert werden können oder sollen, oder ob es sich vielmehr um eine Veränderung der subjektiv erlebten Ursachen handelt. In vielen Fällen kann an den Handlungsbedingungen etwas geändert werden, unter denen eine sportliche Leistung vorbereitet oder erbracht wird. Die Situation wird also so gestaltet, dass leistungsfördernde Prozesse besser ablaufen und leistungsgünstige Zustände leichter erreicht werden. Materialverbesserungen, Optimierung der sozialen Beziehungen, ein besseres Zeitmanagement sind Beispiele solcher Veränderungen.

In der Praxis und insbesondere unter Wettkampfbedingungen sind allerdings den Veränderungen der objektiven Voraussetzungen enge Grenzen gesetzt. So kann deshalb nur die subjektive Bewertung der Bedingungen verändert werden. Ein Ersetzen der sozialen Bezugsnorm durch eine individuelle Bezugsnorm, ein Relativieren schlechter äußerer Bedingungen an noch extremeren Situationen oder ein Umlenken der Aufmerksamkeit von der befürchteten Niederlage auf die eigene Atmung sind Beispiele solcher Veränderungen der subjektiven Ursachen. Ätiologische Verfahren setzen allerdings voraus, dass die Ursachen identifiziert werden, die zur Verbesserung der Selbstregulation optimiert werden müssen.

An den **Symptomen** (palliativ) anzusetzen ist demgegenüber auch möglich, wenn die Ursachen im Einzelnen nicht bekannt sind. Werden solche symptombezogene Verfahren gut beherrscht, besteht zudem die Möglichkeit, sie auch in anderen Situationen einzusetzen.

In vielen Fällen wird man versuchen, sowohl auf der Symptomebene als auch auf der Ursachenebene anzusetzen, soweit möglich sogar bei den objektiven Ursachen. In gewissen Fällen können jedoch leistungsungünstige Zustände so stark ausgeprägt sein, dass es nötig ist, zunächst die Symptome zu verringern, bevor überhaupt an die Aufklärung der Ursache und deren Beseitigung gegangen werden kann.

Unter Anwendungsgesichtspunkten ist zudem die Frage entscheidend, wo, wann, wie lange und wie oft psychologisch trainiert werden soll. Generell lassen sich die folgenden **Empfehlungen** geben:

- Erste Erfahrungen mit den grundlegenden Techniken des Psychologischen Trainings sind oft nicht an ein Sportsetting gebunden.
- In Abhängigkeit von Vorerfahrungen und individueller Lerngeschwindigkeit ist im Allgemeinen zu Beginn mit einem höheren zeitlichen Aufwand zu rechnen, als wenn die einzelnen Methoden schon gut beherrscht werden.

- Das Vertrautmachen mit und das Einüben von psychologischen Trainingsverfahren sollte nach Möglichkeit in einer wettkampffreien Periode erfolgen.
- Formen des Fertigkeitstrainings werden tendenziell immer näher am Sport ausgeführt, d.h. in das normale sportpraktische Training integriert, als Formen des Selbstkontrolltrainings.
- Bis die einzelnen Verfahren gut beherrscht werden, ist eine hohe Regelmäßigkeit und Häufigkeit vorzusehen. Bei höherem Beherrschungsgrad kann die Häufigkeit verringert werden.

Grundtechniken des Psychologischen Trainings

Im Psychologischen Training finden die **kognitiven Grundtechniken** des Visualisierens, der Selbstgespräche und der Zielsetzung sowie die **motorischen Techniken** der Atemkontrolle und der peripheren Spannungsregulation Anwendung.

Im Folgenden werden die im psychologischen Training am häufigsten verwendeten Techniken kurz beschrieben und deren wichtigste Grundsätze dargestellt. Es handelt sich um die **kognitiven Techniken** des Visualisierens, der Selbstgespräche und der Zielsetzung sowie um die **motorischen Techniken** der Atemkontrolle und der peripheren Spannungsregulation. Das Beherrschen dieser Techniken macht die eigentlichen psychologischen Fertigkeiten oder skills aus. Erst im Kapitel „Psychologische Trainingsverfahren" wird auf die Funktion eingegangen, welche die einzelnen Techniken haben können.

Visualisieren

Visualisieren (im Englischen wird oft der Begriff ‚imagery' verwendet) bedeutet, etwas im Geist (mental) herzustellen oder aus der Erinnerung abzurufen. Visualisieren setzt Gedächtniselemente voraus und kann sich einerseits auf den Abruf vergangener Erfahrungen oder auf das Vorstellen zukünftiger Erlebnisse und Situationen beziehen. Obwohl in der Bezeichnung 'Visualisieren' der visuelle Sinn betont wird, besteht weitgehend Einigkeit darin, dass alle Sinne miteinbezogen werden sollen, also der kinästhetische (Bewegungssinn), der auditorische (Gehörsinn), der taktile (Druck- und Berührungssinn) und der olfaktorische (Geschmackssinn).

Das aufgrund von Visualisieren Leistungsverbesserungen erzeugt werden können, wird durch drei unterschiedliche **Theorien** zu erklären versucht (Weinberg/Gould 1999):

- die psychoneuromuskuläre Theorie geht davon aus, dass beim Vorstellen eine unterschwellige Aktivierung der jeweiligen Muskeln auftritt (Carpenter-Effekt). Zudem ließ sich nachweisen, dass die für die Handlung relevanten Areale der Gehirnhemisphäre bei Visualisierung besser durchblutet werden. Sie weisen zudem eine ähnliche, durch EEG-Messung nachweisbare elektrische Aktivität auf wie bei der Ausführung der Handlung. Somit wird von einer funktionalen Äquivalenz zwischen der Vorstellung und der Handlung gesprochen.
- Die symbolische Lerntheorie geht davon aus, dass mit Hilfe von Vorstellungen das Verständnis für die Bewegung und die Handlung erleichtert wird. Diese verbesserte Einsicht führt dann zu einer besseren Leistung.
- In jüngerer Zeit wurde die Hypothese aufgestellt, dass durch Visualisieren psychologische Fertigkeiten wie die Konzentration oder die Angstkontrolle verbessert werden und dadurch eine bessere Leistung erreicht wird. Visualisieren hätte somit eine indirekte Auswirkung auf die Handlungsausführung.

Über die **Wirksamkeit** des Visualisierens finden sich in der Literatur inkonsistente Ergebnisse. Eine mögliche Erklärung hierfür ist, dass Aufgaben ganz unterschiedlicher Schwierigkeitsgrade und motorischer Anforderungen in die jeweiligen Studien einbezogen wurden.

Ein weiteres Unterscheidungsmerkmal betrifft die **Perspektive**. Bei Visualisierungen aus der Innensicht wird eine Position eingenommen, wie sie die handelnde Person hat. Diese Perspektive eignet sich gut, um die kinästhetischen Empfindungen beim Ausführen einer Bewegungshandlung zu spüren. Anders bei der Wahrnehmung aus der Außenperspektive: Man sieht entweder sich selber oder eine andere Person von außen in einer Situation handeln. Während für zahlreiche komplizierte Bewegungsabläufe die Innensicht die Effizientere zu sein scheint, ist bei Bewegungsabläufen, die einer externen Bewertung durch eine Jury unterliegen, Visualisieren aus der

In einer bekannten Übersichtsarbeit haben Feltz und Landers (1983) argumentiert, dass Bewegungen mit höheren kognitiven Anteilen (z.B. mit Wahrnehmungs- oder Entscheidungsanteilen) in höherem Maße vom Visualisieren profitieren als einfachere motorische Bewegungen. Zudem steigt nach ihren Befunden der Nutzen, je höher das Leistungsniveau und damit die Erfahrung der untersuchten Personen waren.

Außensicht offensichtlich wirkungsvoller. Viele Sportler sind zudem in der Lage, zwischen Innen- und Außensicht zu wechseln.

Aufgabe 83

Schließen Sie die Augen und stellen Sie sich vor, wie Sie eine Sportstätte betreten, wo in einigen Minuten das Training beginnen wird. Lassen Sie die Vorstellung sich etwa zwei Minuten entwickeln und lesen Sie erst dann weiter.

——————————

Bitte erinnern Sie sich jetzt an die eben durchgeführte Vorstellungsübung und beantworten Sie die folgenden Fragen so genau als möglich. Es gibt dabei keine richtigen und falschen, guten oder schlechten Antworten.

✍ War das Bild

farbig ❐ schwarz-weiß ❐

scharf ❐ unscharf ❐

ein bewegter Film ❐ einzelne Standbilder ❐ eine Mischform ❐

vertont ❐ stumm ❐

mit Gerüchen versehen ❐ geruchlos ❐

✍ Wie haben Sie die Umgebung wahrgenommen?

gar nicht ❐ gewisse Teile ❐ alles genau ❐

✍ Aus welcher Perspektive haben Sie sich gesehen?

Innenperspektive ❐ von außen ❐ eine dritte Person als Akteur ❐

✍ Haben Sie sich auch kinästhetisch (d.h. mit körperlichen Empfindungen) gefühlt?

ja ❐ nein ❐

✍ Haben Sie während der Vorstellung mit sich selber gesprochen?

ja ❐ nein ❐

Vergleichen Sie Ihre Antworten mit den Angaben der anderen Kursteilnehmer und diskutieren Sie die Bedeutung der Unterschiede für die Technik des Visualisierens, ohne zu werten!

Die **zeitliche Genauigkeit** ist eine weitere Dimension. Während es für den Erwerb von Bewegungen nötig sein kann, sich eine Bewegung in Zeitlupe vorzustellen, ist bei komplexen Bewegungen eine zeitlich möglichst präzise Vorstellung wirkungsvoller.

Als die beiden wichtigsten Komponenten für effizientes Visualisieren haben sich die **Lebhaftigkeit** und die **Kontrollierbarkeit** herausgestellt. Lebhaftigkeit meint, dass Bilder, aber auch die damit verbundenen Empfindungen, Gefühle und Gedanken möglichst lebendig und komplett sein sollen. Kontrollierbarkeit bedeutet, dass das Bild das tun muss, was die vorstellende Person will. Dies ist die Voraussetzung dafür, Fehler abstellen zu können und Situationen sich in der Vorstellung so entwickeln zu lassen, wie dies gewünscht wird.

Die Technik des **Visualisierens** kommt in sehr vielen verschiedenen Trainingsverfahren zum Einsatz (siehe den Abschnitt „Psychologische Trainingsverfahren"). So wird sie unter anderem genutzt zum Erwerb und zum Verbessern von Bewegungsabläufen, zur Optimierung von strategischen Entscheidungen, zur Konzentrationssteigerung, zur Erregungskontrolle oder zur Steigerung des Selbstvertrauens durch erfolgreiche Bilder. Zudem lässt sich Visualisierung im Falle von Verletzungen als Ersatz des physischen Trainings einsetzen.

Selbstgespräche

Praktisch alle unsere Handlungen sind von Gedanken begleitet. Diese Gedanken stellen nichts anderes dar als Selbstgespräche. Auch wenn es natürlich so viele verschiedene Selbstgespräche wie Handlungen gibt, so lassen sich doch allgemein zwei Hauptfunktionen unterscheiden: Die **Aufforderungsfunktion** und die **Ausrichtungsfunktion**. Zudem sind nach ihrer Wertung **positiv** und **negativ formulierte Selbstgespräche** zu unterscheiden.

Die Theorie verschiedener Gedächtnismodi geht von einem motorischen Bewegungs- oder Handlungsgedächtnis und einem sprachlichen Gedächtnis aus. Im sprachlichen Gedächtnis können komplexe Bewegungsabläufe durch Superzeichen verkürzt abgelegt und wieder abgerufen werden (VOLPERT 1983). Sie sind damit sowohl im praktischen wie auch im psychomotorischen Training schneller verfügbar.

Sprachliche Etikettierung und inneres Sprechen sind zudem Voraussetzungen für das Kommunizieren über Bewegungen und das Befolgen von Anweisungen und damit wichtig für das Lösen motorischer Aufgaben. Sie helfen, den Bewegungsablauf zu verfolgen, Fehler zu erkennen und Handlungen abbrechen oder wiederholen zu können.

Innere Sprache erlaubt es auch, eine Verbindung zwischen Situation und körperlicher oder emotionaler Reaktion herzustellen, und hat damit eine wichtige Funktion bei Selbstkontrollprozessen.

Die Sprache ist die „Grundlage und Bedingung der Bewusstheit und Willkürlichkeit des menschlichen Handelns" (MUNZERT 1997, 92). Sprache erlaubt eine Verallgemeinerung, Etikettierung und Kategorisierung von Situationen und Handlungen und ermöglicht damit das Denken und Planen in die Zukunft.

Beispiel: Nach einem selbstverursachten Fehler im Tennis führt das Selbstgespräch „So werde ich nie gewinnen" zu Ärger, Hoffnungslosigkeit und Verspannung. Ein Gespräch wie „Ball beachten – das Match ist noch nicht zu Ende" zu erhöhter Konzentration, Zuversicht und Ruhe.

Aufgabe 84

Erinnern Sie sich an Ihren letzten erfolgreichen Wettkampf. Führen Sie sich die Situation noch einmal vor Augen und erinnern Sie sich an die Selbstgespräche dabei (Aufgabe nach EBERSPÄCHER 2001).

Vor Beginn habe ich mir gesagt:

Während des Wettkampfs habe ich mir gesagt:

Nach dem Wettkampf habe ich mir gesagt:

Erinnern Sie sich nun an Ihren letzten misslungenen Wettkampf und die Selbstgespräche dabei.

Vor Beginn habe ich mir gesagt:

Während des Wettkampfs habe ich mir gesagt:

Nach dem Wettkampf habe ich mir gesagt:

Vergleichen Sie die Selbstgespräche bei den erfolgreichen und weniger erfolgreichen Wettkämpfen. Was fällt Ihnen auf?

Entsprechend der unterschiedlichen Einsatzweisen von Selbstinstruktionen sind die Wirkungen nicht einheitlich begründbar. In empirischen Studien zeigte sich, dass sowohl Bewegungsinstruktionen, Stimmungswörter als auch positive Selbststatements zu einer besseren sportlichen Leistung führen können.

Im psychologischen Training geht es einerseits darum zu lernen, in wichtigen Situationen Selbstgespräche überhaupt zu nutzen, um Handlungen zu initiieren oder aufrecht zu erhalten oder den Handlungen eine bestimmte Richtung zu geben, zum andern darum, negative oder ungeeignete Selbstgespräche zu erkennen und durch positive und aufgabenbezogene zu ersetzen.

Selbstgespräche sollen positiv und in Ichform formuliert sein. Längere Argumentationen oder Aussagen sind zu verkürzen, wenn möglich auf einige wenige Schlüsselworte, damit sie auch unter Wettkampfbedingungen und unter Zeitdruck eingesetzt werden können. Die positiven Selbstgespräche sind so zu automatisieren, dass es zur Gewohnheit wird, sie in kritischen Situationen einzusetzen oder anstelle von aufkommenden negativen Gedanken zu verwenden. Zudem sind Selbstgespräche im Training einzuüben, bevor sie in Wettkämpfen eingesetzt werden.

Ungünstige Selbstgespräche sind zum Beispiel selbstabwertend („Ich Idiot!", „Das lerne ich nie!") oder fehlerzentriert („Ich darf jetzt nicht daneben werfen!", „Wie soll ich das bei dem Wind schaffen?").

Die Technik der **Selbstgespräche** kann in fast allen psychologischen Traini-ngsverfahren gewinnbringend eingesetzt werden.

Zielsetzung

Unter einem Ziel wird das verstanden, was jemand mit einer Handlung zu erreichen versucht. Es handelt sich dabei um eine komplexe kognitive Kategorie. Während aus vielen Untersuchungen aus der Berufswelt die Wirksamkeit von Zielen gut belegt ist, scheint der Nachweis im Sport schwieriger (Burton/Naylor/Holliday 2001). Der Hauptgrund wird darin gesehen, dass man zwar viel über Zielsetzung weiß, aber noch wenig darüber, wie Ziele im Sport, wo die motorische Realisierung letztlich essentiell ist, am wirkungsvollsten eingesetzt werden können.

Ziele haben allgemein zwei handlungssteuernde Hauptkomponenten: Die **Richtungskomponente** bestimmt über die Auswahl unserer Handlungen, die **Qualitäts**- oder **Quantitätskomponente** setzt den Standard für das Handlungsergebnis.

Ziele werden je nach Situationsanforderung bewusst oder verschwinden aus dem Bewusstsein. Auch wenn Ziele vorübergehend nicht bewusst sind, wirken sie doch handlungssteuernd. Deshalb geht es im psychologischen Training darum, bewusst Ziele auszuwählen oder ungünstige Ziele durch günstigere zu ersetzen.

Nach ihrer zeitlichen Perspektive werden eher kurzfristige oder eher langfristige Ziele unterschieden. Für gute Leistungen scheint es erforderlich zu sein, sowohl langfristige Ziele, z.B. für die Karriere, zu setzen als auch kurzfristige Ziele zu haben.

Zielformulierungen sollen **SMART** sein:
Spezifisch – **M**essbar – **A**npassbar – **R**ealistisch - **T**erminiert

Inhaltlich werden Ziele in die zwei Gruppen der Leistungsziele und der Ergebnisziele unterteilt. **Ergebnisziele** beziehen sich auf den Rang oder die Klassierung, die sich aus der erbrachten Leistung ergibt, aber auch von den Leistungen der Mitkonkurrenten abhängig ist. Die **Leistungsziele** werden nach Kingston und Hardy (1997) zudem noch unterteilt in Leistungsziele im engeren Sinn, die eine bessere Leistung an der individuellen Bezugsnorm meinen und Prozessziele, die eine bessere Ausführung, Technik oder Taktik beinhalten. Es scheint, dass Spitzenathleten sowohl Ergebnisziele als auch Leistungsziele brauchen, wobei Leistungsziele häufiger, aber Ergebnisziele wichtiger sind.

Aufgabe 85

Legen Sie Papier und Schreibzeug bereit. Schließen Sie die Augen, atmen Sie ruhig und gleichmäßig, entspannen Sie sich. Stellen Sie sich innerlich vor, welche sportlichen Ziele Sie in Zukunft erreichen wollen. Öffnen Sie die Augen und schreiben Sie Ziele geordnet nach Zeiträumen auf: „Das will ich in fünf Jahren, einem Jahr, sechs Monaten, einem Monat, einer Woche, einem Tag erreicht haben." – Überprüfen Sie, ob die Zielformulierungen SMART sind! Passen Sie die Formulierungen gegebenenfalls an!

Ein weiterer wichtiger Punkt ist der **Schwierigkeitsgrad** der angestrebten Ziele, wobei Training und Wettkampf zu unterscheiden sind. Im Allgemeinen wird davon ausgegangen, dass im Training Ziele mittlerer Schwierigkeit zu besseren Leistungen führen als solche mit zu hoher oder zu niedriger Schwierigkeit. Orlick (1998) schlägt vor, sich vor Wettkämpfen jeweils drei verschiedene Ziele zu setzen:

- Ein **Optimalziel**, das im Idealfall erreicht werden könnte, wenn wirklich alles stimmt. Ein solches Traumziel kann aber wahrscheinlich nur in einem von zehn Fällen erreicht werden.
- Ein **Realziel**, welches realistischerweise dann erreicht werden kann, wenn das normale Leistungspotential umgesetzt werden kann.
- Ein **Minimalziel**, das so formuliert wird, dass auch beim Verfehlen von realistischerweise erreichbaren Zielen die Selbstakzeptanz gewahrt wird. Solche akzeptable Ziele können beispielsweise darin bestehen, dass man einen schwierigen Handlungsteil gut bewältigt, eine gute Defensivleistung erbringt oder eine Teilstreckenbestzeit erzielt.

Das Setzen von Zielen kann sowohl als interner als auch als externer Prozess ablaufen. Langfristige Ziele werden in der Regel mit einem Trainer erarbeitet und schriftlich festgehalten. Kurzfristige Ziele können dagegen auch als interne Vorsätze gefasst werden, etwa in einzelnen Trainingseinheiten oder als Selbstmotivierungsstrategie in lange dauernden Wettkämpfen.

Ein Ziel wird dann eher als verpflichtend erlebt, wenn es selbst gesetzt wird, wenn es öffentlich bekannt gemacht wird, wenn bei Zielerreichung eine extrinsische Belohnung winkt, und wenn eine soziale Unterstützung wahrgenommen wird, das Ziel zu erreichen.

Zielsetzung hat eine wichtige Funktion im Psychomotoriktraining und im Taktiktraining. Sie ist jedoch insbesondere von Bedeutung im Motivationstraining und im Psychoregulationstraining.

Atmung

Aus dem Yoga stammt die Erkenntnis, dass ein Zusammenhang zwischen Atmung und emotionaler Befindlichkeit besteht. Der Atem wird flach und der Rhythmus beschleunigt sich z.B. bei Angst und Unsicherheit oder erhöhter Anspannung. Umgekehrt ist Ruhe, Sicherheit und Entspannung mit tieferer und verlangsamter Atmung verbunden. Angst und Entspannung oder ruhiger Atem sind hingegen inkompatibel. Atemtechniken werden nun genutzt, um im Sinne einer Gegenkonditionierung eine gewünschte Spannungs- und Erregungslage herbeizuführen. Zudem bindet ein bewusstes Atmen Aufmerksamkeit, die somit von störenden Gedanken oder Ereignissen abgelenkt wird (Nitsch 1985).

Es werden verschiedene Formen der Teilatmung unterschieden, bei denen jeweils nur Teile der Lunge mit Luft gefüllt werden. Zum Beispiel nutzt die Rippenatmung nur den oberen Lungenteil, während bei starker Bauchatmung hintere und seitliche Teile der Lunge vernachlässigt werden. Ideal ist eine Vollatmung, bei der das Zwerchfell die Hauptarbeit leistet und die Lunge bis in die seitlichen und unteren Spitzen genutzt wird.

Bei normaler Atmung ist die Ausatmungsphase etwas länger als die Einatmung. Durch gezielte Beeinflussung der Dauer der einzelnen Phasen lassen sich verschiedene Wirkungen erzielen. Eine **entspannende Atmung** weist ein normales Tempo beim Einatmen auf, welches automatisch geschehen soll. Danach erfolgt unmittelbar die Ausatmung, die verlangsamt („gezügelt") wird. Im Anschluss daran wird eine kleine, aber

Atmungstechniken werden vor allem im Psychoregulationstraining zur Beeinflussung des Aktivierungs- und Erregungszustandes eingesetzt, aber auch im Konzentrationstraining.

deutlich wahrnehmbare Pause eingelegt, bis die Einatmung wieder wie von selbst geschieht. Abbildung 60 veranschaulicht den Rhythmus der Entspannungsatmung. Aktivierend ist ein Atemrhythmus, der die Einatmung betont, eine kurze Pause nach dem Einatmen einlegt und danach das Ausatmen von allein geschehen lässt.

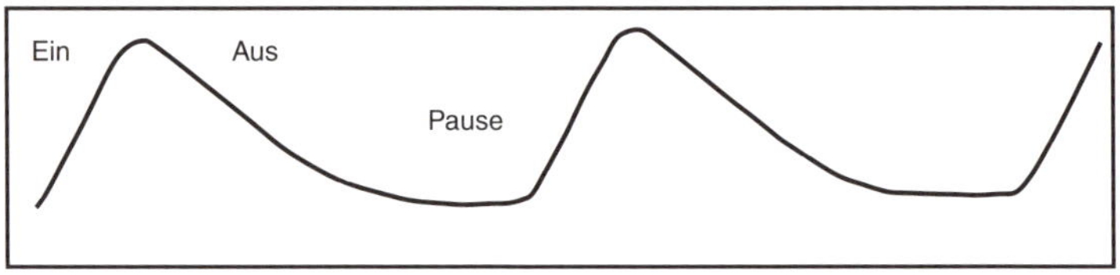

Abb. 60: Entspannungsatmung. Während die Einatmung automatisch geschieht, erfolgt die Ausatmung „gezügelt" und leicht verstärkt. Deutliche Pause nach der Ausatmung (nach Lindemann 1984).

Periphere Erregungskontrolle

Wird eine Situation in der subjektiven Bewertung als bedrohlich wahrgenommen, führt diese zu einer Mobilisierung des Organismus. In diesem Zustand der psychischen Anspannung, etwa bei Angst, Unsicherheit oder Stress, tritt neben vegetativen Symptomen eine körperliche Reaktion auf, die sich insbesondere in muskulärer Verspannung äußert (siehe Abschnitt Psychoregulationstraining). Techniken der peripheren Erregungs- und Spannungskontrolle basieren ähnlich wie die Atmung auf der Einsicht, dass eine Verringerung der Verspannung der Skelettmuskulatur auch eine Verringerung der psychischen Anspannung bewirkt.

Äußere Entspannungsanwendungen wie Entspannungsbäder, Sauna oder Massage nutzen diesen Zusammenhang. Die im psychologischen Training häufig verwendeten Techniken sind die **Progressive Muskelrelaxation** (Jacobson 1938) oder das **Autogene Training** (Schultz 1932/1991) mit jeweils zahlreichen Untervarianten und Abwandlungen:

- Die Progressive Muskelrelaxation beruht auf einem systematischen Wechsel von Anspannung und Entspannung einzelner Muskelgruppen. Dadurch wird eine schrittweise Entspannung erreicht. Ein Hauptnutzen des Verfahrens ist die Sensibilisierung für den Anspannungsgrad der Skelettmuskulatur, um den optimalen Erregungs- und

Spannungszustand kennen zu lernen und gezielt einstellen zu können.

- Das Autogene Training verwendet in der Originalform Selbstgespräche (Selbstbefehle), was einen relativ langen Lernprozess bedingt. In der Praxis hat sich gezeigt, dass mit bildlichen Vorstellungen wie einer gedanklichen Reise durch den Körper (LINDEMANN 1984) schneller die gewünschten Entspannungszustände erreicht werden können (SONNENSCHEIN 1989).

Die gedankliche Reise durch den Körper beginnt an der Peripherie. Da viele Sportarten die Beinmuskulatur besonders beanspruchen, ist es erfahrungsgemäß günstig, mit der Vorstellung eines Fußes zu beginnen und durch das Bein hoch bis in den Bauchraum zu wandern. Danach folgt das zweite Bein, dann die Arme und schließlich der Nacken und das Gesicht. Die Verweildauer ist so lange, bis sich ein Wärme- und Schweregefühl einstellt. Mit zunehmender Übung kann die Reise beschleunigt werden. Individuelle Anpassungen sind möglich und sinnvoll.

Die einfachste **Position** zum Entspannen ist das ausgestreckte Liegen auf dem Rücken. Allerdings ist es in den meisten Fällen, in denen Entspannung an Trainings- oder Wettkampfstätten durchgeführt werden soll, unwahrscheinlich, eine geeignete Stelle zum Liegen zu finden. Es wird deshalb empfohlen, sich Entspannungstechniken im Sitzen anzueignen. Dies verringert auch die Gefahr, beim Üben einzuschlafen. Wird eine Technik sitzend beherrscht, ist es ein Leichtes, sie je nach Bedarf im Liegen anzuwenden, etwa zur Beschleunigung des Einschlafens. Eine geeignete Sitzposition erlaubt das Abstützen des Kreuzes, das Aufstellen beider Fußsohlen auf der Erde und einen freien Atemfluss. Dazu ist es wichtig, dass das Kinn nicht nach vorne auf die Brust sinkt. Der Kopf sollte mit möglichst wenig Halteaufwand oben auf dem Hals gehalten werden. Die Unterarme werden auf die Oberschenkel gelegt, was besser geht, wenn der Stuhl keine Armlehne aufweist (siehe Abbildung 61).

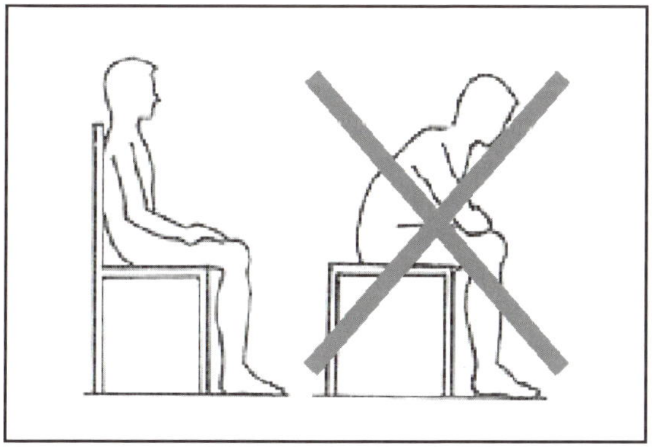

Abb. 61: Sitzhaltung beim Entspannungstraining. Ideal ist eine aufrechte Position (Pharaonensitz, links). Ungeeignet ist die Droschkenkutscherhaltung (rechts), weil die freie Atmung behindert wird (nach LINDEMANN 1984).

Zu unterscheiden sind die herbeigeführten Entspannungszustände nach ihrer **Dauer** und ihrer **Tiefe**. Langdauernde Entspannung wird dabei in der Regel auch tiefer sein. Eine Tiefenentspannung ähnelt von der Gehirnaktivität her einer Traumphase im Schlaf. Sie dauert rund 10 bis 30 Minuten und ist nicht geeignet unmittelbar (weniger als eine Stunde) vor Wettkämpfen, bei denen ja eine gewisse Aktiviertheit vorhanden sein muss. Weniger tiefe Entspannungszustände dauern nur Sekunden bis Minuten und lassen sich in Wettkampfpausen, aber auch im Techniktraining einsetzen.

Entspannungstechniken werden vor allem im Psychoregulationstraining eingesetzt. Sie dienen aber auch der Erholungsbeschleunigung, der Unterstützung von Lernprozessen im Psychomotorischen Training und im kognitiven Funktionstraining.

Ein Ziel ist es, die periphere Erregungskontrolle schnell verfügbar zu haben. Deshalb wird darauf hingearbeitet, eine Entspannungsreaktion zu konditionieren. Das bedeutet, dass bestimmte Bilder, Schlüsselworte oder Handlungen mit dem Zustand der körperlichen Entspannung verknüpft werden. Dieser Zustand lässt sich dann über solche Auslöser bei Bedarf schnell abrufen. Besonders eignet sich eine Verknüpfung des entspannten Zustandes mit einer Ausatmung, die ja auch schon entspannende Wirkung hat.

Psychologische Trainingsverfahren

Eberspächer (2001) unterscheidet drei verschiedene Subformen des **mentalen Trainings**: Das verdeckte Wahrnehmungstraining meint die Vorstellung seiner selbst oder anderer aus der Außenperspektive. Das subvokale Training verwendet Selbstgespräche und das ideomotorische Training entspricht dem Visualisieren aus der Innensicht mit Betonung der kinästhetischen Empfindungen.

Im Folgenden werden einige wichtige psychologische Trainingsverfahren dargestellt. Ihrer Einteilung liegt die Orientierung an den Handlungserfordernissen zugrunde (siehe Kapitel „Definition und Gegenstandsbestimmung"). Dabei wird deutlich, wie die einzelnen psychologischen Techniken in unterschiedlichen funktionalen Zusammenhängen eingesetzt werden können.

Verfahren des Fertigkeitstrainings

Psychomotorisches Training

Das psychomotorische Training dient der Optimierung einzelner Bewegungs- oder Handlungsabläufe und steht somit in engem Bezug zum sportlichen Techniktraining. Als gängiger deutschsprachiger Begriff, der auch in der Arbeitspsychologie Verwendung findet, wird der Name **„Mentales Training"** eingesetzt. Mentales Training meint die Vorstellung eines Bewegungs- oder Handlungsablaufs ohne dessen gleichzeitige praktische Ausführung.

Da – wie bei allen Methoden der internen Realisierung – die Bewegungsvorstellungen durch den Trainer nicht objektiviert und überprüft werden können, empfiehlt EBERSPÄCHER (2001) ein **vierstufiges Vorgehen**:

- In der ersten Stufe schildert die übende Person den gesamten Bewegungsablauf so vollständig wie möglich. Das gibt dem Trainer die Möglichkeit, falsche Vorstellungen zu korrigieren.
- In der zweiten Stufe erfolgt dieselbe Bewegungsbeschreibung subvokal, d.h. im Selbstgespräch.
- In der dritten Stufe werden nun die entscheidenden Knotenpunkte in der Handlung erarbeitet. Auch hier ist eine Überprüfung mit Hilfe des Trainers erforderlich.
- Da auch eine sprachliche Beschreibung der wichtigsten Bewegungsknotenpunkte noch länger dauert als die Bewegungsausführung wird im letzten Schritt eine symbolische Markierung der Knotenpunkte vorgenommen. Diese sprachlichen oder bildlichen Symbole erlauben es, das mentale Training in Echtzeit durchzuführen.

Ein Beispiel einer gängigen sprachlichen Kodierung ist die Abfolge „Hop – Step – Jump" im Dreisprung.

Auch wenn ein Trainer die Bewegungsvorstellung überprüft hat, ist es doch erforderlich, sie auch immer wieder durch Eigenerfahrung an der Realität zu prüfen. So ist es z.B. nötig, die Vorstellung der Erdanziehung oder der bei Rotation wirkenden Fliehkräfte mit der Wirklichkeit zu vergleichen, um sich nicht unmögliche Vorstellungen von Bewegungen einzuprägen. Das spricht dafür, mentales Training im Wechsel mit praktischen Ausführungen durchzuführen.

In Befragungen geben über 90 % der Athletinnen und Athleten an, vor Wettkämpfen „mental zu trainieren". Es handelt sich hier jedoch nicht um ein mentales Training im Sinne des wiederholten, systematischen Psychomotorischen Trainings, sondern um eine Vorstellung des unmittelbar folgenden Handlungsablaufs. Dieses „instant pre-play" genannte Vorstellen dient einerseits der motorischen Vorbereitung, andererseits aber vor allem der Selbstmotivierung oder dem Aufbau von Selbstsicherheit und Siegeszuversicht.

Aufgabe 86

Suchen Sie einen einfachen, wenn möglich azyklischen Bewegungsablauf aus Ihrer Sportart aus (Beispiele: Tennisaufschlag, 11-m im Fußball, Hochsprung). Beschreiben Sie den Bewegungsablauf zuerst schriftlich so vollständig wie möglich und besprechen Sie die Beschreibung mit Ihrem Sportlehrer oder Trainer. Danach verkürzen Sie die Beschreibung bis hin zu einigen symbolisch markierten Knotenpunkten.

Kognitives Funktionstraining

Bei diesen Trainingsformen geht es darum, die kognitiven Funktionen, insbesondere Wahrnehmung und Entscheidung, zu trainieren. Diesen beiden Prozessen liegt eine entsprechende technisch-taktische Wissensstruktur zugrunde. Das kognitive Funktionstraining ist in enger Verbindung mit dem Taktiktraining zu sehen.

In zahlreichen Situationen ist die Auswahl der richtigen Information eine entscheidende Größe für den Erfolg. In Abhängigkeit von den sportlichen Anforderungen ist zu definieren, welche Situationsmerkmale ausgewählt und mit welchen Bedeutungen sie versehen werden müssen. Für diese Vorgänge der Selektion und Kodierung von Information sowie die nachfolgenden Entscheidungen für Handlungspläne ist eine enge Zusammenarbeit mit dem Trainer unbedingt erforderlich. Die Aufmerksamkeit ist auf die richtigen und wichtigen Informationen zu lenken (Selektion), und der wahrgenommenen Information ist die richtige Bedeutung zuzuschreiben (Kodierung). Diesen subjektiv definierten Situationen sind dann die entsprechenden taktischen Handlungspläne zuzuordnen (SONNENSCHEIN 1993).

Eine enge Verbindung an das praktische Training und der Einbezug beispielsweise von Videoaufzeichnungen erscheint hilfreich. In fortgeschrittenerem Stadium können entsprechende Situationen und die entsprechenden taktischen Entscheidungen auch visualisiert werden.

Verfahren des Selbstkontrolltrainings

Psychoregulationstraining

Mit dem Begriff Psychoregulationstraining (im Englischen oft ‚arousal regulation' genannt) wird die Steuerung des psychophysischen Erregungsniveaus bezeichnet. Es handelt sich um den am längsten und intensivsten erforschten Bereich des psychologischen Trainings im Sport. Ausgangspunkt ist der schon seit langem bekannte umgekehrt U-förmige Zusammenhang zwischen Aktivierung und Leistung: Bei einer zu niedrigen und einer zu hohen psychophysischen Aktivierung ist die Leistung weniger gut als bei einer mittleren (siehe Abb. 62).

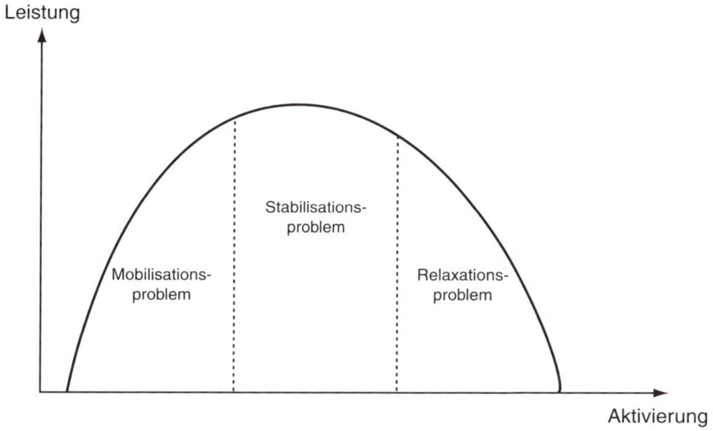

Abb. 62: Der umgekehrt-U-förmige Zusammenhang zwischen Aktivierung und Leistung und die sich daraus ergebenden psycho-regulativen Anforderungen (modifiziert nach Nitsch 1985).

Daraus ergeben sich drei unterschiedliche Regulationsanforderungen für den Erregungszustand: bei zu geringer Aktivierung muss so mobilisiert werden, dass ein anforderungsspezifisch optimales Niveau erreicht wird. Bei optimaler Aktivierung geht es darum, den Zustand zu stabilisieren. Ein zu hoher Aktivierungszustand fordert nach Relaxation und damit einer Reduzierung auf ein Optimum (Nitsch 1985).

„Nicht die Dinge selbst beunruhigen die Menschen, sondern die Vorstellungen von den Dingen" (Epiktet, 50 – ca. 120 n. Chr.).

Insbesondere in Wettkämpfen erfolgt die Aktivierung nicht in erster Linie durch körperliche Aktivität, sondern durch **Stress**. Stress (in seiner negativen Bedeutung als Distress) tritt dann auf, wenn eine Anforderungssituation als hinsichtlich der Zielerreichung mit den verfügbaren Möglichkeiten nicht bewältigbar oder hinsichtlich des Selbstwertes als bedrohlich eingeschätzt wird. Mit Stress gehen Symptome einher, die sich in drei Gruppen einteilen lassen:

- Motorische Symptome wie z.B. Verspannung, Zittern, Timing- und Koordinationsfehler.

Aufgabe 87

Achten Sie vor wichtigen Wettkämpfen oder in anderen Leistungssituationen, beispielsweise Prüfungen, auf Ihre Symptome. Listen Sie auf, was Sie – gegebenenfalls auch früher – an sich beobachtet haben. Überlegen Sie, welche der Symptome für Sie unangenehm sind und die Leistung beeinträchtigen, und welche nachgerade ein Anzeichen für einen optimalen Aktivierungszustand darstellen. Merken Sie sich die geeigneten Symptome und ihre optimalen Ausprägungen und versuchen Sie, diese wieder herzustellen.

- Psychische Symptome wie z.B. Nervosität, Unsicherheit, Befürchtungen und eingeschränkte Wahrnehmung.
- Psychovegetative Symptome wie z.B. Blässe, erhöhter Puls, Magenkrämpfe oder Harndrang.

Ziel des Psychoregulationstrainings ist es nun, unangemessene Aktivierung zu vermeiden, um einen leistungsgünstigen Zustand zu erreichen (siehe Abbildung 63). Wegen der bei Überaktivierung vielfach beobachteten Katastrophenverläufe mit einem Zusammenbruch und einer Verzögerung des Leistungsanstiegs bei Aktivierungsreduktion (Hysterese-Effekt) stellt sich vor allem das Problem, zu hohe Aktivierungszustände rechtzeitig zu erkennen und zu vermeiden.

Dabei bieten sich typischerweise ursachenbezogene und symptombezogene Zugänge an. Eine ursachenbezogene Herangehensweise setzt natürlich eine sorgfältige Diagnose voraus, um zu identifizieren, was in welcher Situation zu leistungsungünstigem Stress führt. Falls möglich sind objektive Ursachen zu beseitigen oder zu verändern. Dazu gehört beispielsweise auch, eine realistische Zielschwierigkeit zu definieren (siehe Abschnitt Zielsetzung).

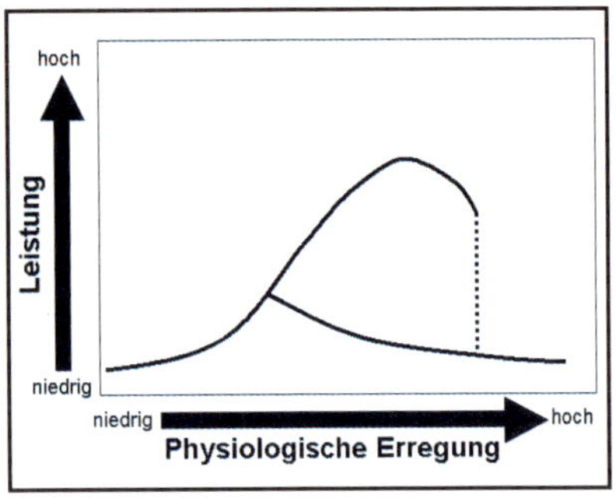

Abb. 63: Der Verlauf der Leistung bei zunehmender und abnehmender psychophysio-logischer Aktivierung (Hysterese-Effekt) (nach HARDY/JONES/GOULD 1996).

Situationsbedingungen, die nicht geändert werden können, müssen in der subjektiven Bewertung verändert werden. Dazu schlägt SONNENSCHEIN (1989) die drei folgenden Prinzipien vor:

- **Konfrontation mit den stressauslösenden Bedingungen**. Indem beispielsweise Fehlentscheidungen von Schiedsrichtern im Training ohne Wissen der Spieler simuliert oder störende Geräuschkulissen eingespielt werden, soll eine Gewöhnung an die Bedingungen erfolgen.
- **Verfahren der kognitiven Umbewertung**. Durch Relativieren („letztes Jahr war es noch viel schlimmer“) oder Umbewerten („der andere kocht auch nur mit Wasser“) wird der Situation ihr bedrohlicher Charakter genommen.
- **Aufmerksamkeitslenkung**. Indem die Aufmerksamkeit bewusst auf andere Inhalte beispielsweise die Atmung oder die auszuführende Bewegungshandlung gerichtet wird, wird sie von den stressauslösenden Bedingungen abgelenkt.

Die symptombezogenen Maßnahmen setzen direkt bei den Folgen der unangemessenen Aktivierung an. In der Regel wird es darum gehen, einen zu hohen Aktivierungszustand herunterzufahren. Dies setzt allerdings voraus, dass die unangemessene Aktivierungslage auch rechtzeitig bemerkt wird. Eine Sensibilisierung für die eigene Körperspannung kann erfolgreich mit der progressiven Muskelrelaxation durchgeführt werden. Um die Wahrscheinlichkeit zu verringern, in einen ungünstigen Erregungszustand zu gelangen, z.B. bei Schlaflosigkeit vor bevorstehenden wichtigen Wettkämpfen, eignen sich Verfahren der Tiefenentspannung. Soll jedoch unmittelbar vor dem Start oder zwischen zwei Einsätzen die Aktivierung reguliert werden, sind schnell wirkende Entspannungsverfahren einzusetzen.

In selteneren Fällen kommt es auch vor, dass bei einer Unteraktivierung eine Steigerung der Aktivierung erforderlich ist. Hier eignen sich verstärktes Einatmen, intensivere Bewegung, z.B. Steigerungsläufe, laute, rhythmische, aktivierende Musik, aber auch das Visualisieren von aktiven Bildern oder aktivierende Selbstbefehle.

Motivations- und Volitionstraining

Motivationale Herausforderungen tauchen im Leistungssport in zwei verschiedenen Formen auf: Zum einen der anhaltende Antrieb, über viele Jahre hinweg regelmäßig und zielgerichtet zu trainieren, bis ein hohes Leistungsniveau erreicht werden kann, und zum andern der eher akute Aspekt, in einem Wettkampf trotz Rückstand, schlechter äußerer Bedingungen oder Schmerzen durchzuhalten und den Erfolg noch anzustreben. Dafür wird in letzter Zeit oft der Begriff volitive Anforderung oder Willensanforderung gebraucht. Nicht berücksichtigt wird hier der Aspekt der Fremdmotivation insbesondere durch den Trainer, dem die Aufgabe zukommt, durch Schaffung eines positiven motivationalen Klimas die Freude, das Engagement oder eben die Motivation seiner Schützlinge zu erhöhen.

Für die längerfristige Motivation ist es entscheidend, Erfolge zu sehen und dadurch die Überzeugung der Selbstwirksamkeit und der Kontrollierbarkeit aufzubauen. Wesentlich damit verbunden ist der Aspekt der **adäquaten Zielsetzung**, inklusive der richtig gewählten Zwischenziele. Das Formulieren von Prozess- und Leistungszielen mit unterschiedlichen Schwierigkeitsgraden (siehe Abschnitt „Zielsetzung") ermöglicht es, Erfolge und positive Erlebnisse zu erfahren, Selbstvertrauen aufzubauen und die Motivation so über längere Zeit aufrecht zu erhalten.

In Wettkämpfen ist häufig das Problem der **Übermotivation** zu beobachten. Und dadurch, dass man es zu gut machen will, resultiert eine höhere Muskelspannung, eine höhere zentralnervöse Aktiviertheit und damit oft eine Störung der eingeübten Bewegungskoordination. Das hochautomatisierte Spiel von Agonist und Antagonist ist beeinträchtigt, es erfolgt eine stärkere Beachtung des Bewegungsablaufes, welcher an sich hochautomatisiert und eingeschliffen ist, und damit sind alle Voraussetzungen für eine mittelmäßige Leistung gegeben. Durch die Techniken der Zielsetzung sollte ein Realziel angestrebt werden, welches realistischerweise auch erreicht werden kann. Im Wettkampf muss diese Intention abgeschirmt werden gegen konkurrierende, z.B. wenn das Optimalziel plötzlich in reichbare Nähe rückt und die Aufmerksamkeit abgelenkt zu werden droht.

Etwas anders geartet sind die Situationen, die eine große **Willensanstrengung** erfordern. So kann z.B. in einem Triathlon-Wettkampf eine Unterteilung in Teilziele helfen, das noch mehrere Stunden entfernt liegende Gesamtziel zu erreichen. Selbstgespräche mit motivierendem oder instruierendem Inhalt helfen, die Anstrengung aufrecht zu erhalten, auch wenn der Körper müde wird. Gegen konkurrierende Intentionen, z.B. den Wettkampf abzubrechen, helfen Gedankenstopp-Befehle.

Konzentrationstraining

Im Konzentrationstraining geht es generell darum, den richtigen Aufmerksamkeitsfokus zu finden oder wiederherzustellen. Verschiedene Sportarten stellen dabei unterschiedliche Anforderungen an die Aufmerksamkeit und in einigen Sportarten wechseln die Anforderungen von einem Moment zum anderen. Dabei sind zwei verschiedene Dimensionen zu beachten: die **Richtung der Aufmerksamkeit**, die sich eher nach außen oder nach innen auf körpereigene Vorgänge oder Gedanken richten kann, sowie der **Fokus**, welcher eher weit oder eher eng sein kann (siehe Abb. 64).

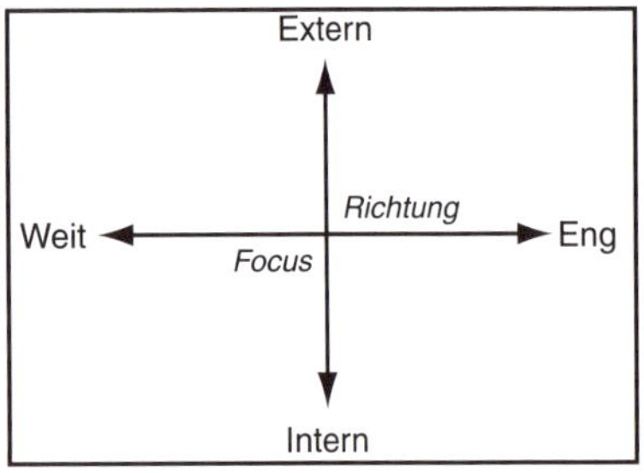

Abb. 64: Zwei Dimensionen der Aufmerksamkeit: Richtung und Fokus (nach Nideffer 1992, 21).

Im Konzentrationstraining geht es zunächst darum, die Situationen zu identifizieren, in denen die Aufmerksamkeit gestört ist, sowie die dort erforderliche optimale Aufmerksamkeitsform zu bestimmen. Die Kenntnis der aufmerksamkeitsbeeinflussenden Störfaktoren hilft, die richtige Abwehrmaßnahme zu wählen. Dabei ist zu berücksichtigen, dass sich oft eine Kettenreaktion ergibt, indem ein vorübergehender Aufmerksamkeitsverlust zu einem Fehler oder zu einer Leistungseinbuße führt, welche plötzlich bewusst wird, womit die Aufmerksamkeit noch verstärkt von der handlungsrelevanten Information abgelenkt ist. Dieser Prozess des Aufmerksamkeitsverlusts ereignet sich vor allem in Situationen mit hoher Bedeutung und wird in der amerikanischen Literatur mit dem Begriff „choking" bezeichnet.

Generell werden Strategien für zwei verschiedene Situationen unterschieden: einmal zum Ermöglichen einer **optimalen Einstimmung vor dem Wettkampf** oder in Wettkampfpausen und zum andern zum Wiederkonzentrieren oder **Wiederfokussieren** nach einem Aufmerksamkeitsverlust während des Wettkampfs.

Um sich vor störenden äußeren Einflüssen abzuschirmen, kann das Bild einer Glaskugel verwendet werden, wie sie aus Quizshows bekannt sind. Man stellt sich vor, in die Kugel einzusteigen und sie zu schließen, worauf man die Geschehnisse um sich herum zwar noch wahrnimmt, aber davon nicht mehr tangiert wird.

Eine Möglichkeit, einem (außersportlichen) Problem, welches einen aktuell beschäftigt, seine konzentrationsstörende Wirkung zu nehmen, besteht darin, das Problem klar zu benennen und es in Gedanken in eine Problembox oder in einen Umschlag zu stecken und zu Hause zu deponieren. Die klare Identifizierung des Problems und das Versprechen, sich nach dem Wettkampf damit zu beschäftigen, erlauben eine Ausrichtung der Aufmerksamkeit auf den bevorstehenden Wettkampf.

Während des Wettkampfs kommen oft aufgabenirrelevante Gedanken auf, die sich z.B. mit den möglichen Konsequenzen eines Sieges oder einer Niederlage beschäftigen. Beim Gewahr werden solcher Gedanken kann ein laut oder subvokal ausgesprochener Stoppbefehl oder die bildliche Vorstellung eines Stoppzeichens den Gedanken unterbrechen. Selbstbefehle richten dann die Aufmerksamkeit entweder auf die gerade bevorstehende Bewegungsausführung, taktische Handlung oder allgemeiner auf die Atmung.

Aufgabe 88

Wählen Sie drei konkrete Situationen aus verschiedenen Sportarten aus, die Sie selber erlebt haben. Erinnern Sie sich, worauf Sie die Aufmerksamkeit in jenen Situationen gerichtet hatten. Überprüfen Sie, ob diese Art der Aufmerksamkeitslenkung leistungsgünstig war. Notieren Sie, worauf Sie in einer ähnlichen Situation in Zukunft achten wollen.

Anwendungsgrundsätze für psychologisches Training

Voraussetzungen

Ziel eines jeglichen psychologischen Trainings ist es, die Eigenaktivität und Selbständigkeit des Athleten zu fördern. Nicht die passive Behandlung, sondern das aktive Training zum Entwickeln der erforderlichen psychologischen Fertigkeiten steht also im Mittelpunkt. Nur damit ist die Gewähr gegeben, dass die Athleten im Wettkampf, wenn sie auf sich selbst gestellt sind, selbstverantwortlich das Richtige tun und ihr Leistungspotential umsetzen können.

Allgemein gesehen lässt sich Training immer als die Überführung eines Istwerts in einen Sollwert verstehen. In unserem Fall heisst das, dass die psychischen Anforderungen der Sportart, aber auch die Erfordernisse ganz bestimmter Situationen den Sollwert darstellen. Die noch Anfang der 80er-Jahre vorherrschende Auffassung, dass für jede Sportart ein psychologisches Anforderungsprofil erstellt werden könnte, ist heute eher einer individuelleren Betrachtungsweise gewichen. So versucht etwa Hanin (2000), individuell definierte optimale Zonen zu finden, in denen der jeweilige Athlet die persönlich besten Leistungsvoraussetzungen aufweist. Der Istwert besteht in der aktuellen Ausprägung auf den vordefinierten Dimensionen. Eine Abweichung von dem vorgängig definierten individuellen Sollwert erfordert den Einsatz der geeigneten psychologischen Fertigkeiten, um diesen Istwert zu überführen.

Damit die Athletin oder der Athlet in der Lage ist, selbständig und eigenverantwortlich die richtigen psychologischen Schritte einzuleiten, sind einige **Voraussetzungen** erforderlich:

- Es ist ein gewisses **Grundlagenwissen** nötig, welches die Zusammenhänge zwischen psychologischen Erfordernissen in einer bestimmten Situation und der Funktionsweise der einzelnen Techniken betrifft.
- **Anwendungswissen** bezieht sich auf das Verständnis darüber, wann und in welcher Form welche Methoden wie eingesetzt werden können.

- Die **diagnostische Kompetenz** umfasst zum einen das Wahrnehmen des eigenen Zustandes, zum andern auch das Wahrnehmen der situationsspezifischen Ursachen für diese Lage.
- Die **Interventionskompetenz** umfasst das Beherrschen der einzusetzenden Methoden und Techniken.

Das Wissen und die Kompetenzen für eine erfolgreiche Anwendung lassen sich auch durch Selbststudium und Ausprobieren erwerben. In zahlreichen Büchern sind entsprechende Tests enthalten, die einem aufzeigen, wo ein Bedarf besteht.

Die Gefahr besteht, durch das selbständige Ausfüllen vieler Selbstevaluationsfragebogen ein Bild von sich zu erhalten, welches die Schwächen hervorhebt und eine ständige Beschäftigung damit nach sich zieht.

Auswahlkriterien

Bei der Vielzahl psychologischer Trainingsformen und -methoden, die in der Literatur aufgelistet werden, ist es unbedingt erforderlich, Kriterien zu haben, um sich für die geeignetsten Formen und die richtige Kombination entscheiden zu können. Zuerst geht es natürlich darum abzuklären, **welche Handlungsvoraussetzungen** mit Hilfe psychologischer Techniken optimiert werden sollen. Sodann ist die Frage des geeigneten **methodischen Zugangs** zu beantworten.

Ideal ist es, wenn die Sportlerin oder der Sportler selber die Initiative ergreift, psychologische Trainingsformen zu erlernen. Damit übernehmen sie Verantwortung für diesen Teilbereich ihres Trainings und es kann davon ausgegangen werden, dass das Interesse anhaltend hoch sein wird. Auf jeden Fall sollte Freiwilligkeit angestrebt werden, denn unter Zwang werden die wenigsten Beteiligten eine gute Erinnerung und Lerneffekte mitnehmen.

Ein **idealer Zeitpunkt** zum Beginn und zum Erwerb grundlegender Techniken ist eine Phase, in welcher wenige Wettkämpfe stattfinden. Entscheidend für die Auswahl der richtigen Formen ist dann etwa, wie viele Wochen oder Monate bis zum Beginn der Wettkampfsaison noch zur Verfügung stehen. Ebenfalls ist wichtig, welcher Zeitaufwand pro Woche dem psychologischen Training gewidmet werden kann. Vorerfahrungen und Vorkenntnisse müssen abgeklärt werden. Oft liegen bereits Erfahrungen vor, z.B. mit autogenem Training, auf denen aufgebaut werden kann.

Es ist unbedingt erforderlich, Techniken auszuwählen, die in der Praxis der jeweiligen Sportart auch anwendbar sind. So

Vor Aufnahme eines Psychologischen Trainings sind folgende **W-Fragen** zu klären:
Was? – Welche Voraussetzungen sollen verbessert werden?
Wie? – Welche Methoden eignen sich dafür?
Wann? – Welche Saisonphase liegt vor, wie viel Zeit steht zur Verfügung?
Wer? – Welche Person kann die erforderliche Anleitung und Betreuung kompetent geben?

können z.B. Techniken zur Blitzentspannung oder zur sofortigen Fokussierung der Aufmerksamkeit für Sportarten sinnvoll sein, in denen zahlreiche kurze Pausen auftreten, wie etwa im Tennis, jedoch weniger geeignet z.B. für die alpinen Speeddisziplinen.

In der Regel wird es nach einer Abklärung der Bedürfnisse nötig sein, sich auf einige ausgewählte Ziele und eine mögliche Reihenfolge oder Priorisierung der Ziele festzulegen. Sodann sind **Kriterien für die Zielerreichung** zu definieren und eine Evaluation vorzusehen. Das schafft die Voraussetzung, das Erreichen von einzelnen Zielen zu dokumentieren und danach sich weiteren Anforderungen zuzuwenden. Es gibt auch die Gewähr, dass das psychologische Training nicht zum Selbstzweck wird, welches über Monate hinweg wertvolle Zeit in Anspruch nimmt, ohne dass entscheidende Fortschritte gemacht werden.

Zurzeit gibt es erst wenige Länder, in denen **Sportpsychologen** aufgrund einer Zusatzausbildung und definierter Kriterien einen entsprechenden, geschützten Titel aufweisen. Qualifizierte Arbeit lässt sich aber auch so erkennen. Die wichtigsten Kriterien sind guter persönlicher Kontakt, zeitliche Verfügbarkeit, Vielfältigkeit der Techniken und Anweisungen, Flexibilität beim Eingehen auf die individuellen Bedürfnisse und Glaubwürdigkeit. Zudem machen seriöse Sportpsychologen keine falschen Versprechungen, fordern nicht zu Geheimhaltung auf und erklären, was sie warum tun. Die eigene Tätigkeit unterziehen sie regelmässig einer Supervision durch andere Fachpersonen.

Zur vertiefenden Weiterarbeit empfohlen:

EBERSPÄCHER, H.: Mentales Training. Ein Handbuch für Trainer und Sportler. München 2001[5].

FRESTER, R./WÖRZ, T.: Mentale Wettkampfvorbereitung. Ein Handbuch für Trainer, Übungsleiter, Sportlehrer und Sportler. Göttingen 1997.

SEILER, R./STOCK, A.: Handbuch Psychotraining im Sport. Methoden im Überblick. Reinbek 1994.

SONNENSCHEIN, I.: Das Kölner Psychoregulationstraining. Köln 1989[3].

SUINN, R.M.: Übungsbuch für mentales Training. In sieben Schritten zur sportlichen Höchstleistung. Bern 1989.

Literaturverzeichnis:

BURTON, D./NAYLOR, S./HOLIDAY, B.: Goal setting in sport. Investigating the goal effectiveness paradox. In: SINGER, R.N./HAUSENBLAS, H.A./JANELLE, C.M. (Eds.): Handbook of sport psychology. New York 2001[2], 497-528.

FELTZ, D.L./LANDERS, D.M.: The effects of mental practice on motor skill learning and performance: A meta-analysis. In: Journal of Sport Psychology 5 (1983) 5, 25-57.

GABLER, H./JANSSEN, J.P./NITSCH, J.R.: Gutachten Psychologisches Training in der Praxis des Leistungssports. Probleme und Perspektiven. Köln 1990.

HANIN, Y.L.: Individual Zones of Optimal Functioning (IZOF) model. Emotion-performance relationships in sport. In: HANIN, Y.L. (Ed.): Emotions in sport. Champaign 2000, 65-89.

HARDY, L./JONES, J.G./GOULD, D.: Understanding psychological preparation for sport. Theory and practice of elite performance. Chichester 1996.

JACOBSON, E.: Progressive relaxation. Chicago 1938.

KINGSTON, K.M./HARDY, L.: Effects of different types of goals on processes that support performance. In: The Sport Psychologist 11 (1997), 277-293.

LINDEMANN, H.: Einfach entspannen. Psychohygiene-Training. München 1984.

MUNZERT, J.: Sprache und Bewegungsorganisation. Untersuchungen zur Selbstinstruktion beim Bewegungslernen. Schorndorf 1997.

NIDEFFER, R.M.: Psyched to win. Champaign/IL 1992.

NITSCH, J.R.: Psychoregulatives Training im Leistungssport. In: GABLER, H./HAASE, H./HUG, O./STEINER, H. (Hrsg.): Psychologische Diagnostik und Beratung im Leistungssport. Orientierungshilfen für die Praxis des Trainers. Frankfurt/M. 1985, 145-174.

ORLICK, T.: Embracing your potential. Champaign/IL 1998.

SCHULTZ, J.H.: Das autogene Training. Stuttgart 1991[19] (1. Aufl. 1932).

SEILER, R.: Performance enhancement – A psychological approach. In: Sport Science Review 1 (1992) 2, 29-45.

SONNENSCHEIN, I.: Psychologisches Training im Leistungsport. In: GABLER, H./NITSCH, J.R./SINGER, R. (Hrsg.): Einführung in die Sportpsychologie. Teil 2: Anwendungsfelder. Schorndorf 1993, 159-187.

VAITL, D./PETERMANN, F.: Handbuch der Entspannungsverfahren. Band 1: Grundlagen und Methoden. Weinheim 2000[2].

VOLPERT, W.: Sensumotorisches Lernen. Zur Theorie des Trainings in Industrie und Sport. Frankfurt/M. 1983[4].

WEINBERG, R.S./COMAR, W.: The effectiveness of psychological interventions in competitive sports. In: Sports Medicine 18 (1994), 406-418.

WEINBERG, R.S./GOULD, D.: Foundations of sport and exercise psychology. Champaign/IL 1999[2].

WOODMAN, T./HARDY, L.: Stress and anxiety. In: SINGER, R.N./HAUSENBLAS, H.A./JANELLE, C.M. (Eds.): Handbook of sport psychology. New York 2001[2], 290-318.

Glossar

Adaptation: Anpassungsvorgänge des Organismus an Belastungsreize
aerob/anaerob: mit/ohne Sauerstoff ablaufend, von Sauerstoff abhängig/unabhängig
Anforderungsprofil: charakteristische, leistungsbestimmende Merkmale einer Disziplin/Sportart in physischer und psychischer Hinsicht
Ausdauer: Fähigkeit, sportliche Leistung über einen möglichst langen Zeitraum aufrecht zu erhalten, der ermüdenden Belastung zu widerstehen
Beanspruchung: Bezeichnung für die Anspannung der an einer menschlichen Arbeitsleistung beteiligten Funktionen aufgrund einer Belastung
Belastung: Beschreibungsgröße für Arbeitseinwirkungen, die Veränderungen in Form von Anpassungsreaktionen von Organsystemen verursachen und sich durch biologische und motorische Kennwerte nachweisen lassen
Belastungsnormativa: formalisierte Beschreibung von Häufigkeit, Umfang, Intensität, Dauer und Dichte des Trainings zum Zwecke der Trainingsplanung und Steuerung
Beschleunigung: zeitliche Änderung der Geschwindigkeit sowohl der Richtung als auch der Größe nach
Beweglichkeit: Fähigkeit, Bewegungen mit der erforderlichen bzw. optimalen Amplitude (Schwingungsweite) der beteiligten Gelenke ausführen zu können
Dehnung/Kräftigung: Dehnung dient der Mobilität, Kräftigung der Stabilität des Gelenksystems; Ziel ist die optimale Beweglichkeit
Herzfrequenz: Anzahl der Herzschläge pro Zeiteinheit
Hypermobilität: übermäßig ausgeprägte Beweglichkeit; sie ermöglicht Bewegungen, die über die normale physiologische und anatomische Bewegungsgrenze hinausgehen
Hypertrophie: Zunahme des Muskelquerschnitts durch die Verdickung einzelner Muskelfasern
Hypomobilität: deutlich eingeschränkte Beweglichkeit bspw. in Folge von einseitiger Belastung, Fehlhaltung oder Verletzung
Kondition: Oberbegriff für diejenigen energetischen Qualitäten des Organismus und der Muskulatur, die sich als Kraft-, Schnelligkeits-, Ausdauerfähigkeiten und als Beweglichkeit aktualisieren
Koordination: neben dem physiologischen Aspekt das harmonische Zusammenwirken mehrerer Muskeln bzw. Körpersegmente bei der Ausführung einer komplexen Bewegung
Kraft: Fähigkeit, durch Muskeltätigkeit Widerstände zu überwinden, zu halten bzw. ihnen entgegenzuwirken
Leistungsdiagnostik: Bestimmung des Ausprägungsgrads von Komponenten bzw. Einflussgrößen des Leistungszustandes (durch Beobachtung, Test, Feld- und Laboruntersuchung)
morphologisch: die äußere Gestalt bzw. die Formbildung betreffend
motorische Einheit: Motorische Nervenzelle und alle von ihr innervierten Muskelfasern
neuronal: das Nervensystem betreffend
physiologisch: Vorgänge im Organismus betreffend

Psychologisches Training: Systematische Optimierung der Handlungskompetenzen einer Person/Gruppe mit Hilfe psychologischer Methoden

maximale/relative Sauerstoffaufnahme: Höchstmenge an aufgenommenem Sauerstoff in der Zeiteinheit/Sauerstoffaufnahme geteilt durch das Körpergewicht

Schnelligkeit: Fähigkeit, auf einen Reiz/ein Signal schnellstmöglich zu reagieren und/oder Bewegungen mit geringem Widerstand mit höchster Geschwindigkeit durchzuführen

Testbatterie: Kombination mehrerer Einzeltests, die gemeinsam ein durch ein Validitätskriterium definiertes Merkmal möglichst genau messen

Training: planmäßige und systematische Maßnahmen zur nachhaltigen Erreichung sportlicher Ziele

Trainingsmethode: planmäßiges Verfahren zur Vermittlung, Gestaltung und Auswertung von Inhalten eines Trainings

Trainingsplanung: Methode zur Systematisierung zukünftiger Maßnahmen, mit denen zeitgerecht eine Realisierung von sportlichen Leistungszielen angesteuert wird

Trainingsprinzip: Verallgemeinerte Leitlinien für die Aufgaben und Handlungen von Trainierenden (Trainern und Athleten) in Trainings- und Wettkampfprozessen

Trainingssteuerung: Maßnahmenkette, die vom Ist-Zustand der Leistung ausgeht, weitere Ziele ansteuert, dazu Trainingsmethoden plant und durchführt, die Wirkungen leistungsdiagnostisch kontrolliert und auf deren Grundlage das weitere Training neu plant

Schlagwortregister

Absolutkraft 91
Adaptation 50, 98, 101 ff., 165
Aerob 61 ff.
Aktionsschnelligkeit 112 ff.
Alltagstheorie 16 ff.
Anaerob 61 ff.
Anforderungsprofil 41, 76, 105, 166 ff., 200 ff.
Anforderung, koordinative 162, 166 ff.
Anwendungsfelder 13, 97
Aktin 96, 99, 146
Alter 21, 70, 76, 80, 145 ff., 156, 165
Äquilibrieren 170 f.
Atmung 189 ff.
Aufbautraining 27, 97
Aufwärmen 83, 145 ff.
Ausdauer
- allgemeine 55 ff.
- spezielle 62 ff.
Ausdauermethoden 103
Autogenes Training 190 f.

Basistraining 27
Beanspruchung 41 ff.
Belastung 49 f., 56 ff.
Belastungsdauer 42, 65, 70, 73, 103
Belastungsdichte 42, 47, 71, 132
Belastungsintensität 42 ff., 132
Belastungsnormativa 25, 41 ff., 132
Belastungsstruktur 30
Belastungsumfang 42, 48, 71, 132
Belastungsverträglichkeit 56, 63
Beschleunigung 92 f., 112 ff.
Beschleunigungsfähigkeit 112 ff., 128 ff.
Beweglichkeit
– aktive 138
– dynamische 138
– globale 139
– lokale 139
– passive 138
– statische 138
Bewegungserfahrung 161
Bewegungsgefühl 161
Bewegungsgeschwindigkeit 101, 112, 114, 118, 127
Bewegungskoordination 161 ff.
Bewegungsproblem 161
Blockbildung 36, 39 ff.

Circuit 103
Conconi-Test 79
Cooper-Test 80 f.

Dauermethode 66 ff.
Dehnmethoden 149
Dehnungs-Verkürzungs-Zyklus 95
Dichte 43
Differenzieren 171
Dokumentation 40
Druckbedingungen 166 ff.
Dynamisches Dehnen 151

Effekte 145 ff.
Einflussfaktoren 114 ff., 145 ff.
Einflussgrößen 91 f., 95, 97, 121, 137
Energie 22 ff.
Energiebereitstellung 47 f., 61 f., 80, 95 f., 103
Entspannungsatmung 190
Entwicklungslinien, trainingstheoretische 16 ff.
Erholung 31 ff.
Ermüdung 56 ff., 70f., 92, 100, 102, 145
Evaluation 40 ff., 201 f.
Explosivkraft 93 ff.
Extensive Intervallmethode 65, 71
Exzentrisch 89, 95 f.

Fähigkeiten
– koordinative 166
– konditionelle 24
Fahrtspiel 68 f.
Fertigkeitstraining 178, 182, 192
Funktionstests 153 ff.

Gelenke 107, 120, 140 ff.
Gelenkigkeit 137
Geschichte der Trainingslehre 13, 17 ff.
Geschlecht 82, 120, 145
Gleichgewicht 165f., 170 ff.
Grundlagenausdauer 63 ff.

Häufigkeit 42, 71, 182
Herzfrequenz 42, 68, 70, 79 f., 81 ff.
Hochleistungstraining 27, 59
Hypermobilität 139 ff.
Hypomobilität 139 ff.

Information 22, 24 ff.
Informationsanforderungen 166 ff.
Intensive Intervallmethode 66, 72
Intermuskuläre Koordination 115, 120
Intervallmethode 47, 67, 70 ff.
Intramuskuläre Koordination 115, 119
Isometrisch 88 ff.

Kniehebelauf 170
Kognitives Funktionstraining 179, 194
Kondition 16, 24, 41, 43, 46
Kontraktionsformen (der Muskulatur) 88 ff.
Kontrollmethode 66, 73, 77
Konzentrationsfähigkeit 56, 122
Konzentrationstraining 179, 190, 197
Konzentrisch 88 ff.
Körperkerntemperatur 145
Koordination 24, 38, 144, 163 ff.
Koordinative Anforderungen 162

Koordinations-Anforderungs-Regler (KAR) 168
Koordinative Funktionen 169 ff.
Koordinative Kompetenz 162
Kraft 87 ff.
Kraftausdauer 90 ff., 96 ff.
Kulturphänomen 13
Kurzsprint 113, 127, 133

Laktat 42, 62 ff., 77, 79, 81
Leistung 22 ff.
Leistungsdiagnostik 77 ff.
Literatur und Training 14 f.

Maximalkraft 90 ff.
Meisterlehre 17 f., 35
Mentales Training 193
Milchsäure 62, 77, 84
Mischmethoden 101
Mobilisation 82, 141
Modellbildung, trainingsbezogene 29, 32
Motivationstraining 179, 189
Motorische Einheit 119
Muskelaufbautraining 101
Muskelfasertypen 100, 115, 119 f.
Myosin 96, 99, 146

Niedersprung 95

Ordnung 162
Orientieren 163, 170 ff.

Periodisierung 106 f.
Periphere Erregungskontrolle 190 ff.
Phasierung 39
Progression 30, 37
Progressive Muskelrelaxation 190
Psychologie 176
Psychomotorisches Training 178, 192
Psychoregulationstraining 179, 189 ff., 193, 196
Puls 68 ff., 81 f.
Pyramidentraining 49, 101

Reagieren 172 ff.
Reaktion 173 ff.
Reaktionsschnelligkeit 112 ff.
Reaktive Sprünge 129
Reaktivkraft 90 ff., 103 ff.
Regelmäßigkeit 36
Regeneration 23, 32, 39, 48, 63, 72, 75, 83, 106
Rhythmisieren 173

Sauerstoff 46
Sauerstoffaufnahme, maximale 59
Sarkomer 141
Schlepplauf 129
Schnelligkeit 111 ff., 143
Schnelligkeitstraining 127, 132
Schnellkraft 92 ff.
Selbstgespräche 185 ff.
Selbstkontrolltraining 179, 194
Situativ-variable-Verfügbarkeit 163
Skipping 130
Sprint 69, 95 ff., 106, 112 ff., 119 ff.
Sprunglauf 131
Statisch 88 ff., 138
Statisches Dehnen 149 ff.
Steigerung 20 ff., 37
Streckenprofil 69
Stretching 150
Superkompensation 38, 48

Tageszeit 145, 175
Tapering 38 ff.
Test 77 ff.
Testbatterien 126
Tradition der Trainingslehre 11
Training 11 ff.
Trainingsaufbau 27 f.
Trainingsbegriff 13, 20 ff.
Trainingshäufigkeit 42 f., 71
Trainingslehre 11 ff.
Trainingsmethoden 46, 66, 76, 98
Trainingsplanung 41
Trainingsprinzipien 35 f.
Trainingstheorie 11 ff.
Trainingsverständnis 15 f.
Trainingswissenschaft 17 ff., 164

Üben 25, 130, 173
Überforderung 38
Überkompensation 29 ff.
(Un-)Gleichgewicht 172
Ursache-Wirkungs-Kette 34

Variation 37 ff.
Verletzung 39, 97 ff., 103, 107 f., 141 f.
Vielseitigkeit 174
Visualisieren 182 ff.
Volitionstraining 179, 197

Wettkampf 18 ff., 25 ff., 63 ff., 186
Wettkampfmethode 73 ff.
Wiederherstellung 56, 147

Zeitliche Genauigkeit 184
Ziele 25 ff., 59 ff., 147
Zielsetzung 58 ff., 187
Zugunterstützungsläufe 131
Zwischenzeit 131
Zyklisch 112, 120, 143